I0707788

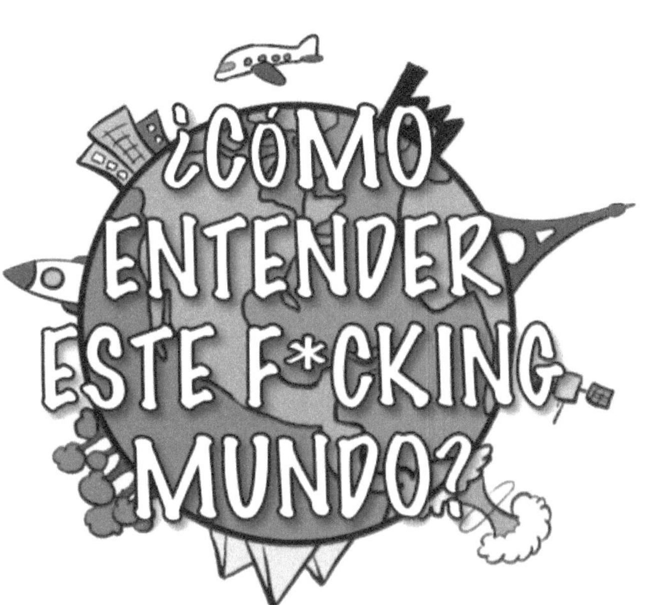

¿CÓMO ENTENDER ESTE F*CKING MUNDO?

MERCURIO RODRÍGUEZ

¡HOLA FAMILIA! LOS AMO.

LES DEDICO ESTE LIBRO

A USTEDES Y A TODOS LOS QUE

QUIERAN CAMBIAR SU MUNDO

CONTENIDO

*Y AQUELLOS QUE FUERON VISTOS BAILANDO, FUERON
CONSIDERADOS LOCOS POR QUIENES NO PODIAN
ESCUCHAR LA MUSICA"
FRIEDRICH*

*Y AQUELLOS QUE FUERON VISTOS BAILANDO, FUERON
CONSIDERADOS LOCOS POR QUIENES NO PODIAN
ESCUCHAR LA MUSICA"
FRIEDRICH*

NOTA DEL AUTOR

Los prólogos siempre me han parecido aburridos, de hecho, a veces ni los comienzo o termino de leer, por eso decidí hacer mejor una nota de autor.

Este libro es sobre cómo entender este fucking mundo y su gente, porque todos, en algún momento hemos creído que la vida no tiene sentido y no entendemos por qué nos pasan las cosas que nos pasan, y sentimos que todo se va a la mierda.

Toda mi vida me he preguntado el porqué de las cosas y hasta que no lo encuentro no me siento satisfecho. Eso me ha convertido en la persona que soy.

Dentro de mis gustos estaba el de cuestionarme por qué la gente no vive bien y feliz. Es decir. ¿Por qué hay personas que tienen todas las herramientas necesarias para una mejor calidad de vida y no la tienen o no hacen nada para obtenerla?

No sé si no saben o no entienden que pueden. Para muchos algunas cosas parecen obvias, pero para otros no lo son.

Por eso decidí hacer este libro. Porque al igual que tú quiero entender qué es lo que pasa con este mundo y su gente. Por qué hacen las cosas que hacen y por qué pasa lo que pasa, y por qué es que nos afecta. Estoy cansado que por desconocer cosas tengamos que vivir una vida que no queremos y no merecemos.

Es momento de tomar las riendas de nuestro destino en la medida que podamos. Porque si bien no necesitas controlar el aire para navegar, porque es imposible, tienes que conocer cómo funciona para llegar a donde quieras.

Soy una persona realista, sin embargo dejo espacio para muchas cosas que me llenan el alma en lugar de quitármela, como lo hace la realidad en que vivimos. Todos tenemos problemas y siempre los tendremos. Es tonto creer que toda la vida podemos ser felices, pero vivir infelices por eso es aún más tonto.

No entender cómo surgen nuestros problemas nos pone en una situación donde puede que estemos haciendo algo para extender su duración o que seguimos navegando sin saber cómo medir el aire, y así no llegaremos a ningún lado o estaremos aumentando las probabilidades de que aparezca otro. No es nuestra culpa no saber todo, sin embargo se siente como si así fuera.

Las cosas que hacen los demás nos afectan, no solo las de la gente que queremos, también las de personas con mucho poder, que cada día toman decisiones que afectan nuestra realidad, desde nuestro salario, hasta lo más superficial.

Pero ¿Cómo podemos evitarlo? No podemos.

Sin embargo nuestra ignorancia agranda el problema. El peor enemigo de cualquier ser vivo es la ignorancia, ya que termina por matarlo o estancarlo, y con ignorancia no me refiero a cuántos libros has leído o qué título académico tengas. La ignorancia inicia desde no preguntarte por qué suceden las cosas y no investigarlo.

La ignorancia es una enfermedad que carcome tu vida poco a poco y sin que te des cuenta evita que triunfes, haciéndote infeliz.

Ya sea porque tienes ganas de ganar dinero, pero no sabes cómo, porque amas al amor de tu vida pero no sabes cómo recuperarlo o por qué lo perdiste, porque te encantaría estudiar algo pero no sabes las respuestas del examen de admisión o porque tenías un compromiso o cita de trabajo y no sabías qué bus tomar y llegaste tarde.

Por lo que sea, la ignoraría te mantiene inferior a alguien con conocimiento. ¡Y vamos! quién quiere ser inferior en este mundo. Todos anhelamos vidas llenas de éxito. Sea cual sea tu definición de él.

Pero ¿Qué estamos haciendo realmente para conseguirlo? Seguramente mucho. Pero ¿Estamos haciendo lo que se necesita para lograrlo? ¿O solo creemos que es así? ¿Por qué estamos teniendo los resultados que estamos teniendo? El no estar seguros evita que progresemos.

Para que haya progreso debemos dejar atrás lo que ya no esté siendo productivo o benéfico para nosotros, aunque nos cueste mucho por haber generado conexiones emocionales o tener una necesidad/adicción hacia ello.

Todos queremos ser libres. Pero para ser libres, primero debemos romper las cadenas que evitan que lo seamos, reorganizando nuestra vida de muchas formas. Ya sea empezando a poner horarios, dejando a un lado nuestras barreras mentales o tal vez dejando de beber un poco. Todos sabemos lo que debemos hacer para lograr nuestros sueños.

Entonces ¿Por qué no lo hacemos? Por qué dejamos que la vida se nos vaya. El tiempo es nuestro mayor regalo y lo desperdiciamos de la peor manera, viviendo en la miseria, y no me malinterpretes, no digo que tu vida o la mía sean malas, pero podrían ser mucho mejores, si tan solo tuviéramos en cuenta qué cosas pueden mejorar su calidad.

Si entiendes cómo funciona el mundo, podrás sacar el mayor provecho de él.

Al final la vida no se trata de qué tan feliz eres, si no qué tanta probabilidad hay de que algo te haga infeliz. Una probabilidad baja solo se logra: Eliminando prejuicios, aprendiendo de otras culturas, teniendo una buena estabilidad y salud mental, controlando nuestras emociones y sentimientos, teniendo una mayor inteligencia emocional, aprendiendo a diferenciar entre lo que es y lo que pensabas que era algo, superándote cada día y sobre todo desapegándote de todo lo que te hace infeliz.

Todo eso que necesitas saber querido lector es a lo que me dediqué durante un año a escribir en este libro. Por qué no quiero que nadie más tenga que pasar por las cosas que pasé, que me hicieron entender que a veces la mejor forma de estar bien es saber por qué estamos mal.

Cuando termines de leerlo tu perspectiva habrá dado un giro de 180 grados, al igual que tu mente. Al final del día si tu perspectiva y mente no están listas para vivir como se lo merecen, nunca lo conseguirás.

Todos somos ignorantes, pero si eres del montón nunca brillarás, si ellos brillaran habría más luz en este mundo donde gobierna la oscuridad.

Nadie es la misma persona después de leer un libro, porque de alguna forma dejas de ser del montón. No lo digo yo, lo dicen las estadísticas. Es más la gente que no lee que la que lo hace. Si quieres ser diferente al resto y aprovechar tu potencial al máximo este es tu momento.

Date la oportunidad de hacerlo y te aseguro que desde el primer momento que lo decidas, empezarás a notar cambios. Todos nos vamos a morir, por eso aprovecha el tiempo que tienes de vida.

Si al final de todo te gusta el libro y lo consideras bueno, recuerda que no fue el libro el que te hizo mejorar, fuiste tú que tomaste la decisión de hacerlo.

Te deseo la mejor de las suertes y gracias por darte la oportunidad de vivir mejor. No muchos lo hacen y mientras esa siga siendo tú decisión cuenta conmigo, como yo cuento contigo porque sé que alguien que vive feliz y pleno, lo único que quiere es ver igual a los demás.

PREJUICIOS E IGNORANCIA

"Hay dos cosas infinitas: El universo y la estupidez humana. Y del universo no estoy seguro."
ALBERT EINSTEIN

¿CÓMO FUNCIONA LA PERSPECTIVA?

A lo largo de este capítulo explicaré cómo funciona una perspectiva cuando está basada en prejuicios e ignorancia, y por otro lado cuando está dispuesta a ampliarse.

La perspectiva nos permite ver el mundo desde un ángulo específico, basado en pensamientos, ideas, costumbres y creencias. En este caso nuestra perspectiva es el ángulo desde el cual vemos una situación o circunstancia. Si tenemos una dispuesta a ampliarse, veremos el mundo con otros ojos.

Tener una perspectiva amplia ayuda a ponernos en el lugar del otro, entender mejor cómo funcionan las cosas, ver luz en la oscuridad y vivir de una mejor manera. En general, si tenemos una perspectiva amplia, podemos hacer cosas más grandes, ya que no estaremos limitados a lo único que nos ha enseñado la sociedad, nuestros padres, amigos, maestros, o cualquier persona que haya implantado en nosotros una idea o forma de ver el mundo.

¿CÓMO AMPLIAR TU PERSPECTIVA?

En primer lugar eliminando todos los prejuicios que tenemos sobre una idea, persona, cosa o circunstancia.

Los prejuicios son esas ideas que nos impiden o limitan a experimentar nuevas cosas, conocer nueva gente y otras formas de vida. Formas de vida que posiblemente nos gustarían experimentar pero no nos animamos por seguir atados a prejuicios absurdos e incoherentes.

Siempre debemos marcar límites. Para nada estoy incentivando que vayamos por el mundo sin medir ninguna consecuencia y probando todo lo que se nos ofrezca o atraviese, solo por vivir la experiencia.

Más bien apoyo que aunque no experimentemos todo lo que se nos presenta, es importante conocer el motivo y las circunstancias que hicieron que algo o alguien se manifestara de cierta forma.

De esta manera no nos sentiremos frustrados al no entender por qué alguien vive de la forma que lo hace, y a su vez no buscaremos cambiarlo o en caso que lo hagamos, lo haremos desde una perspectiva en la cual entendemos por qué una persona hace lo que hace.

JUZGAR ES PARTE DE LA EVOLUCIÓN

Concebir prejuicios es natural e instintivo. El humano tras miles de años de evolución, tuvo que aprender a desconfiar. No podía ir por el mundo creyendo que todos eran buenos o que nadie intentaría matarlo para arrebatarle su comida o pertenencias.

Tuvimos que aprender a juzgar desde el primer momento que veíamos a alguien. Era eso o morir por exceso de confianza. Por ende, no podemos poner en una balanza si es correcto o no concebirlos, ya que se trata de una cuestión evolutiva, ajena a nuestra individualidad.

¿POR QUÉ SON IMPORTANTES LAS PRIMERAS IMPRESIONES?

Según el libro "El Lenguaje del Cuerpo", de Allan y Bárbara Peace, el ser humano necesita solo cuatro minutos después de haber conocido a alguien, para formular entre el setenta y ochenta por ciento de la idea general que tendrá respecto a esa persona.

Conocer a alguien requiere mucho tiempo. Resumir una vida en cuatro minutos, incluyendo todos los pensamientos, experiencias, virtudes y defectos que esa persona posee, es imposible. Sin embargo, nos guste o no, es así como nuestro cerebro funciona. Por esta razón son tan importantes las primeras impresiones.

¿Te ha pasado que has tenido un mal día, de esos en los que simplemente todo sale mal, te sientes triste y enojado, sin ganas de interactuar con el mundo y conoces a una persona nueva?

Esa persona, en cuatro minutos, se hará la idea de que eres así todo el tiempo. Si le pides que te describa, posiblemente lo hará usando adjetivos negativos como: persona molesta, irritante, nefasta, cabizbaja, apática, entre otras cosas. ¿Sería justo? ¿Sería justo que te juzgaran y tacharan de esa forma, solo por haber tenido un mal día?

A través de esa pregunta busco que el lector reflexione acerca de la importancia de evitar los prejuicios basados en primeras impresiones, porque posiblemente esa primera impresión no defina cómo es realmente la persona cuando se encuentra en mejores condiciones.

Insisto, concebir prejuicios es hasta cierto punto aceptable, nos ayudan a prever posibles amenazas y alejarnos de circunstancias que podrían terminar mal. Pero no deben ser para nada, lo único que te prive de tantas experiencias y conocimiento que podrías adquirir, si tan solo decidieras abrir tu mente, ampliar tu perspectiva y eliminar todo lo que no te hace bien y perjudica.

Los prejuicios no deberían ser determinantes entre si algo es correcto o no, porque ¿Quién decide qué es correcto? ¿Quién decide qué es bueno o malo? ¿Tú? ¿Yo? ¿Quién?

JUZGAR

"No creas nada de lo que escuchas y solo cree la mitad de lo que veas"
EDGAR ALLAN POE

JUZGAR A ALGUIEN SIN SABER NADA

La palabra "prejuicio" proviene del latín praeiudicium que significa "juicio previo".

Cuando un juez dicta sentencia a un imputado, tiene que hacerlo bajo ciertos conocimientos previamente adquiridos en la audiencia.

Es decir, no puede sentenciar a una persona sin conocimiento alguno del caso que se está presentando y tampoco puede generalizar, pese a que existan ciertos patrones de conducta que puedan ser característicos de un delincuente. El juez no tiene y no debe tener la facultad de sentenciar a alguien sin conocer a fondo el caso. ¿Qué pasó? ¿Cómo pasó? ¿Por qué pasó? ¿Dónde sucedió? ¿De qué manera? ¿Había alguien más involucrado? Etcétera.

Sin conocer todo eso el juez no puede sentenciar porque lo estaría haciendo desde la ignorancia (falta de conocimientos), y de hacerlo, podría dejar a una persona inocente el resto de su vida en la cárcel, despojándolo de su libertad y vida o podría dejar libre a un homicida, que no pensaría dos veces en volver a cometer el mismo delito, puesto que ya salió impune una vez. En fin, de ninguna manera, el llegar a una conclusión sin conocimientos previos es buena idea.

Al emitir un juicio, es indispensable contar con un conocimiento previamente adquirido, el cual se encuentre basado nuestro criterio, sin embargo, en la mayoría de los prejuicios esos conocimientos previos no tienen fundamento alguno o son incongruentes.

OBESIDAD EN MÉXICO

La probabilidad y estadística, "las matemáticas de la vida" como las suelo llamar, arrojan ciertos números que generan prejuicios.

Un ejemplo es el hecho que México ocupa el segundo lugar en obesidad mundial. Aproximadamente un 72.5% de la población sufre de sobrepeso y un 58.3% no hace ejercicio, según informes del INEGI (Instituto Nacional de Estadísticas, Geografía e Informática). Con esta información podríamos deducir que una gran mayoría tiene sobrepeso, porque no hace un esfuerzo por combatirlo.

No obstante, otros informes indican que el 30% de la población presenta problemas en la tiroides, más específicamente hipotiroidismo (una enfermedad asociada con el aumento de peso inexplicable) según el SESEQ (Secretaria de Salud del Estado de Querétaro).

La gente con hipotiroidismo, pese a hacer ejercicio y llevar una dieta balanceada, se ve imposibilitada a bajar de peso, debido a su condición. Tienen sobrepeso, no por falta de ejercicio y cuidados, mucho menos por falta de voluntad, sino que es la manera en que funciona su cuerpo.

Cuando vemos a una persona con sobrepeso en la calle, no sabemos si es por falta de cuidados o si sufre hipotiroidismo, y como no vamos a ir preguntando a cada persona que veamos ¿disculpe, usted tiene sobrepeso por falta de cuidados o por un problema en la tiroides? Sería mejor ahorrarnos nuestras críticas y comentarios, porque, aunque no nos demos o no queramos darnos cuenta, críticas como esas terminan destruyéndoles la vida a muchas personas, orillándolas incluso al suicidio o por lo menos, haciendo que pierdan toda su seguridad y autoestima.

Así como un juez no puede sentenciar basándose únicamente en casos anteriores o datos estadísticos, sin contar con los conocimientos en particular que llevaron a una persona a cometer o no cierto delito, tampoco nosotros debemos juzgar a las personas por su apariencia o acciones sin antes conocer realmente su historia.

COMO TE VEN TE TRATAN

"El día que la humanidad entienda porque el físico es secundario, se darán cuenta de porque cuando te dan un regalo tiras el envoltorio"

Durante mucho tiempo la frase "Como te ven te tratan", fue una pesadilla en mi cabeza, no entendía por qué tenemos que ajustarnos a estándares de vestimenta, apariencia y conductas, solo para encajar con los tan aclamados estándares sociales, para que al final del día la imagen que le mostremos al mundo no sea la que en realidad nos representa, y solo lo hagamos para sentirnos parte de una sociedad donde ya no nos reconocemos, que nos enseña que antes de ti, está la opinión de los demás.

Conforme fue pasando el tiempo, aprendí a diferenciar entre qué cosas vale la pena ser parte, aún y cuando tuviera que cumplir estándares preestablecidos, y cuáles simplemente no.

Personalmente, una de las cosas que más me incomoda es tener que cambiar la vestimenta para que la gente te trate distinto. En mi cabeza surgían preguntas como: ¿Es en serio que la gente se basa en lo que traes puesto para decidir cómo te tratan? ¿No se dan cuenta que valemos más por lo que somos y no por lo que traemos puesto?

Las respuestas que encontré fueron variadas.

Muchas personas se dan cuenta que en esta sociedad, sí quieres que te traten bien, tienes que ir "bien" vestido; que si entras a una tienda departamental y decides preguntar por algún producto de tu interés, la calidad de la atención irá de acuerdo a la calidad de tu vestimenta. En muchas ocasiones el precio de la hebilla de tu cinturón es un factor determinante para que te traten como humano o animal. Simplemente absurdo.

Sin embargo, una gran cantidad de personas están convencidas, que si quieres sacar el mayor provecho a una situación, debes ir conforme a lo pre-establecido y es aquí donde surge una delgada línea divisora, entre la gente que lo hace para ser aceptado y los que lo hacen para sacar el mayor provecho. Es cuestión de perspectiva. Saber por qué y para qué estás haciendo algo.

¿POR QUÉ BUSCAR ENCAJAR?

Alguna vez te has arreglado demasiado para ir a un lugar y te has detenido a pensar ¿Por qué me estoy arreglando tanto? ¿Para quién busco estar presentable?

Si la respuesta es para ti mismo, no hay problema. Mucha gente tiene un amor propio tan estable que les permite vestirse y arreglarse por el puro placer de sentirse bien con uno mismo, porque te quieres y quieres verte bien para ti, para lo que consideras correcto, ideal y te hace sentir cómodo. Sin embargo no todos pueden dar esa respuesta.

La gente siempre está buscando encajar, buscando alimentar su sentido de pertenencia (del cual hablaremos en otro capítulo), y agradarle a la gente indicada. No se trata de satanizar la idea de vestir o lucir diferente para alguien más. Se trata de entender por qué lo hacemos y si nos sentimos cómodos haciéndolo.

Mucho tiene que ver con nuestra perspectiva, es decir nuestra forma de ver las cosas. Hablando objetivamente, el cumplir con ciertos estándares de apariencia puede traer muchos beneficios y oportunidades a tu vida, un ejemplo de ello son las entrevistas de trabajo las cuales la mayoría son de carácter formal, donde el entrevistado suele ir vestido de saco con pantalón o de vestido, aunque no sea un requisito.

LAS APARIENCIAS SON IMPORTANTES

Independientemente si te gusta o no usar esa vestimenta o si va con tu personalidad, el simple hecho de ir vestido así, denota cierta formalidad en tu persona. Una formalidad que podría marcar la diferencia entre conseguir o no el trabajo.

Recordemos que lamentablemente (o afortunadamente), se necesitan solo 4 minutos para hacernos una idea general de cómo creemos qué es una persona. En cuatro minutos puedes ser juzgado lo suficiente, como para decidir si te quedas con el puesto de trabajo o si mejor te dan las gracias y te retiras.

Mucha gente no acepta la idea de tener que usar un tipo de vestimenta en específico para entrevistas o eventos, ya que consideran que al fin y al cabo, a quien van a contratar es a uno mismo como persona, y no a la ropa que usemos.

Como personas, lo más importante es tener aptitudes, actitudes, virtudes, conocimientos y habilidades que hagan que desempeñes un gran trabajo.

Sin embargo, dentro de los 4 minutos en los que se crearán la idea general de ti, está incluido el momento en que se fijarán en tu vestimenta y posiblemente, en base a prejuicios, determinarán si cumples con sus expectativas, si eres de su agrado y si tienes la formalidad que están buscando. En caso de que no sea así, tu futuro económico se verá frustrado.

NO SEAS COMO JUAN

Supongamos que Juan es una persona que le gusta vestirse de manera muy "relajada", es decir utiliza ropa holgada, shorts, playeras, e incluso en ocasiones, usa kimono, cuando ve su película japonesa favorita; para nada es un chico de traje y botas, sin embargo la semana pasada fue despedido, y está buscado un nuevo empleo.

Le urge encontrarlo ya que este mes decidió sacar un préstamo para un viaje que iba a realizar con su novia, y como no contaba con ser despedido, ahora se encuentra en la necesidad de conseguir un nuevo empleo, aunque sea por poco tiempo, en lo que termina de pagar el préstamo, y ahorra para realizar el viaje que tanto desea.

Juan sin embargo, es una persona muy apegada a sus ideales, en ocasiones roza lo insalubre, no acepta ni por un momento hacer algo que no le guste o parezca; sin embargo, vivir de esa manera no es posible sin vivir frustrado, ya que las cosas no siempre serán como deseamos .

Una mañana despierta y ve que su novia le dejó en la mesa un periódico donde subrayó una oferta de trabajo muy tentadora, con un sueldo muy bueno que les permitiría pagar ese préstamo en tan solo tres meses, pero hay un pequeño detalle, en la parte de abajo, se puede leer la frase "uso obligatorio de vestimenta formal".

Al ver esto Juan rechaza por completo la idea sin pensarlo dos veces antes de decir que no, incluso sabiendo que solo es para la entrevista y que en tres meses podría estar fuera si así lo decidiera, viajando con su novia.

Su decisión está basada en la siguiente premisa "si no soy fiel a mis ideales, como podré ser fiel a mi trabajo". Está plenamente convencido que un traje no demuestra la calidad de humano que es, tampoco sus aptitudes laborales y mucho menos si merece o no un trabajo.

LO QUE SOMOS, Y LO QUE NOS PIDEN SER

Comparto la idea de que tenemos que ser fieles a nuestros ideales y convicciones. Que nuestra fuerza de voluntad debe ser firme y que no debemos vender nuestra esencia por nada, porque al final del día, es esta la que nos hará llegar a donde soñamos.

Sin embargo, también estoy plenamente convencido que en el mundo en el que vivimos, no nos podemos dar el lujo de imponer siempre nuestros ideales. El mundo está lejos de ser perfecto y aún más lejos de ser como quisiéramos.

Hay que dejar de aferrarnos a la idea que todo debe ser como queremos. Eso no significa ser sumiso ante las situaciones que se nos presenten, o que carezcamos de valor. Es simplemente ser realistas. La forma en que funciona el mundo, va más allá de nuestro control y no debemos aferrarnos a creer que si hacemos algo que de principio no nos gusta, estamos fallando como individuos o traicionando nuestros principios.

El mundo está lleno de cosas que no nos gustan hacer, pero que tenemos que realizar. En ocasiones nos dejarán ciertos beneficios, aunque no podamos o queramos reconocerlo, como levantarnos temprano, hacer nuestra tarea, ejercitarnos, leer, entre otras más. Puede que estas actividades te gusten o no, lo importante es que no vivas frustrado porque las cosas no son como querías.

Juan pudo haber decidido trabajar por tres meses, para después viajar, volver y continuar con la vida de siempre, pero decidió quedarse en casa, con sus ideales y deudas.

A la conclusión que quiero llegar es que debemos conocer muy bien la línea delgada entre lo que somos, y lo que nos piden ser. El truco radica en que no te aferres a tus ideales, pero tampoco vendas tu esencia y felicidad, para hacer felices a otros.

ADAPTARTE SIEMPRE SERA LA MEJOR OPCIÓN

Hay que eliminar de una vez por todas la frustración que nos produce tener que hacer en ocasiones algo que no nos gusta. El mundo no es como quisiéramos y punto. Aprende a sacarle el mayor provecho a lo que tienes y a lo que eres, porque si no, alguien más lo hará.

No se trata que hagas cosas que no te gustan, se trata que entiendas que en ocasiones, no podemos hacer lo que nos gusta. La diferencia entre una vida digna y una que no lo es, radica en comprender ese punto.

Los prejuicios de vestimenta no deberían existir, pero existen.

Recuerda, nada justifica que vendas tu dignidad, valores o integridad. Hay cosas que simplemente no son negociables.

Vístete como deseas, siempre y cuando no le hagas daño a nadie. Eres libre de expresarte como quieras, la ropa no tiene género, ni raza, y quien te diga lo contrario es un idealista. Vida solo hay una, y si ponerte la misma ropa o hacer combinaciones exóticas te hace feliz, adelante y si no te gusta cómo viste alguien, no tienes que mirar.

Ama la forma en que le demuestras al mundo quién eres y que eres único, y si la vida por un momento no te permite serlo, no vivas frustrado con ello. Es así como funcionan las cosas. Solo aprende a adaptarte y a ser feliz con lo que tienes.

Ahora te pregunto ¿Qué hubieras hecho tú en el lugar de Juan?

No hay respuestas correctas, solo distintas perspectivas y formas de ver la vida.

¿POR QUÉ LIGAMOS?

"Muchas veces la gente no sabe qué quiere hasta que se lo enseñas"
STEVE JOBS

¿LO QUE IMPORTA ES LO DE ADENTRO?

Cuando hablemos de relaciones afectivas siempre existirán críticas.

Todos hemos escuchado en alguna ocasión a personas decir que alguien solo está con su pareja por interés o que algunas personas se dejan llevar por lo físico y no por lo de adentro, que se supone es lo más importante.

Antes de sacar conclusiones acerca de este tipo de personas, hay que analizar hasta qué punto su comportamiento está basado en creencias y preferencias y hasta dónde está marcado por un proceso innato de cortejo, adquirido a través de miles de años de evolución.

CODIGO DEL SEXO

Mario Luna, maestro de las artes venustianas, en su libro Sex Code, explica cómo funciona este tipo de interacciones.

El humano reflexiona muy poco acerca de por qué surgen sus comportamientos. Tiende a creer que todo lo que hace es porque así lo decidió; es decir, nos creemos los amos de nuestras decisiones, pero estamos lejos de ser quien las controle. No nos damos cuenta que gracias a la evolución en nuestros genes están programadas muchas cosas que no elegimos y de las cuales no tenemos control.

Tampoco advertimos lo bella, pero tan complicada manera en la que nuestro cerebro funciona y se adueña de nuestras decisiones, sin siquiera pedirnos permiso o tomarnos en cuenta. Todos los días, lleva a cabo procesos biológicos de los cuales no tenemos el control, y es nuestro inconsciente el que realiza muchas acciones que creemos que hacemos de manera consciente.

El cerebro es quien manda y es a él, a quien debemos aprender a domar.

EL CORTEJO SE DA EN TODOS

¿Te has preguntado de qué manera los animales comunican sus intenciones de procrear y qué tanto nos parecemos a ellos?

El cortejo está presente en la mayoría de animales. Desde simples interacciones, hasta rituales muy elaborados.

Por ejemplo, cuando los delfines macho quieren procrear, se reúnen en grupo y van en busca de una hembra. Cuando la encuentran se sitúan frente a ella y se ponen a dar saltos, piruetas y acrobacias; literal, hacen de todo para llamar su atención, al final ella elegirá al que más le atrajo, por ser el más "alfa".

Nada alejado de nuestra realidad, como cuando una chica hermosa se sitúa frente a un grupo de chicos y estos quieren impresionarla, presumiendo quién ha estado con más chicas, o quién carga más peso en el gimnasio, queriendo demostrar quién es más macho, todo con tal de atraer su atención y que ésta lo elija.

SI NO HAY SEXO, HAY ALCOHOL

¿Sabías que las moscas también se emborrachan cuando están dolidas?

Si, así como te lo imaginas.

Investigaciones hechas por la neurobióloga Ulrike Heberlien, miembro del equipo de investigaciones de la Universidad de California, fueron expuestas en la revista "Science" demostrado que cuando las moscas macho sufren rechazo sexual por parte de las hembras, estos tienden a suprimir su frustración en alcohol.

Las investigaciones fueron hechas para comprender de qué manera el alcohol afecta las funciones motrices y de coordinación en otros animales y cómo esto se relaciona con el humano, y de qué manera nos puede ayudar a comprender aún más el funcionamiento de nuestro cerebro.

Cualquier similitud con la especie humana no es mera coincidencia, es el arte de la evolución que nos demuestra que nuestras formas de actuar no están tan separadas de las de otros animales como creíamos.

SIN ROPA HAY APAREAMIENTO

Incluso, no somos los únicos que nos desnudamos antes de tener relaciones sexuales, las langostas también lo hacen, se quitan su caparazón y proceden a procrear. Cuando el acto ha terminado, se lo vuelven a poner, igual que los humanos.

TEORIA DE LA SELECCIÓN SEXUAL

Darwin planteó la teoría de la selección sexual, la cual explica de qué manera los animales tuvieron que evolucionar y adaptarse en ciertos aspectos para procrear.

Durante su estancia en las islas Galápagos, entre los tantos animales que estudió, estaba la Fragata, un ave, en la que los machos son capaces de inflar su pecho rojo, hasta 3 veces más del tamaño original para lucir imponentes y bellos ante los ojos de las hembras, y como si fuera poco, hacen un esfuerzo adicional cuando se percatan que hay otros machos pretendiendo aparearse con la misma hembra. Es una lucha por demostrar quién puede inflar más el pecho y como consecuencia, quién es más "alfa".

Nada ajeno a la realidad humana. Cuando vemos al sexo masculino presumir sus posesiones como relojes, pantalones, celulares, cinturones, etcétera; lo que sea, que incremente las posibilidades de ser elegido, entre todos los demás.

Todas estas demostraciones de posesión, no son más que la forma, en la que los humanos expresamos y buscamos decir a las hembras, que somos el más conveniente, el más idóneo, el más alfa.

De la misma forma en que la Fragata hace alarde de su pecho, el humano hace alarde de su dinero, poder o belleza.

Como podemos ver compartimos con los animales muchas formas en las que actuamos y nos expresamos frente a las hembras. Hablo desde el punto de vista masculino porque, pese a que las hembras también pueden cortejar al hombre, es más probable que sea este el que realice el cortejo. No obstante, ninguna opción es mejor, ambas son igualmente válidas y respetadas.

¿CÓMO ELIGEN LAS MUJERES A UNA PAREJA SEXUAL?

Mario Luna también explica en su libro, de qué manera las mujeres eligen una pareja sexual a nivel biológico e instintivo.

El ser humano es un ser complicado debido a su nivel de raciocinio, lo cual hace que, para que elija una posible pareja, tome en consideración muchos aspectos más allá del sexual, como lo son la seguridad, el afecto, el compromiso, la compatibilidad de ideas, etcétera.

Hablando de manera evolutiva, como hemos estado haciendo, cabe recalcar que la mujer tiende a tomar en cuenta tres aspectos para elegir una pareja sexual, el primero es el aspecto físico, el segundo es alguna ventaja o diferenciador al resto de candidatos, y el tercero es el romance.

La mujer, a diferencia del hombre, no puede procrear en el momento que desee, debe esperar el periodo de nueve meses de gestación para volver a embarazarse, esto hizo que la mujer evolucionara, de tal manera que tuviera que ser más cuidadosa con la posible pareja sexual que escogiera, ya que de elegir mal, no habría vuelta atrás.

De ahí proviene la importancia del aspecto físico (buenos genes). Pese a que no es una condicionante para decidir si estarás con una persona o no por mucho tiempo, si lo ha sido y lo será para elegir con quién tener sexo. No hablo de estereotipos de belleza, sino de atracción real.

Como especie buscamos nuestra supervivencia, es decir la no extinción. Eso orilla a que la mujer tenga que elegir muy bien con quién va tener relaciones sexuales, porque de no ser así, habrá quemado un "cartucho" en vano. Uno que le llevará nueve meses recuperar, y que de no presentar buenos genes, tendrá menos posibilidades de preservar la especie, ya que no será un individuo dominante a nivel genético.

El humano asocia la atracción física con la portación de buenos genes. Es por ello que evolutivamente hablando, las personas con mejores rasgos físicos, son las que más oportunidades tienen de procrear.

No es que la vida sea "mala" con la gente de rasgos físicos no atractivos, es simplemente la forma en que la evolución y la selección sexual hacen que la especie persista, y por más que queramos, no nos queda de otra.

Si te consideras una persona de rasgos físicos no atractivos, deberías leer el libro "Sex Code" de Mario Luna, que te enseñará a enfocarte en otros dos aspectos, que también atraen sexualmente a las mujeres.

Así como estas hay miles de formas en que el humano se comporta como los demás animales. Te invito a investigar más sobre estas similitudes, ya que todo lo mencionado está relacionado con el hecho de que, a veces, juzgamos a la gente por la forma en que actúa frente alguien que le gusta, y las cosas que está dispuesta a hacer o decir, con tal de lograr su aceptación.

No tomamos en cuenta que puede ser un proceso normal de cortejo, que aunque a simple vista parezca "presunción", no es más que evolución.

Ahora, cada vez que veas que eligen al más guapo y no a ti, o cada vez que una persona esté borracha por desamor o alardeando que acostarte con ella es la mejor oportunidad de tu vida, te invito a reflexionar sobre su comportamiento antes de generar prejuicios y conclusiones y a formularte la siguiente pregunta ¿Su comportamiento está basado en la forma en que hemos evolucionado biológica y sexualmente?

Si no sabemos la respuesta, evitemos hacer comentarios.

Al final del día, somos solo animales intentando interactuar con los demás y en ocasiones procrear con ellos; eso nos lleva a hacer lo que hacemos, con tal de cumplir nuestro objetivo de preservar la especie. No está mal. Lo que está mal, es no buscar el origen de un comportamiento, antes de juzgarlo.

BAD BUNNY

Es curioso, mientras me encontraba escribiendo esto, me llevé la sorpresa que Bad Bunny, después de haber sido nominado para mejor compositor del año, resultó ganador de dicho premio, el cual es otorgado por la ASCAP (Sociedad Americana de compositores y autores, por sus siglas en inglés).

Dicho premio ha generado mucha controversia sobre si lo merece o no.

Te voy a comentar lo que opino, pero antes de hacerlo, quiero expresar que soy consciente que cada quien tiene una opinión al respecto y como tal, todas son válidas y ninguna vale más que otra. También quiero pedirte que al leer estos párrafos tengas en cuenta eso, que ésta es mi opinión y que puede ser o no, que estés de acuerdo con ella, y eso es totalmente valido pero que la leas, con una mentalidad abierta a nueva información y nuevas opiniones, ya que es de esta manera como se forjan los mejores criterios.

Al principio dije que era curioso que Bad Bunny fuera premiado como el mejor compositor del año mientras yo escribía esto, y lo es porque tres meses después me encuentro editándolo y me llevo la sorpresa que ha hecho historia al ser su canción "Dakiti", la primera en la historia de los Billboards (una lista especializada en eventos musicales de gran valor), en debutar simultáneamente en el número 1 de la lista "Hot Latin Songs" y en el top 10 en "Hot 100 Billboard", sin contar que ha sido el primer Latino en colocar un Álbum completamente en español en el número uno de la misma lista.

Un video del canal de YouTube, "El Fuego de Prometeo", titulado "Filósofo reacciona a COMPOSITOR DEL AÑO de BAD BUNNY" hace un análisis profesional y profundo acerca de este suceso, el cual considero que todos deberían ver, ya que sirvió de inspiración para este artículo. Hace tiempo quería escribir sobre Bad Bunny, específicamente de los prejuicios que existen hacia él, para descubrir cómo estos prejuicios los aplicamos a otras personas y circunstancias sin darnos cuenta, y de qué manera podemos erradicarlos tomando de ejemplo a alguien muy conocido.

PREJUICIO AL ÉXITO

Algo que no podemos negar, te guste o no su música, o pienses que es sexista o simple expresión cultural, es el hecho que ha alcanzado un nivel de impacto muy grande, colocándolo dentro de los artistas más escuchados del mundo, con más de 50 millones de oyentes mensuales en Spotify y con canciones que superan las más de mil millones de reproducciones en YouTube, y que han estado en el top 5 de canciones más escuchadas durante todo un año a nivel global.

Surgen muchos argumentos que buscan desacreditar su éxito, por ejemplo, que su música es muy básica y carente de sentido. Cuando una persona empieza a tener éxito, es normal que lo critiquen, sea quien sea, o se dedique a lo que se dedique. Siempre habrá quien no esté contento con el éxito de otros, y esto ocurre por diversos motivos.

En muchas ocasiones, quienes critican a las personas exitosas son en el fondo, personas que les gustaría ser como ellos. No me refiero como tal a dedicarse a lo mismo, pero si a tener el mismo reconocimiento y admiración que ellos.

Quienes los critican en el fondo se sienten fracasados, y es ese fracaso el que no les permite ver a la gente destacada con ojos de aprendizaje y retroalimentación, para analizar de qué manera consiguieron todo lo que han logrado y hace que los vean con ojos de envidia y desprecio.

LA GENTE ENVIDIOSA ES PARTE DEL SHOW

El Canal de YouTube previamente mencionado, en su análisis, dijo algo que me llamó mucho la atención: "la envidia en ocasiones es una forma de ver el mundo." Es decir, no es solo una manifestación de lo que traemos dentro, sino que es parte de nuestra forma de ver el mundo y de nuestra perspectiva.

Hay personas que ven el mundo desde una perspectiva de colaboración y comunidad, donde nos alegramos, porque me incluyo, al ver cómo la gente logra lo que quiere, porque comprendemos que si queremos ver cambios reales en nuestra sociedad, la única manera de hacerlo es apoyando a todas las causas de liderazgo que vayan surgiendo en cualquier ámbito, siempre y cuando no sea una basada en racismo, clasismo o desigualdad, etcétera.

 Es importante analizar a través de qué perspectiva vemos el mundo. Una donde desperdiciamos el tiempo criticando a la gente que está haciendo sus sueños realidad, y que sabemos que les ha costado porque en esta vida, nadie te regala nada o una en la que analizamos de qué forma han obtenido ese éxito, para seguir sus pasos.

Debemos analizar qué estamos haciendo ahora mismo para lograr nuestros objetivos. Es muy fácil criticar los logros de los demás cuando no estamos haciendo nada para lograr los nuestros. El peor envidioso es el que no hace nada para conseguir lo que envidia.

COMPOSITOR DEL AÑO

A raíz de toda la controversia que se dio, Bad Bunny decidió sacar una canción titulada "Compositor del año", en la que responde a todas las críticas que le han hecho. En ella demuestra un gran sentido de empatía por problemas que han estado surgiendo alrededor del mundo como la muerte de George Floyd, en la que hace referencia a ella diciendo "mi día estaba bonito pero me lo daño un tiroteo a mano de un blanquito y un presidente mamabicho que no hace un pito, black lives matter… y el racismo es peor que el COVID" "Un negro con pistola ya eso es un criminal, pero un blanquito se la engancha y dicen que es un hobby" "y está cabrón que no te dejen respirar y que una placa sea licencia pa' matar, pero ser blanco sea lo que te haga letal, y que ser un negro sea lo que te haga ser un blanco".

De igual manera, seguida a esta última frase, hace referencia a las tantas denuncias de pedofilia que están saliendo a la luz de parte de la iglesia "y está cabrón ir a la iglesia a rezar y correr el riesgo que te puedan violar, ese es el problema de pecar"

Hace mención a su reconocimiento como mejor compositor: "pelean que me dieron el compositor del año, pero no por aquello que si nos hace daño, por Dios, señora hay cosas más importantes que sentarse a criticar los logros de un cantante, como incentivar a los jóvenes que sean votante y saquen pal carajo a quien nos jodió ante, por encima de mi carrera, pongo a mi gente delante, pero siempre hay un bruto que nos trata de ignorante, cosas más importantes, como luchar por los derechos de los inmigrantes".

Algo que se le atribuye a Bad Bunny y que siempre ha demostrado, es el cariño que le tiene a su gente de Puerto Rico. En sus canciones hace mención a los problemas políticos que hay en su país, incentivando a los jóvenes a que se informen y voten.

En dueto con Residente (conocido por ser el vocalista de "Calle 13") canta una canción titulada "Afilando los cuchillos", que es una crítica directa al presidente Ricky Rosello y su forma de gobierno autoritario, basado en la desigualdad, la homofobia y los asesinados de Puertorriqueños.

Junto a Residente y Ricky Martin fueron parte esencial de una de las manifestaciones más grandes de Puerto Rico, en la que participaron más de 100,000 habitantes, pidiendo la renuncia del presidente, y a raíz de ello y otros factores más, se logró.

Una vez más, Bad Bunny demostró que es más que un artista, al ser un integrante y promotor activo de un movimiento social, que logró como objetivo un beneficio para los Puertorriqueños.

"Una súper estrella, pero humano primero".

De eso se trata, de reconocer que antes que todo somos humanos con sentimientos, emociones, pensamientos, ganas de obtener dinero, sueños, aspiraciones y mucho más, que nos llevan a trabajar y dedicarnos a algo en específico, pero eso no quita que seamos humanos y sintamos.

PREJUICIOS AL TRABAJO QUE NOS GUSTA.

¿Cuántas veces criticamos a alguien, por lo que se dedica a hacer de manera profesional y no por el tipo de persona que es fuera del escenario?

A Bad bunny se le clasifica de sexista y vulgar, y no estoy diciendo que quizás muchas de sus canciones no lo sean, claro que lo son, el problema no radica en él, radica en nuestro sistema de entretenimiento, en el que vende mucho más una canción que hable de estos temas, que una que no lo haga.

Eso lleva a muchos cantantes a producir música de este tipo y claro que no es justificación, para nada, pero no podemos juzgar y definir a una persona simplemente por lo que hace en su trabajo, porque el trabajo es solo una parte de su vida, no lo es todo.

En muchas ocasiones apartamos la cantidad de la calidad. Creemos que si alguien está vendiendo mucho se trata de un producto genérico, falto de calidad, pero como podemos ver un mismo cantante puede ser versátil y producir un gran repertorio, componer sobre temas intrascendentes, así como música que hable de temas profundos y venda, porque lo que hace la diferencia es lo que el artista le pone a la canción, es decir, sus sentimientos, pensamientos, e ideas. La gente compra sueños, no sonidos.

De igual manera tenemos la creencia que cuando algo es entretenido es superficial, y eso es falso. Creemos que para que algo sea profundo, debe ser serio y aburrido y no es así. Se puede aprender, enseñar y concientizar de muchas maneras, incluso de algunas que podríamos clasificar como simples, porque la simpleza no se define por la facilidad de hacer algo, sino por la falta de valor implícito. Hay muchas obras sencillas pero llenas de contenido, sobre todo en el ámbito del entretenimiento.

Ya es tiempo de que alejemos esos pensamientos de nuestra mente y nos demos cuenta que los cambios y buenas ideas, pueden venir en cualquier presentación y manera.

Los prejuicios existen no solo hacía los músicos o cantantes, se dan en todas las ramas y profesiones.

Personalmente he visto cientos de personas burlarse de algunas carreras como psicología, filosofía, derecho, o sociología. Los argumentos que tienen son hasta cierto punto comprensibles. Mucha gente que ha estudiado estas carreras se ha encargado de desacreditarlas.

¿De qué manera?, no dándole el valor que se merecen. Toda carrera u oficio sabiéndolo llevar acabo y con ganas de hacer las cosas, puede darte grandes satisfacciones. Si bien existe el estigma social que con estas carreras no ganaras suficiente dinero, para llevar una vida "exitosa",(ya que lamentablemente se asocia el éxito con el dinero), la realidad es que si puedes ganar mucho dinero ejerciendo cualquiera de ellas, siempre y cuando sea algo que te guste, porque si no es así, serás uno más del montón, uno más que decidió estudiar una carrera "fácil", solo por estudiar y no porque le apasionara.

Le quitan valor, porque demuestran que si no sabes qué hacer de tu vida, y solo quieres hacer algo por hacerlo, puedes optar por estudiar cualquiera de ellas.

Un consejo que te puedo dar es que si no sabes qué estudiar, pero al menos tienes una idea de lo que te gusta, entonces dedícate a eso.

Es mil veces mejor que estudies algo, aunque no tenga tanto campo de trabajo, pero que te guste, ya que por esa misma razón, te esforzarás en salir adelante y ser el mejor, a que estudies algo simplemente por tener un trabajo, si es que lo consigues en un ambiente que no te gustará, y donde te sentirás miserable e inconforme, porque no estás viviendo la vida que quieres vivir.

Sí decides estudiar algo que no te gusta o trabajar en algo que no te apasiona, te estarás condenando a una vida de miseria y fracaso personal, en la que habrás cambiado tu vida, felicidad y libertad, a cambio de unos cuantos pesos. No lo hagas. En serio, recuerda lo que dijo Steve Jobs "No dejes que el ruido de las voces exteriores, apaguen tu voz interior".

Si ya sabes qué es lo que te gusta y qué es lo que quieres hacer de tu vida, pero tienes miedo al qué dirán o al fracaso, ponte a pensar mejor en qué dirán, cuando te vean arriba, exitoso y feliz haciendo lo que te gusta.

El mejor trabajo que puedes tener, es el de trabajar cada día en hacerte feliz y lo mejor de ese trabajo es que se paga solo. Todos los trabajos son dignos para las personas que son dignas de demostrarlo.

"Cuando yo era pequeño mi madre me decía, si te haces soldado llegarás a general, si te haces cura, llegarás a ser papa. En cambio decidí ser pintor y me convertí en Picasso." Pablo Picasso.

TODOS TENEMOS ALGO QUE DECIR

¿Alguna vez has sentido que tu argumento podría ayudar a entender mejor un tema o a resolver una situación y que además es en esencia un buen argumento, pero no te animas a expresarlo por miedo a que te critiquen o te tomen por loco o incoherente? Si te ha pasado es porque no se nos enseña a escuchar a los demás.

En este mundo todos tenemos algo que decir. Puede que sea bueno o no, puede que ayude a resolver algo o no, puede que sea una buena crítica o termine siendo una crítica destructiva, pero nunca nos tomamos el tiempo de escuchar a los demás y ver qué tienen para ofrecerle al mundo. Tenemos tan arraigados nuestros ideales y formas de verlo que creemos que escuchar la forma de los demás no tiene sentido, porque no hará que cambie la nuestra.

Mucha gente tiene cosas buenas que decir y no han podido. Las han callado. No les han dado la oportunidad que se merecen de cambiar al mundo y a los demás.

En ocasiones subestimamos o enjuiciamos a las personas antes de conocer su historia, como cuando alguien no nos agrada por su personalidad que nos resulta irritante o molesta, pero no nos detenemos a escuchar por qué es que es así. Puede que esté pasando por una situación difícil y el no tener a nadie que lo apoye, lo haga actuar de manera desagradable.

Hay demasiada gente queriendo exteriorizar sus sentimiento e ideales y el no poder hacerlo los llena de ansiedad y frustración, lo cual repercute en quienes los rodean. Resultaría más fácil y empático escuchar a esas personas y ver qué es lo que tienen para contar, eso les ayudaría a liberarse de esa carga emocional que llevan cargando y que nadie les ha ayudado a descargar.

No existe alguien que no pueda enseñarnos algo nuevo.

Si algo he aprendido, es que todos tenemos algo que decir, solo debemos estar dispuestos a escuchar y aprender, entender cómo es la forma de ver el mundo de los demás para ampliar así nuestra perspectiva y aplicar algún consejo que podría marcar una diferencia significante en nuestras vidas.

Si pudieras decirle todo lo que le quieres decir a la gente, y ellos se dieran el tiempo de escucharte y analizarlo, las cosas serían muy distintas, pero no, no escuchamos a los demás.

Escuchar no solo es oír lo que el otro nos está diciendo. Escuchar es reflexionar y analizar lo que la otra persona dice, al mismo tiempo que lo relacionamos con nuestros conocimiento para lograr identificarnos y encontrar puntos de coincidencia.

Seamos empáticos con las personas, intentemos ayudar si es posible, dando un consejo o escuchando como se debe.

Bad Bunny tiene mucho que decirle al mundo y cada vez son más las personas que lo escuchan y se dan cuenta de sus logros. Cada vez son más las personas que lo criticaron y ahora tienen que callar.

Hay demasiados intentando cambiar el mundo, pero no pueden. No porque no tengan algo bueno que decir, sino porque no hay quién los escuche. Hay que tomar en consideración, que no solo se trata de escuchar a la gente que tiene cosas importantes o trascendentales que decir. También debemos escuchar lo que nuestros abuelos, padres, amigos, conocidos, empleados, tienen que decir, aunque a veces no sean cosas trascendentales, con eso ya ayudaste a alguien a sentirse mejor e hiciste una diferencia.

No me cansaré de repetir que todos tenemos algo que decir. Solo que tenemos miedo a hablar por el qué dirán, sin embargo, debo preguntarte ¿Dónde quedas tú? ¿Dónde queda ese amor propio que descuidas al no darte el lugar que mereces? es importante que no nos callemos si en verdad creemos que lo que estamos por decir, vale la pena decirlo.

Si te sirve de algo, existe una regla llamada "La regla de los 5 segundos", diseñada por Mel Robins, quien escribió además un libro en el que explica a fondo cómo funciona esta regla, pero que en general, consiste en que cada ocasión que no quieras hacer algo, cada que sientas que el miedo te consume, cuentes de 5 para abajo hasta llegar a cero, y cuando llegues a cero, lo hagas.

¿Cómo funciona esto? Nuestro cerebro necesita solo 5 segundos para llenarse de cortisol, (la hormona del miedo y estrés), y bloquearse por completo y decidir no hacer las cosas; así que en estos 5 segundos, lo que hagas será crucial. Inténtalo, si tienes miedo, no lo pienses tanto, sólo hazlo, antes que el tiempo acabe.

Cuando te encuentres con otras personas y dar tu punto de vista te dé miedo, cuenta mentalmente 5, 4, 3, 2, 1, 0, y lo dices. Puede parecer algo sencillo y tonto, pero créeme que funciona. Así que te lo dejo a tu elección: puedes elegir no intentarlo y seguir como siempre o puedes intentarlo y dejar de vivir dominado por tus miedos.

Los hombres que han cambiado al mundo, lo hicieron porque no se quedaron callados. Así que ahora es tu turno de cambiar al mundo; si en este preciso momento, mientras lees esto, tienes que decirle algo a alguien, ve y díselo, no lo pienses más. Si tienes un mensaje que llevas tiempo queriendo enviar, envíalo, este es el momento perfecto. Si quieres comprar algo y aun no te animas, cómpralo. La vida es corta, si amas a alguien, demuéstraselo ahora que está con vida.

¿Sabes cuándo es el mejor momento para hacer algo?

Cuando la cuenta regresiva comienza.

5, 4, 3, 2, 1, 0, ¡Ahora!

ODIOS IRRACIONALES

"La compasión por los animales está íntimamente conectada con la bondad de carácter, y se puede afirmar con seguridad que aquel que es cruel con los animales no puede ser una buena persona"
ARTHUR SCHOPENHAUER

A lo largo de este capítulo hemos analizado diversos prejuicios que están fundamentados en la forma de ser de la persona o la forma en la que se expresa, tanto visual como moralmente. Sin embargo no son los únicos prejuicios que existen.

En mi opinión hay de prejuicios a prejuicios, y con eso no quiero decir que unos sean mejor que otros, si no que algunos están "mejor fundamentados". Los peores son aquellos que no tienen fundamento. Los que solo se basan en odio irracional, como el racismo, clasismo, homofobia y xenofobia.

Todos ellos tienen sus bases en ideologías que se han transmitido generación tras generación, llegando al punto en el que si una persona se encuentra dentro de alguna de estas categorías, se le discriminará sin motivo alguno, solo por haber nacido así. Eso es lo peor de todo. No les dan la oportunidad de decidir si quieren ser discriminados o no. Simplemente nacen predispuestos a ello.

Diferente es cuando nos discriminan por nuestras creencias. Todos deberíamos ser libres de elegir en qué creer, sin ser recriminados por ello, sin embargo, existe la opción de cambiarte de religión o no demostrarlo, para evitar el posible daño.

Con los prejuicios irracionales no puedes hacer eso ¿Cómo le pides a una persona de color, que deje de serlo? O ¿Cómo le pides a un mexicano que cambie el lugar donde nació? Puede que la persona ni siquiera se identifique con su país, y aun así se le discrimine.

• RACISMO

La gente no decide con qué color de piel nacer.

Es tonto juzgar a alguien por su color de piel cuando es algo que ni siquiera decidió. Las personas que entran en esta categoría, como los negros, han venido arrastrando por muchos años cientos de prejuicios y discriminaciones.

El hecho de pensar que hace unos cuantos años, tener a una persona de color encadenada a una pared, sirviéndote a tu voluntad era algo legal, me vuela la cabeza.

FALTA DE EDUCACIÓN Y DINERO

Por años se les ha recriminado ser personas sucias, groseras, poco educadas e incluso delincuentes, sin haber cometido delito alguno.

Cuando se analiza el racismo, la información resultante da para escribir decenas de libros al respecto, ya que han sido cientos los factores que han contribuido a su origen y persistencia.

Como cuando se les tacha de poco educados, no nos ponemos a pensar que en el sistema en el que vivimos, es mucho más difícil que una persona negra pueda triunfar que un caucásico.

Se les recrimina de falta de educación, al mismo tiempo que se les niega. Aunque cada vez son menos los lugares donde el acceso a la educación para gente de color no es permitida, lo que no parece disminuir son los maestros y directivos racistas que se empeñan en que los negros no puedan culminar sus estudios, o que requieran el triple de esfuerzo para lograrlo.

El racismo empieza, desde el maestro que pone una nota más baja a un alumno por ser negro, hasta el director que le niega una beca educativa, por el mismo motivo.

¿Cómo no va a haber rezago educativo de parte de la gente negra, si la sociedad se encarga de ello? No es que ellos no quieran superarse, ¡es que no los dejan! Los reprimen hasta más no poder, y luego, una vez reprimidos, se les señala de inútiles que no contribuyen a crear una mejor sociedad.

Se les tacha de pobres, al mismo tiempo que se les brindan menos oportunidades de trabajo. Hay personas de color con un alto grado de conocimientos y aptitudes, que se les niega o no encuentran trabajo por su color de piel. En ocasiones la empresa o el lugar donde acuden a pedir trabajo, no tiene políticas racistas, pero si la persona que hace la entrevista, la cual decide no aceptar su solicitud de trabajo.

Antes de juzgar a un grupo de personas en base a estadísticas que determinan el desarrollo de un grupo social, debemos analizar qué tanto se les está reprimiendo, para que no se desarrollen.

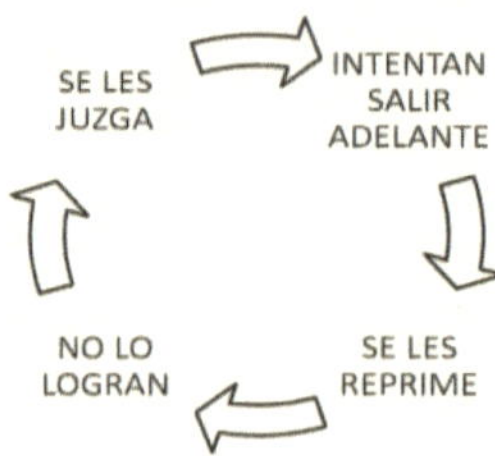

¿BLANCOS O NEGROS?

El color de piel que se discrimina depende del área geográfica en la que te encuentres. A muchos mexicanos no les gusta ser morenos. Hubieran preferido nacer blancos, puesto que consideran que a los blancos se les trata mejor, y que ser blanco, en Latinoamérica, te hace más atractivo.

Cuando tuve la oportunidad de vivir en Europa, me di cuenta que allá, lo que muchos consideran atractivo, es el tono de piel morena, ya que blancos los hay en todas partes.

El que un color sea constante causa desprecio en algunos lugares. Entre tantos, el tono se vuelve normal, y lo normal pasa a ser inferior a lo distinto. La realidad es que ningún color es superior a otro. Es cuestión de perspectiva.

Empecemos a cambiar ese chip interno que nos hace creer que valemos más que otro por el color de nuestra piel.

Mucha gente argumenta que el racismo ya no es un fenómeno tan generalizado, como en épocas pasadas. No se diga la esclavitud. Evidentemente ya no son esos tiempos, pero aún existe y hay que erradicarlo. El racismo está en todos lados, desde la mueca de desprecio que se le hace a alguien de color, hasta la negación de oportunidades que destruyen vidas.

Recuerda que vales por lo que eres, no por lo que ellos ven.

• **HOMOFOBIA**

Son muchos los prejuicios que existen hacia las personas de la comunidad LGBT, y la mayoría tiene su origen en la desinformación e ignorancia sobre el tema, ya que pese a que las relaciones homosexuales o cualquier otro tipo de manifestación sexual diferente a la heterosexual, siempre han existido, sin importar la época o el año al que nos remontemos, es hasta hace unos pocos años que empiezan a ser aceptados por la sociedad y se empieza a ver como algo normal. Como debería ser.

HAY QUE ACLARAR ALGO ANTES

Primero hay que aclarar algunas diferencias que la mayoría de las personas, incluyéndome, antes de conocerlas, me confundían mucho, y son las que existen entre el sexo biológico, la orientación sexual, la identidad de género y la expresión de género.

El sexo biológico: Son los genitales con los que naciste (pene o vagina)

La orientación sexual: Es quién te gusta o te atrae (pueden ser hombres, mujeres o ambos)

La identidad de género: Es a nivel consciente cómo te identificas tú y cómo te sientes respecto a tu género. Puede ocurrir que tengas pene pero te identifiques como mujer o viceversa

Expresión de género: Es la forma en la que le expresas al mundo quién eres, independientemente de todo lo anterior.

Esta información proviene de Cálida.Mente una página de Instagram dedicada a informar sobre diferentes temas de interés sobre psicología.

SER GAY ES ANTINATURAL

Algo que siempre me ha retumbado en la cabeza, es por qué la gente discute acerca de si las personas son o se transforman en gay, ¿Realmente importa?, independientemente si alguien se hace o nace, es así y punto.

Existe un pensamiento erróneo en quienes creen que ser gay es algo antinatural. Pensar que algo es anti-natural, no tiene fundamento alguno, toda vez que es imposible. Independientemente que en muchas especies animales también existe la homosexualidad. Algo no puede ser antinatural si se da en la naturaleza.

A lo que nosotros llamamos anti natural, es al término acuñado por la iglesia que define como normal o natural todo aquello que fue creado por Dios y llama anti natural o anormal todo aquello que no.

Pero si Dios creo todo, me hace pensar que más bien es un concepto que los humanos homofóbicos establecieron, y que generación tras generación, personas tanto religiosas, como no religiosas, han usado para dirigirse al comportamiento gay, cuando lo natural es natural por el simple hecho de existir.

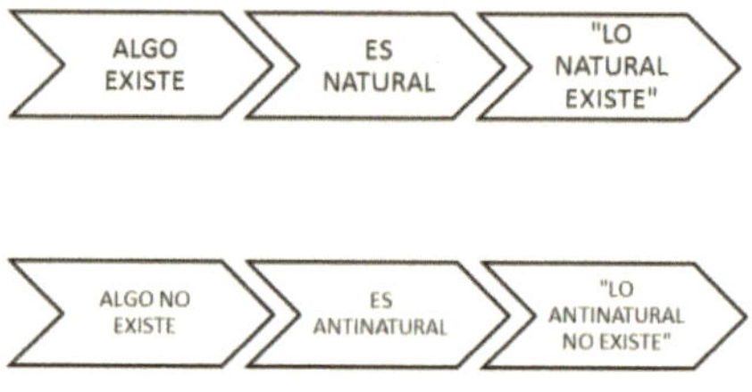

CLOSET

Hay que dejar de juzgar a las personas por algo que no eligieron. Muchos gays viven día tras día preguntándose por qué la vida los hizo así, deseando lo contrario, para no tener que soportar las burlas, discriminaciones y sufrimientos por todos los prejuicios que se manifiestan hacia ellos, por algo que definitivamente, no está, ni estuvo en su control.

Esta es la razón por la cual muchos homosexuales aparentan ser heterosexuales, teniendo una pareja hetero, con la cual, pese a crear un vínculo afectivo, no se sienten del todo bien ya que no pueden expresar su sexualidad libremente como les gustaría.

También por ello hay tantos gays que "viven en el closet" esperando el día que la sociedad los acepte y entienda que son solo humanos tratando de ser felices, buscando encajar en una sociedad corrompida por prejuicios e ignorancia, y que no hay nada de raro en su comportamiento, más bien raro es que la gente no lo entienda y siga ciega ante lo evidente.

La gente solo quiere ser libre de amar y ser amada, y eso es algo que se debería valorar, en una sociedad en la que el odio es muy común.

ADOPCIÓN

Cuántos padres gays hay queriendo adoptar y no se les permite, por creer que el niño crecerá con algún problema mental o se convertirá en gay, incluso en caso de que así fuera no tiene nada de malo serlo, mala es la gente que asesina sin motivos. Ellos si son malos. Dos padres gays queriendo darle el amor que tanto le falta a un niño que sus padres biológicos no le dieron, no lo son.

Al final del día el niño se la pasará mejor en cualquier familia, que le proporcione amor, que viviendo en un albergue toda su infancia. Considero que lo que importa es eso.

"I want to break free" decía Freddy Mercury, en protesta a la gente que no aceptaba que fuera gay.

Yo también quiero ser libre y quiere ver libres a todas las personas que están pagando una condena, sin haber cometido delito alguno.

Amemos más, odiemos menos. Nos pongamos en el lugar del otro y el mundo será un lugar mejor.

• **XENOFOBIA**

Siempre había escuchado de personas que detestan a los inmigrantes, pero no me había tocado verlo de una manera tan clara como cuando estuve en Alemania.

La cantidad de gente que emigra a Alemania con la esperanza de tener una mejor calidad de vida es impresionante. Durante el tiempo que viví en

Hamburgo era sorprendente ver como en un vagón del tren, de veinte pasajeros, doce no eran alemanes, o tal vez lo eran pero nacionalizados, algo realmente impactante.

A mí en algunas ocasiones, me tocó ser juzgado y prejuiciado por mi nacionalidad mexicana. En todas las ocasiones por policías alemanes. Cabe recalcar que con la gente alemana en general nunca tuve problema alguno, al contrario me acogieron muy bien, y comprendí que la idea que tenemos de los alemanes racistas, no es más que un prejuicio de los acontecimientos ocurridos durante la segunda guerra mundial.

UNA EXPERIENCIA POR ALEMANIA

Era mi primer mes en Alemania y me encontraba viajando de Hamburgo a Constanza, un viaje largo, de 11 horas en tren, y en el cual me pidieron mi pasaporte, sin motivo alguno. Como era la primera vez que viajaba y lo hacia dentro de Alemania, no lo llevé para no exponerme a perderlo, pero si llevé una copia. Al entregárselas a los oficiales creyeron que era falsa, y me la retuvieron (cabe aclarar que si es aceptado en Alemania presentar una copia como validación de tu estancia por Europa). Me hicieron esperar mucho tiempo sin darme información alguna del por qué me la retuvieron. Después de eso procedieron a entregármela. Hasta ahí todo iba bien dentro de lo que cabe. Entendí que estaban haciendo su trabajo, que entre otras cosas es el de detectar el flujo ilegal de inmigrantes y me tranquilicé.

Lo que no me pareció justo, es que una vez que me entregaron el pasaporte, y regresé a mi asiento, se instalaron detrás de mí y me fueron vigilando la mayoría del tiempo, haciéndome sentir intimidado, y juzgado por mi apariencia y nacionalidad. Por un momento y de una forma muy pequeña en comparación a los problemas reales de un inmigrante, pude sentir lo que siente alguien que se le juzga con la mirada y críticas, únicamente por no pertenecer a un lugar. Para nada es una sensación bonita, puedo concluir.

En otra ocasión me tocó escuchar a un alemán decir que ya estaba harto que tanta gente de Turquía estuviera emigrando a su país, argumentaba que lo único que hacían era desorden y que buscaban erradicar las costumbres alemanas, para implantar las de ellos.

Aquí hay dos cosas que decir:

La primera es sobre concientizar a la gente del por qué es bueno ser empático con los inmigrantes y demostrar que ponernos en sus zapatos puede hacer una gran diferencia, y la segunda es sobre las responsabilidades que tiene el emigrante al momento de establecerse en un nuevo país.

¿QUÉ DEBE SABER LA GENTE EN GENERAL?

Nadie se va de un lugar dejando su hogar, vida, idioma, amigos y toda su realidad, si no es por la necesidad de encontrar una mejor calidad de vida.

Millones de personas en todo el mundo se ven obligadas a emigrar, ya que sus países no cuentan con lo necesario para que puedan subsistir como deben. La gente que emigra no lo hace por gusto. Muchos desearían no verse en la necesidad de hacerlo.

Como la gente de Irak e Irán, que tienen que emigrar porque sus países se encuentran en guerra ¿Se han puesto a pensar por un momento qué significa que tu país se encuentre en guerra?

Cuando lo hago me sorprendo. Pareciera que los problemas de mi país no son tan grandes como los de otros, en los que un día puede que despiertes con la noticia que el gobierno de otro país decidió lanzar un misil sobre tu casa, haciéndola explotar y matando a toda tu familia.

O en Venezuela, donde un amigo de allá, me comentó que se han dado casos de canibalismo a causa de la crisis económica que el país está atravesando y que existe una gran censura al respecto, por parte de los medios de comunicación.

En México, son miles los que cada año emigran a Estados Unidos, en busca de una mejor calidad de vida que la que hay aquí. Yo vivo en el sur del país y me ha tocado ver muchos inmigrantes centro americanos, que para ellos el simple hecho de vivir en México, ya es una gran diferencia. Llena de nuevas oportunidades de las que carecen en su país de origen.

Sea cual sea el motivo por el cual una persona emigra a otro lugar es válido.

Todos deberíamos tener la oportunidad de una mejor calidad de vida y la búsqueda de ello no debería ser causa de prejuicios, insultos y críticas, sin importar si lo haces por necesidad o no, todos merecemos algo mejor.

¿QUÉ DEBE SABER EL INMIGRANTE?

Cuando una persona se muda a un nuevo lugar, entra en conflicto consigo mismo, puesto que las tradiciones, costumbres y forma de vivir no son las mismas a las que estaba acostumbrado, y tiene que acoplarse a nuevas formas de trabajar y colaborar en sociedad para que pueda ser aceptado por la misma.

La persona que hizo el comentario en contra de los turcos, argumentaba que siempre están tratando de implementar sus tradiciones y que no respetan las del país.

Creo en la libre expresión. Qué todos deberíamos ser libres de expresarnos como quisiéramos, siempre y cuando no le hagamos daño a alguien más. Cabe aclarar que porque algo no le guste a una persona y lo perturbe, no significa que le estemos haciendo un daño objetivamente hablando.

Pero si considero muy importante, que si una persona emigra a un país, sea consciente que tiene que atenerse a ciertos estándares sociales, y que por momentos tendrá que limitarse a no expresarse como quisiera. Porque puede que traigamos arraigadas costumbres de nuestro país, que en el nuevo no sean funcionales.

Debemos cambiar si queremos ser aceptados por la sociedad donde nos encontremos. Como es el caso de la puntualidad mexicana. En México en muy común citarnos a una hora y llegar 15 – 30 minutos o incluso una hora después. Eso en Alemania no funciona y le molesta mucho a la gente.

En mi caso tuve que aprender que si quería vivir en comunidad y armonía con los alemanes, tenía que acostumbrarme a su puntualidad rigurosa y entender que en ocasiones lo que hace que un país funcione, son precisamente esas costumbres tan diferentes a las nuestras.

Si me negara a cambiar mi forma de actuar y pretendiera imponerla, el país dejaría de ser lo que es. Si un país tiene estabilidad socio-económica, es porque existen estándares y normas que lo regulan y que uno como emigrante tiene que respetar y cumplir, si queremos gozar de sus beneficios. De lo contrario, estaríamos buscando convertirlo en el lugar de donde nos fuimos. Si queremos mejores estándares de vida, hay que cumplir con los ya establecidos.

Eso no quiere decir que no podamos celebrar nuestras tradiciones o creencias. Claro que podemos siempre y cuando lo hagamos con respeto hacia los demás. Es necesario que construyamos más puentes y menos muros. Que dejemos de una vez por todas a un lado los prejuicios y nos demos la oportunidad de conocer gente nueva y aprender nuevas cosas de ellos.

 Eso te hará más abierto y te dará un panorama más amplio sobre cómo funciona la vida en otros rincones del planeta, que ni siquiera imaginabas, pero sobre todo comprenderás por qué es que la gente hace lo que hace, y que en ocasiones no es por gusto, si no por necesidad.

Una bandera, un pasaporte y un color no te definen, lo que te define es la forma en la que le demuestras al mundo que vales más que todo eso. Siempre da más de lo que esperan de ti y escucha a la gente que necesita ser escuchada. En una de esas hasta te dan ganas de ser como ellos.

• **MACHISMO**

SEXISMO

El sexismo existe en ambos lados de la moneda. Hombres que discriminan mujeres y mujeres que discriminan hombres. Sin embargo es más común hablar de la primera.

Es impresionante la manera en que a veces se desprecia a las mujeres simplemente por su sexo.

El machismo es algo que se da incluso en las sociedades más avanzadas y al parecer no existe forma alguna de erradicarlo por completo, hasta el momento.

Existen muchas formas en las que se manifiesta, pero principalmente quiero hablar de aquella que provoca que no se tome en cuenta a las mujeres en ciertas actividades o trabajos, cuando al hacerlo podrían incrementar la productividad y rendimiento, logrando mejores resultados.

REPRESIÓN HACIA ELLAS.

Con el sexismo ocurre algo muy parecido a lo que sucede con el racismo. Existe mucha gente haciendo comentarios como "si es cierto que las mujeres pueden hacer cosas de hombres ¿Por qué hay tan pocas haciéndolo? ¿No será que realmente no son buenas para ello?" O "¿Por qué si las mujeres pueden ser líderes vemos tan pocas? "Algunos incluso se atreven a hacer comentarios como "¿No será que lo suyo es quedarse en casa y hacer el oficio? "Comentarios como éste último hacen que dude de la capacidad del hombre para razonar.

Estos comentarios son originados por la misma represión que existe hacia ellas, que no les permite lograr lo mismo que un hombre con la misma facilidad.

Hay pocas mujeres con puestos importantes o recibiendo premios, no porque no hayan mujeres con la capacidad de merecerlos, si no que las oportunidades que les dan son menores que las de los hombres.

Empezando por el hecho que hay empresas que solo aceptan mano de obra masculina o a mujeres únicamente en puestos de oficina o secretariado y terminando con el hecho que en la actualidad las mujeres ganan mucho menos por el mismo trabajo que hace un hombre, únicamente por ser mujer.

ES INJUSTO QUE GANEN MENOS

Un estudio publicado por la página mujeresenred.net reveló que "las mujeres ganan 37,4 por ciento menos que los hombres. Una diferencia que se acentúa en el sector privado, donde los salarios femeninos son de hasta el 50%, por debajo de los masculinos, mientras que en el sector público la desigualdad se reduce al 10,7%", que no obstante, sigue siendo alto e injusto.

Es impresionante que por el simple hecho de haber nacido mujer, algo que tú no decidiste, estés condenada a ganar menos dinero y que tu esfuerzo se valore menos. Únicamente por tener vagina y no pene.

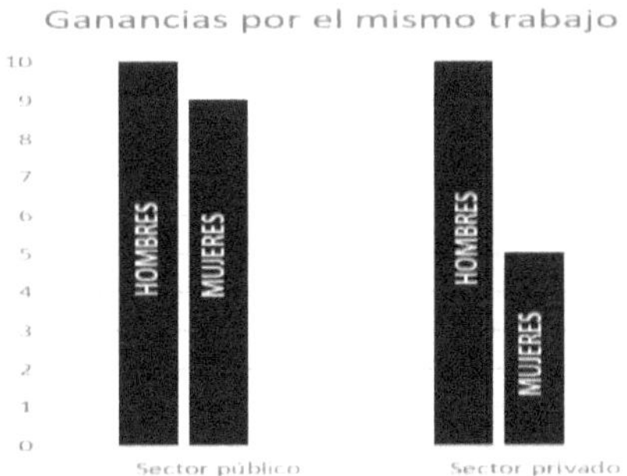

Así de fuerte y absurda es la realidad. Al igual que con los negros, no es que ellos no quieran progresar, es que no se les permite.

CUALIDADES ÚNICAS QUE TIENEN

Las mujeres tienen cualidades únicas, que si se tomaran en cuenta podrían resultar muy benéficas para ciertos tipos de trabajo y campos de estudio, donde la mayoría están erróneamente ocupados por hombres, y digo erróneamente no porque no debieran estar ahí, si no que mientras más mujeres haya, se hará un mejor trabajo que el que puede ser hecho únicamente por hombres.

Las mujeres tienen más desarrollado su sistema límbico (encargado de las emociones), que el de los hombres, haciendo que sean mejores en algunas tareas donde lo que se requiere no es firmeza y rigidez, sino empatía y comprensión hacia los demás, que hagan que el proyecto fluya y el compromiso aumente.

Por el sentido de empatía y colaboración más desarrollado que tienen, las mujeres son mejores trabajando en equipo. Es cierto que muchas personas suelen trabajar mejor solas, sin embargo, también es cierto que trabajar en equipo trae muchos beneficios, como lo es tener diferentes puntos de vista sobre un mismo problema, para obtener un panorama más amplio de soluciones.

Si se incluyeran más mujeres en los equipos de trabajo, funcionarían mejor y obtendrían mejores resultados. No estarían gobernados por la individualidad egocéntrica, típica de muchos hombres.

¿PUEDEN HACER DOS COSAS A LA VEZ?

Cuando dicen que las mujeres pueden hacer dos cosas a la vez y los hombres no, no se está diciendo una falacia. Si bien los hombres podemos hacer dos cosas a la vez, la ciencia confirma que las mujeres pueden hacer más cosas, sin problema alguno, ya que la parte analítica e intuitiva de su cerebro está más desarrollada que la de los hombres, haciendo que tengan una mejor memoria y mayores habilidades al momento de tener que concentrarse en diversas actividades, sin perder la concentración o distraerse como sucede con el sexo masculino.

¿POR QUÉ LAS MUJERES SI ENCUENTRAN LAS COSAS?

¿A quién no le ha sucedido que va en busca de algo a un cajón y no lo encuentra, pero cuando ese cajón es revisado por su mamá o esposa, el objeto buscado aparece como por arte de magia?

Déjame decirte que no es magia, de hecho es biología. En el libro "El lenguaje del cuerpo" de Allan y Barbara Peace, se menciona que "los hombres están equipados con una visión tipo túnel que hace que sean mejores en cuanto a ver lo que tienen directamente frente a ellos y a divisar sus objetivos" En cambio "las mujeres están equipadas con una visión periférica mucho mayor a la de los hombres, la cual se extiende hasta los 45 grados en cada lado y de arriba abajo", lo cual hace que, aunque pareciera que no están viendo algo, en realidad lo hacen y que cuando se trata de buscar un objeto y tener una visión panorámica más amplia, ellas sean las mejores.

MENTIRLES ES DIFICIL.

Las mujeres también son mejores en cuanto a leer el lenguaje del cuerpo; son demasiado intuitivas y saben más rápido cuando alguien está mintiendo. De hecho, eso ha obligado a los hombres a convertirse en buenos mentirosos, si es que quieren salirse con la suya.

Estas son solo algunas de las muchísimas habilidades que tienen más desarrolladas las mujeres, en comparación a los hombres, que si se explotaran de mejor manera, se lograrían mejores resultados. Como un mejor lugar donde vivir para ambos.

CONCLUSIÓN DE PREJUICIOS E IGNORANCIA.

Estamos a nada y a todo de construir la sociedad que queremos, solo hay que dejar a un lado todos los prejuicios que tengamos, sobre todo los que estén basados en odios irracionales, que lo único que hacen es dividir aún más a una sociedad que le cuesta mantenerse unida y no permite tener una mejor calidad de vida.

Todos quisiéramos vivir en una mejor sociedad, pero son pocos los que estamos realmente dispuestos a hacer algo para conseguirlo. Si eres de los que están dispuestos a intentarlo, puedes empezar por limpiar tu mente de todo lo que no ayude y solo perjudique.

Les prometo que si todos lo intentamos de vez en cuando hasta conseguirlo, la sociedad y el mundo serán un lugar mejor.

El odio y los prejuicios siempre van a existir, pero si esta vez somos más los que no los compartimos, las cosas cambiarán. Somos más los buenos, pero también somos los más callados. Ya no callemos. Hagamos ruido cada vez que veamos que alguien es discriminado o juzgado sin motivo alguno, solo así demostraremos que son menos los malos.

El domador seguirá siendo domador hasta que la bestia decida despertar. Hasta que decidamos abrir los ojos, seguiremos ciegos frente a lo que realmente importa.

Espero en verdad un día poder mirar atrás y sentirme orgulloso que la sociedad que conocía antes ya no existe. Que ahora es una mejor. Querido lector, tú puedes ayudarme a que ese sueño se haga realidad.

Solo te pido que no te quedes callado. Que salgas y le demuestres al mundo, que no es tan difícil tener una mejor calidad de vida. Todos nos merecemos una. Estoy trabajando para obtener la mía y espero que un día tú también obtengas la tuya.

FUCKING MUNDO

"Cuando tú educación limita tu imaginación, se llama adoctrinamiento"
NIKOLA TESLA.

A lo largo de este capítulo explicaré cómo cambiar nuestra vida y país, adoptando costumbres y formas de organización social de países más desarrollados que el nuestro. La mayor parte está basada en mis experiencias alrededor de Europa y el tiempo que viví en Hamburgo, Alemania, y los aprendizajes que eso me trajo.

Contiene críticas directas de cómo se hacen las cosas en mi país, costumbres extranjeras que de implementarlas harían nuestra vida más eficiente, curiosidades que me parecieron interesantes para obtener un panorama más amplio de cómo es la vida en otros lugares, y cómo aprender de ellos para nuestro beneficio personal y colectivo.

SISTEMA EDUCATIVO

"La educación es el arma más poderosa que puedes usar para cambiar el mundo"
NELSON MANDELA

LOS MAESTROS SON LA CLAVE

Durante los primeros días en mi nueva escuela alemana noté diferencias muy marcadas entre el sistema educativo mexicano (que conozco de toda la vida) y el alemán.

La primera cosa que me impresionó, fue la manera en que los maestros y alumnos convivían. En mis anteriores escuelas, era común que en las clases existiera una barrera entre ambos, originada por aires de superioridad y/o desinterés por parte de alguno o ambos.

Son realmente pocos los maestros que he conocido, que buscan una conexión más allá de la establecida por el sistema. Es decir, no es común ver un maestro acercarse a su alumno y preguntarle cómo está, o si tiene algún problema en el que pueda ayudarle, cosa que en Alemania es distinto.

No estoy diciendo que en México no pase. Simplemente que allá es una prioridad que el alumno se sienta bien al lado de un profesor que le presta atención y evita que se distraiga pensando en sus problemas, logrando así aprender más.

Por una extraña razón, ajena a mi realidad, los maestros eran conscientes que toda persona necesita, antes que nada, estabilidad emocional para desempeñar un buen papel en un ámbito cualquiera.

En Alemania la diferencia de autoridad entre alumno-maestro no es notoria. Sin embargo, ambos se respetan y tienen confianza, incluso bromean como amigos.

Hay maestros que traen arraigada la idea que deben ser vistos como una súper autoridad, y que por ende, al serlo son superiores a los alumnos en cualquier aspecto. Suelen ser personas déspotas, creen que valen más que los demás, incluso fuera de su trabajo.

Para estas personas el salón de clases es el lugar perfecto para desquitar con sus alumnos todo ese ego y miseria que traen acumulada, que no los deja vivir en paz. Son aquellos a quienes les haces una pregunta y no te responden. Les pides ayuda y te ignoran, mucho menos puedes esperar un consejo de su parte.

Está bien exigirles a los alumnos. Demostrarle a una persona que puede lograr más de lo que ella cree, es un acto muy grande de bondad. Siempre y cuando se haga de manera correcta. Eso solo sucede si el maestro es consciente que su trabajo no se limita a exigir, también a enseñar.

"Predicar sin dar el ejemplo, que jodida manía" dice Bad Bunny en una de sus canciones.

El proceso de enseñanza no debería estar orientado a que el alumno aprenda a memorizar. El maestro debe proveer herramientas que ayuden a desarrollar un ambiente donde el alumno se sienta cómodo y no tenga miedo a levantar la mano, expresar su opinión y preguntar. Donde no reciba una respuesta grosera, sarcástica o que lo ridiculice

Más vale una pregunta tonta, que un tonto que no pregunta. Eso nos deberían enseñar.

Es importante crear una comunidad escolar en donde exista una amistad que fomente el deseo de aprender, donde no estudies por obligación si no por elección.

A lo largo de mi vida académica he tenido la fortuna de conocer maestros con los cuales podía expresar libremente mi opinión y que todavía me apoyan. Si tú también los has tenido, sabes lo bien que se siente y si no, no te preocupes, no los necesitas para salir adelante.

HACER TRAMPA NO ES TAN COMUN COMO CREEMOS

En una ocasión mientras me encontraba en mi clase de alemán (porque así como nosotros tenemos clases de español, ellos las tienen de alemán), sucedió algo que me marcó por completo. Fue una experiencia simple, pero que al menos en mi país no es tan común verla.

Me encontraba a punto de presentar un examen. Recuerdo estar nervioso, ya que no comprendía el idioma y menos sabría las respuestas.

Así que decidí hacer uno de esos papelitos llamados "acordeones" donde anotas las posibles preguntas y respuestas que pueden venir en el examen, pero que de ser hallado produce una sanción.

Cuando llegó el momento del examen, mientras la maestra no miraba, aproveche a sacar mi acordeón. Me puse feliz que algunas cosas que había puesto en él, venían en el examen.

De repente mi compañero de al lado, al cual le tenía confianza, me descubrió con el acordeón. Puso una cara extraña como si no entendiera qué era ese papelito. Me preguntó:

- ¿Qué escribiste?

- las respuestas del examen, respondí.

-¿Para qué?

- Por la calificación

Lo que él me dijo después fue lo que me sorprendió:

"la calificación no es importante, si no está basada en tu conocimiento"

¿EN SERIO IMPORTAN LAS CALIFICACIONES?

¡Guau! En ese momento comprendí porque me encontraba en un país desarrollado.

Donde el alumno no tiene la necesidad de hacer un "acordeón", toda vez que se le ha enseñado que las calificaciones no son lo más importante, y aunque en México mucha gente reconoce esto, no importa, porque el sistema educativo sigue siendo el mismo, donde un número vale más que el conocimiento real.

Los maestros que suelen decir que las calificaciones no son importantes, son los mismos que te juzgan por las notas que obtengas en su clase. Y no es su culpa. La culpa es del sistema donde las calificaciones son demasiado importantes, para llevar un control del alumno.

ENCUENTRA TU VOCACIÓN

El objetivo principal de la educación, en primer lugar, debería ser descubrir la vocación del alumno, para conocer qué tipo de conocimiento le apasiona, y en segundo lugar que lo adquiera.

Una vez un niño le entregó sus notas a sus papás. En el papel se observaba un 6 en matemáticas, un 5 en química, un 10 en arte y otro 10 en canto. Los padres como locos, buscaron un maestro que enseñara química y matemáticas. Cuando lo encontraron éste revisó la boleta y le preguntó a los padres.

- ¿Por qué si su hijo es bueno para arte y canto, no busca quién le enseñe más?

- Necesitamos que salga bien en todas las materias. Contestó el papá.

- ¿Prefiere que su hijo salga bien en lo que no le gusta, a impulsarlo en lo que es bueno?

- Los padres no supieron que decir.

Un pequeño cuento con una gran moraleja que muchos padres debieran aprender, para que de una vez por todas, dejen de obligar a sus hijos a estudiar algo que no quieren, en lugar de impulsarlos en sueños.

En México un número te define como persona. Es más importante memorizar que aprender.

Nos enseñan que una calificación la cual depende de muchos factores que no están en nuestro control, por ejemplo, cuando a un maestro porquería, le encanta hacerles la vida imposible a los alumnos, y aprobar es una pesadilla en lugar de un proceso de aprendizaje, es lo que nos representa.

Mi hermana tenía un maestro que decía "Nadie es perfecto así que nadie puede obtener 10 en mi clase, solo Dios puede"

En base a eso le bajó calificación a cientos de alumnos, que por más esfuerzo que hacían, no podían conseguir 10. Además afectó sus promedios generales e influyó en sus futuros ingresos a las universidades.

Un maestro no puede y no debe imponer ideologías, mucho menos evaluar en base a ellas.

En Alemania a los niños se les explica que no siempre obtendrán un diez, porque no siempre tendrán las habilidades necesarias para conseguirlo, no porque sean tontos o inútiles, sino porque cada ser humano es distinto.

"Todos somos unos genios. Pero si juzgas a un pez por su habilidad de escalar árboles, vivirá toda su vida creyendo que es un estúpido"

Una frase de Albert Einsten que define por completo lo anterior.

¿Cuántos se habrán sentido inútiles y sin valor, por maestros incompetentes que no comprendían que la calidad de un alumno, va más allá de su capacidad de desempeñarse en su clase?

LA VIDA REAL

El objetivo del sistema educativo debería ser formar alumnos aptos para la vida y para ser productivos en ella. No que salgan siendo aprendices de todo, pero maestros de nada.

En la vida real no importa qué tanto conocimiento tengas, si no qué tanto le sacas provecho. Para hacerlo debes contar con conocimientos generales de liderazgo, creatividad, finanzas, fuerza de voluntad, marketing, psicología, filosofía, economía, creación de relaciones, inteligencia, salud emocional, desapego, entre muchos más que menciono en este libro (unos más que otros) toda vez que son cuestiones que no siempre se estudian en la escuela, y que son vitales para cualquiera que quiera explotar su potencial al máximo.

De nada sirve ser listo si no tienes inteligencia emocional que te permita controlar tus impulsos para no perder tu trabajo. De nada sirve tener un negocio con una idea revolucionaria, si no conoces de finanzas. De nada sirve una persona con muchas habilidades, si no tiene liderazgo y siempre va a servir de escalón para que otros suban. De nada sirve una persona sin desapego porque no puede caminar hacia el futuro, por estar estancado en el pasado.

El propósito de una escuela no debe ser llenarte de conocimientos generales, porque lo general no da empleo. Lo que da empleo es la especialización. La cultura general es buena, porque te abre la mente y te hace menos ignorante, adicionalmente te da un panorama más amplio de la realidad, pero no da trabajo, porque en un trabajo donde requieran un matemático no les va importar qué tanto sepa de biología a la hora de contratarlo.

Basta de llenar los programas de estudio con materias que no tienen un propósito claro. Dejen de quitar tiempo valioso con algo que va servir.

TODOS TENEMOS SUEÑOS QUE CUMPLIR

Si un alumno tiene un sueño debe contar con maestros que lo apoyen a hacerlo realidad. En países como México, donde las oportunidades de trabajo escasean, y no se nos enseña a crear nuestro propio trabajo, la gente termina por conformarse con ser uno más del montón, un grano más en el costal y cuando el conformismo acecha, muchos se ponen contentos con apenas ganar para sobrevivir y deciden tirar todos sus sueños por la borda.

La única manera de llevar una vida plena, de la cual te sientas orgulloso, es haciendo lo que te gusta. Si alguien decide trabajar en algo que no lo es, por vil conformismo y no por necesidad, vivirá frustrado siempre con la idea de lo que pudo ser y no es.

Necesitamos más gente que sepa lo que quiere y aporte su granito de arena para hacer de este mundo un lugar mejor. Necesitamos más maestros que motiven a sus alumnos. Que crean en sus sueños y no que les corten las alas porque ellos no pudieron volar.

Necesitamos gente dispuesta a luchar por sus sueños, para que un día, después de mucho esfuerzo, sepan lo que se siente abrir los ojos y ver tu sueño hecho realidad.

INASISTENCIAS Y CONFIANZA

Algo más que observe fue la gran tolerancia que existe hacia el alumno con respecto a sus inasistencias.

Cuando un alumno pedía permiso para faltar, el permiso era concedido y no se le interrogaba a fondo, es decir, se le preguntaba el motivo, pero no se dudaba de su veracidad, y aun mejor, el permiso servía de forma que si tenías un examen o presentación podías hacerla cuando te reincorporaras a la escuela.

Me parece completamente injusto que un alumno pida permiso para faltar, y en la mayoría de las ocasiones el permiso solo justifique la falta, pero no sirva para postergar la entrega de un examen o tarea.

Soy consciente que lo hacen para controlar el flujo de permisos, para que una persona holgazana no falte a su examen o presentación, y después lo haga como si nada. Sin embargo pese a entenderlo no apoyo que paguen justos por pecadores.

¿Qué pasa si un día me llaman por la tarde y me avisan que uno de mis familiares está muy grave en el hospital, y tengo que ir a cuidarlo toda la noche y al día siguiente tengo un examen?

Sin dudar atendería la cuestión familiar, pues se trata de algo más importante que la escuela o un simple examen, pero qué feo que tenga que pasar por un mal momento y a eso tenga que sumarle que la escuela no me apoya, es más me perjudica haciendo que mi promedio baje, y a mediano plazo me sea más difícil el ingreso a la universidad.

No existe empatía hacia el alumno. Aunque no niego que en México sí se permitieran las inasistencias, sin haber repercusiones, habría muchos oportunistas que se aprovecharían de eso. Por eso es tarea del sistema educativo encontrar un modelo que funcione y donde ambos lados se sientan satisfechos.

Los alemanes respetan la confianza que les da la escuela no mintiendo. Mi idea es que si en versad queremos ese tipo de beneficios, que deberían ser obligatorios, debemos poner de nuestra parte, no faltándole el respeto a la confianza que nos den. No podemos pedir todo sin dar nada a cambio. El ser deshonestos nos quita más beneficios de los que no da.

UNIFORMES

De las cosas que más sorprendían del sistema educativo mexicano a los alemanes, eran los uniformes. Sé que no son obligatorios, sin embargo en muchas escuelas se sigue exigiendo su uso, sobre todo en escuelas de gobierno, hasta nivel bachillerato. No entendían por qué tenemos que vestirnos todos iguales, limitando nuestra libertad de expresión.

LIBERTAD DE EXPRESIÓN

Toda mi vida estudié en escuelas con uso obligatorio de uniforme, por lo que fue impactante ver la libertad de expresión que tenían allá, podían vestir lo que quisieran, y cuando digo lo que quisieran, hablo literalmente.

Aún recuerdo la sensación que sentí cuando por los pasillos vi caminando a un alumno, que por su vestimenta pude deducir que le encantaba todo lo relacionado con lo "dark" (estilo de vida que se basa en lo oscuro o gótico). ¿Cómo pude deducirlo? Por las cadenas que llevaba arrastrando ¡sí! literalmente llevaba cadenas arrastrando de los pies, como parte de su outfit, una cazadora negra, el pelo teñido de verde, sombrero negro, labial del mismo color y pupilentes que asemejaban los ojos de un gato, haciéndolo ver aún más exótico. Lo mejor de todo es que le permitían vestirse así las veces que quisiera por el tiempo que quisiera.

Con el ejemplo anterior, está de más decir, que permitían el uso de shorts, faldas, piercings, ombligueras, pants, pantalones rotos y tatuajes. Lo que fuera estaba permitido.

Fue ahí cuando me di cuenta que me encontraba en el lugar que siempre había soñado, y nunca había visto más que en fotos. Era real. Un lugar donde la gente se siente libre de ser quién es, uno que al menos en México no había encontrado.

Cómo espera el sistema educativo que un alumno trabaje de forma productiva, si no se le permite ser quién es. Nadie se siente bien en un lugar donde te limitan. Lo peor es que la mayoría de estos estándares son impuestos por prejuicios y creencias antiguas, que hoy en día no hacen más que mantener al alumno en un estado de inconformidad.

Cómo alguien va tener ganas de estudiar, si en la escuela, no le permiten usar el peinado que le gusta, del color que quiere o no le permiten usar su ropa favorita, argumentando que es ropa "vulgar", cuando la ropa no es vulgar. Vulgares son los que faltan el respeto por la manera en que vistes.

 Cómo esperan que las personas se sientan bien, en los lugares donde el sexismo gobierna, y no permiten que un hombre tenga el cabello largo. Donde quieren imponer un uniforme para que "nos identifiquemos con la escuela", cuando a veces ni siquiera nos identificamos con nosotros mismos. A quienes les guste o convenga el uniforme, deberían ser libres de portarlo pero los que no, también.

NO TODA LA CULPA ES DEL SISTEMA

Si queremos tener un sistema educativo como el de Alemania, donde el alumno desarrolla mejor su potencial, empecemos por hacer cambios en nuestra mentalidad, no toda la culpa es del Estado.

La culpa va desde las personas que no saben hacer su trabajo y no tienen sentido de empatía, hasta las que buscan imponer sus ideales a toda costa sin escuchar la opinión de los demás.

Sé que es difícil como maestro entablar una buena relación con los alumnos porque muchos no cooperan para que se dé. Lo único que pido es que no se dejen influenciar por malos alumnos, que no sean estos los que definan su forma de ser ante la clase, es mejor enfocarse en los pocos que quieren aprender y tener una buena relación.

Cuando nos enfocamos en lo bueno, las cosas empiezan a cambiar. Muchos alumnos quieren hacer algo de su vida, pero no tienen la motivación necesaria, ni nadie que se las dé.

Una vez mi maestro de inglés me dejó una tarea en la que tenía que explicar cuál sería mi trabajo ideal. Respondí que uno donde pudiera ayudar a la mayor cantidad de gente que quiera cambiar el mundo, donde me sienta feliz mientras lo haga y que más allá de la estabilidad económica que pueda darme, sea algo que me llene como persona.

Lo que me contestó ya traducido fue lo siguiente: "Hola cesar, me gusta mucho la manera en la que piensas, sí todos tuviéramos los mismos pensamientos el mundo sería muy distinto. Estoy seguro que lograrás tus objetivos. Sigue pensando en la manera que lo haces por favor. Mis mejores deseos".

Un mensaje corto que me llenó de motivación para seguir con lo que me apasiona y pensar de la forma que lo hago. Que con mucho trabajo, sacrificio y voluntad un día cambie el mundo. Comprendí la importancia y responsabilidad de un maestro en la motivación de sus alumnos. Si todos se tomaran el tiempo de reconocer nuestros logros y motivarnos en nuestros sueños, el mundo sería un lugar diferente. Uno mejor.

MARIHUANA

"La diferencia entre un veneno, una medicina y un narcótico es sólo la dosis"
ALBERTO HOFMANN

El tema de la marihuana es de mis favoritos, ya que existen muchos prejuicios al respecto debido a la gran desinformación que hay. En pleno siglo XXI mucha gente sigue considerando a la marihuana como un tabú, del cual prefieren no hablar, como si algo malo fuera a pasar.

Quiero precisar que a lo largo de este tema, no tengo el propósito de fomentar el consumo del cannabis, lo que pretendo es brindar información que considero necesaria para que puedas tener una perspectiva más amplia, erradicando prejuicios que crean conflictos y separan sociedades.

NO SE TRATA DEL CONSUMO

En México el tema de la marihuana es muy diferente a otras partes del mundo, sobre todo a Europa. El enfoque es muy distinto. Antes creía que allá era normal consumir marihuana, porque eran "open mind" (mente abierta). Pero cuando estuve por allá comprendí que el tema iba más allá del consumo.

Para los alemanes lo importante era solucionar el conflicto social que la marihuana ocasionaba; es decir, para ellos la prioridad no era determinar si consumes, o si crees que hacerlo es bueno o no.

Para ellos lo importante era erradicar de una vez por todas, los problemas que la marihuana generaba: prejuicios, agresiones hacia el consumidor, tráfico ilegal y todas las personas que eran detenidas por estar fumando sin estar haciendo un mal.

LA MARIHUANA EN MÉXICO

En México la mayoría de los adultos aún tienen la creencia que la marihuana es una droga del demonio, o que si la consumés ya no eres buena persona. Algunos incluso llegan a pensar que si eres consumidor, eres criminal o andas en malos rumbos, eso sin incluir el que te quedan viendo feo, como si estuvieras cometiendo un delito imperdonable.

Parte del problema radica en que un gran porcentaje de las generaciones pasadas nunca la han consumido y por ende, sumado a las muchas historias ficticias con una connotación negativa que la gente cuenta respecto a ella, ocasiona que las personas crean que consumirla te convertirá en alguien malo y sin razonamiento.

LA MARIHUANA EN ALEMANIA

Durante mis primeros días en Alemania, no podía creer que era normal ver en parques a jóvenes fumando marihuana y conviviendo sin que nada pasara.

En Alemania como tal no es legal la marihuana, pero varios alemanes me comentaron que si un policía te encuentra fumando, y no estás cometiendo otro delito, lo más seguro es que no te detenga. Claro habrá policías que lo hagan, pero la mayoría comprende que fumar marihuana, no te convierte en un peligro para la sociedad.

¿ALCOHOL, MARIHUANA O TABACO?

Mucho se ha hablado sobre comparaciones que existen entre marihuana y alcohol o marihuana y tabaco. Algunos argumentan que la marihuana hace menos daño que estas dos, y eso es algo relativo, ya que efectivamente hace menos daño en algunas cuestiones, pero no deja de hacer daño en otras, por ende y porque no soy un especialista en la salud no pretendo hablar sobre cual hace más o menos daño.

ESTIGMA SOCIAL Y FAMILIAR

Sin embargo, si hablaré sobre el estigma familiar y social, que en ocasiones no tiene fundamentos. Hay muchas familias que permiten que sus hijos consuman alcohol, de manera moderada, o incluso tabaco en ocasiones, sin embargo cuando se trata de consumir un poco de cannabis, la respuesta es un contundente no.

Es ahí cuando las cosas dejan de tener sentido.

¿En base a qué permites ingerir dos drogas distintas pero no permites una tercera?

La ética y la moral se ven comprometidas con este tipo de preguntas.

No se trata de fomentar el consumo. Se trata de ser coherentes con lo que hacemos, decimos y permitimos.

El prejuicio y la desinformación que existe hacia la marihuana es tan grande, que mucha gente no quiere ver que es simplemente una droga más como aquellas que ya conocen (tabaco, alcohol, taurina, cafeína, vaporizadores) y que incluso una gran parte está acostumbrada a consumir, sin importar si es en exceso u ocasionalmente.

¿QUÉ SIGNIFICA QUE SEA ILEGAL?

Mucha gente se escuda en decir que es ilegal para criticarla. El tipo de gente que dice eso es la misma que no ha comprendido que el que algo sea legal o no, no determina si es bueno. Erróneamente la sociedad afirma que sí algo es ilegal, tiene que ser malo.

Lo que podríamos decir que determina si algo es bueno es que lo que hagas, no sea a costa del sufrimiento de los demás. Si haces algo como matar, violar o acuchillar a alguien, habrás hecho algo malo, pero si solo estas fumando un cigarrillo de marihuana, que de igual manera podría ser de tabaco, no estás haciendo un mal.

Hay una frase que me encanta porque demuestra la incongruencia en los argumentos de la gente que cree que porque algo es ilegal, es malo.

"El holocausto fue legal y las personas que escondían judíos eran criminalizadas. La esclavitud era legal y liberar a un esclavo era ilegal. La segregación racial era legal y quienes luchaban por la justicia e igualdad, eran delincuentes. Matar a un homosexual era legal y serlo era un delito.
La legalidad, no es, ni debería ser una guía para la moral"

El hecho que en México el consumo lúdico de marihuana aún sea ilegal, tiene más que ver con fines políticos y económicos, que con el daño que ocasiona. Por eso la sociedad debe hacer un cambio, no esperar a que el gobierno lo haga. Algo no necesita ser legal para ser aceptado. Alemania es prueba de ello.

DAÑO A LA SALUD

Sí alguien argumenta que debe estar prohibida porque hace daño a la salud, entonces que prohíban el alcohol y el tabaco que en conjunto matan a más de once millones de personas al año. Un número muy grande comparado con el número de personas que mueren a consecuencia del consumo de cannabis, cero.

Pero el cero no es real, porque imagínate alguien que tenga problemas en los pulmones o el corazón y fume y muera, de ser así el cannabis habría matado a alguien de forma indirecta. Sin embargo no es un argumento para que esté prohibida, porque imagínense si contamos el número de fallecidos de forma indirecta por el consumo de alcohol o tabaco -podríamos empezar con los accidentes de autos.

ÁMSTERDAM

De todos los países que conocí, uno que llamó mucho mi atención fue Holanda, sobre todo Ámsterdam, ya que en esta ciudad el consumo de marihuana y otras drogas blandas es legal para extranjeros.

Para un mexicano, como yo, ver las calles llenas de gente fumando sin problema alguno y sin miedos a ser detenidos por la policía, es impresionante. Realmente indescriptible (No es legal fumar en la calle, pero todo mundo lo hace).

Durante la semana que estuve ahí paseando por la ciudad, sí mucho vi tres policías, sin contar los de la estación del metro que están por obvias razones de seguridad.

Fueron dos cosas que realmente me sorprendieron. La primera es que me encontraba en un país que fue capaz de tomar la importante decisión de legalizar una droga tan estigmatizada. Países Bajos (Holanda), fue el primer país de la Unión Europea que legalizó el consumo lúdico de la marihuana en 1993. Se hizo con el propósito que el consumo de otras drogas más fuertes o dañinas disminuyera.

Algunos señalan que la técnica no funcionó. Sin embargo lo que sí es real es que Holanda tiene uno de los índices más bajos de consumo de cocaína en toda Europa. Resultado que se creería diferente ya que mucha gente asocia el consumo del cannabis con la cocaína. También tiene una de las tasas de mortalidad más bajas de toda la unión europea.

"No estamos a favor del consumo de drogas, pero somos pragmáticos y conscientes de que no van a desaparecer, así que tratamos de reducir el daño tanto como sea posible", sostiene la investigadora y especialista del Instituto Holandés para la Salud Mental y las Adicciones, Margriet Van Laar.

Las drogas como la marihuana han existido y se han consumido desde antes que las leyes existieran, creer que declararla ilegal, hará que desaparezca es absurdo ¿No sería mejor regularla?

La segunda cosa que también me impresionó mucho, va ligada a la anterior, y es que fumar tabaco dentro de algunos lugares públicos, como bares, cantinas y plazas, está completamente penado, llegando a imponerse una multa de hasta 2000 euros por encender un cigarrillo.

De esta manera buscan motivar que la gente deje de fumar tabaco, al ser una de las principales causas de cáncer de pulmón en todo el mundo. Solo en Alemania cada año mueren cerca de 120,000 personas a causa del tabaco.

Los holandeses prefieren que su gente fume marihuana, porque sus efectos dañinos están más enfocados a problemas mentales, como pérdida de memoria y falta de concentración que a cuestiones cancerígenas.

Lo recomendable siempre será no consumir ninguna, sin importar cuántos estudios existan donde demuestren sus beneficios, lo mejor es no hacerlo. De esta manera te ahorras muchos problemas que podrían desencadenar un consumo irresponsable.

¿QUIERES PROBARLA?

Si un día tienes ganas de probarla, adelante. Como dije antes si tienes problemas en las vías respiratorias, o alguna enfermedad que te impida ingerir humo, mejor no lo hagas, pero si aun así decides hacerlo, tranquilo, fumar un poco no hace gran daño, solo ten un consumo responsable

Lo más probable es que la primera vez no sientas sus efectos. También Intenta que esa vez no sea mezclando alcohol. Lo ideal sería que todos la consumieran una vez y no lo volvieran a hacer, por el bien de su salud y para quitarse la espinita de la duda que causa el prejuicio y el estigma.

¿GENERA ANSIEDAD Y DEPRESIÓN?

Si las personas ven que consumes marihuana cuando estás deprimido o ansioso, creen que esta es la causante de ello, cuando el consumo es solo un síntoma de un verdadero problema que no ha sido atendido. Funciona como analgésico para la realidad.

Como sea, a la mayoría de la gente no le interesa saber cuál es la razón o causa por la que alguien consume una droga.

Cuando vemos que un artista se suicidó o murió con o a causa de las drogas, la gente lo critica y tacha de mala persona, pero no son capaces de pensar por un momento, en cuál fue realmente el motivo que lo llevó a quitarse la vida. ¿Qué lo hizo consumir drogas de manera inmoderada?

ADICTOS

Lo cierto es que muchos adictos si pudieran dejar el consumo lo harían, sin embargo no lo hacen, porque el consumo no es el problema, sino un síntoma o consecuencia de otro no resuelto, que si persiste y no se soluciona, imposibilitará el abandono de este.

A la gente le encanta criticar y sentirse mejor que los demás solo por no consumir este tipo de sustancias. Cuando todos tenemos problemas que resolver.

¿TE ARRUINA LA VIDA?

Mucha gente tiene la idea que si consumes marihuana, lo más seguro es que arruines tu vida. La relacionan mucho con grupos delictivos, ya que muchos de ellos la consumen.

Hay un pensamiento primitivo que hace creer que si una persona se encuentra miserable y consume marihuana, es por eso, cuando posiblemente esta sea solo una pequeña parte de los grandes problemas que lleva arrastrando toda su vida y que lo llevaron hasta donde se encuentra.

La idea de que la marihuana te arruina la vida es falsa, lo que te arruina la vida, es que no sepas racionarla, que no sepas detenerte, que consumas más de lo necesario, que te metas por otros rumbos o que se convierta en una adición o peligro. Pero eso ocurre con cualquier otra droga, como el alcohol, tabaco, cafeína o amor.

Todo en exceso y con un uso desmedido representará un problema. Un consumo moderado puede ser, hasta cierto punto sustentable. Mucha gente consume por cuestiones personales, que junto a factores externos, que pueden o no estar bajo su control, los orillan a hacerlo. Tampoco debemos culpar. No todos somos igual de fuertes.

Muchos de los problemas que conlleva el consumo de drogas radican en uno mismo. Siempre hay que estar seguros de qué si y qué no queremos para nuestra vida, y ser coherentes con ello.

Si al final del día decides consumir, aun sabiendo las consecuencias que ocasiona pero sin hacerle daño a terceros, desde el gusto y no la necesidad y sobretodo siendo feliz, qué importa lo demás. Es tu vida, vívela a tu manera.

Solo recuerda, que es importante conocer las consecuencias del consumo de cualquier droga, antes de hacerlo, para saber a qué te enfrentas y medir qué tan avanzada esta tu adicción en base a los síntomas. Cuando no estamos informados hacemos las cosas sin medida y con riesgos, puesto que desconocemos cuáles pueden ser las consecuencias de nuestras acciones.

"Fumar marihuana no arruina tu vida, eso depende de ti. Si no eres capaz de fumar marihuana y tener una vida exitosa, ese es tu problema.". Me encanta esa frase.

Hasta que los consumidores demuestren una vida exitosa junto con un consumo responsable. El estigma seguirá ahí.

PROCESO DE ADAPTACIÓN EN UN NUEVO COMIENZO

"Un estómago hambriento, una billetera vacía y un corazón roto, pueden enseñarte las mejores lecciones de vida"
ROBIN WILLIAMS

Mucha gente me ha preguntado si fue difícil irme de intercambio, o qué tanto lo fue. Cuando respondo, antes aclaro, que para determinar qué tan difícil es adaptarse a un lugar nuevo tenemos que tomar en cuenta muchos factores personales y externos.

Los personales son: nuestra capacidad de adaptación, qué tan extrovertidos somos, cuáles son nuestros objetivos o qué tan diferente es el nuevo lugar respecto a nuestra cultura.

Los factores externos en muchas ocasiones están fuera de nuestro control, como la gente que nos topamos en la calle, la escuela o trabajo al que asistimos, con quién vivimos o si vivimos solos y la ciudad o pueblo donde permanecemos, entre otras más. En Alemania, viví con 3 familias. Cada una con sus peculiaridades.

Sin embargo si tuviera que dar una respuesta en nombre de todos los estudiantes de intercambio y trabajadores extranjeros que conocí en Alemania, más mis experiencias y las de otros, diría que sí. Definitivamente es difícil adaptarte a un nuevo país.

BARRERAS ENTRE PAISES

Cualquier persona interesada en cambiar de país tiene que tomar en cuenta ciertas barreras que se presentarán durante el camino, para que no se sorprenda al llegar ahí.

• IDIOMA

La primera barrera con la que te encuentras es el idioma. Esta depende mucho del lugar a dónde vayas. Si es un país como Italia, Portugal o Brasil no tendrás gran problema si tu idioma nativo es el español, toda vez que el italiano y el portugués son idiomas parecidos al nuestro, ya que derivan de la misma raíz lingüística. En cuestión de 3 meses podrás comunicar lo esencial y entenderás la mayor parte de lo que te digan.

En mi caso, como elegí Alemania, la situación fue diferente.

El alemán es un idioma muy complicado y con una gramática completamente diferente a la del español, llegando a tal punto de complejidad, que algunos alemanes confesaron, que en las universidades prefieren leer en inglés que en alemán, puesto que al ser libros técnicos, su lenguaje usualmente es rebuscado. El nivel de alemán que contienen no lo comprenden ¿Te imaginas eso? Que tu idioma sea tan complicado que tengas que estudiar en otro para aprender.

Incluso no importa si previamente fuiste a una escuela o tomaste cursos de idiomas. Comunicarte con hablantes nativos es una experiencia totalmente diferente a lo que una escuela te pueda enseñar (incluso si los maestros son nativos).

En la vida real, la gente no habla tan bien ni de manera tan ordenada como lo hacen en la escuela. Aun así, sí tienes la oportunidad de tomar un curso aprovéchala. Te ayudará mucho. No empezarás de cero.

Interactuar en tiempo real es complicado.

Cuando una persona sabe que estás aprendiendo su idioma te habla más lento, sin embargo, no todos tienen la paciencia necesaria para hacerlo, mucho menos si es una plática en grupo donde no hay tiempo para preguntar, cuando ya otro está hablando.

Los regionalismos también son complicados. En México tenemos tantos, que incluso entre mexicanos no nos entendemos. Ahora imagínense un extranjero que viene con la idea que todos hablan como en sus clases de español y tiene que acostumbrarse a escuchar palabras que nunca antes había oído, que realmente no tienen sentido si las analizamos, pero que la gente usa por costumbre.

 Eso mismo me pasó allá, y fue complicado entenderles. Siendo realistas, ni nosotros mismos somos capaces de explicar nuestros regionalismos, únicamente los usamos por inercia y porque su significado lo hemos adoptado, en base a su constante uso, pero no porque la palabra tenga un significado en sí.

• CHOQUE CULTURAL

La segunda barrera es la cultural. Irte de tu país, dejar a tu familia, amigos, mascotas y hasta tu idioma no es fácil. Constantemente te encuentras con un "choque cultural", que es cuando algo de la nueva cultura en la que te encuentras no te gusta o parece correcto, porque lo que te han enseñado en tu país, lo "normal", ahora ya no lo es. O viceversa, el que algo les resulte extraño de ti, te provoca conflicto, ya que tienes que adaptarte a una nueva realidad, con nuevas formas de actuar y comportarte.

El proceso de asimilar que ya no estás en tu país, y que lo que considerabas como normal ya no lo es, es muy difícil y no todos lo logran.

Mucha gente no es capaz de adaptarse a los cambios, viven deseando estar en su ciudad natal. No aceptan la idea de algo diferente, por lo cual critican y viven insatisfechos

• AFECTIVIDAD

La tercera barrera es la afectiva y también la causa número uno de que los estudiantes de intercambio regresen a sus países, siendo para muchos la más complicada. Llega un punto en el que extrañas tanto tu país y su gente, que te replanteas el por qué decidiste irte.

Extrañas todo. Absolutamente todo. Desde su comida, hasta cómo se veía el cielo a través de tu ventana. Piensas en todo lo bueno del lugar que dejaste y te preguntas, ¿Por qué cuando estaba ahí no valoraba todo eso, como ahora?

Bien dice el dicho que no se sabe lo que se tiene, hasta que se pierde. O más bien si sabemos que tenemos, pero perderlo, nos hace valorarlo.

MÉXICO LINDO Y QUERIDO

El mexicano generalmente no se siente orgulloso de su país; vive criticándolo y enojado por tener que vivir en él. De cierta manera fui así un tiempo. Vivía enojado por cuestiones como la corrupción, falta de educación y pobreza. Me enojaba que México no fuera como Alemania.

Sin embargo mientras más tiempo pasaba, más lo valoraba. Me daba cuenta de todas las cosas buenas que tiene. México es más que solo políticos corruptos, inseguridad y notas amarillistas.

Tenemos mucho porque sentirnos orgullosos; somos una nación reconocida en todo el mundo, con una gastronomía y cultura única. Se determinó en una encuesta que México tiene la gente más generosa del mundo y aunque nosotros digamos que no y no lo creamos, al salir al extranjero, te das cuenta que sí.

Las personas que conocí y han venido a nuestro país, no se cansan de decir lo enamorados que quedaron por su gente. Eso me hace pensar que los mexicanos somos el problema, porque nos enfocamos en lo malo e ignoramos todo lo bueno.

México es un país bonito. Claro.... tiene muchos problemas, sin embargo no los suficientes para condenarlo diciendo que es un mal país. Grandes mentes e inventores han salido de aquí, eso demuestra que de México se pueden esperar grandes cosas, es cuestión de creer en nosotros y en el país.

Cuando llegué a Europa, creí que la imagen que tendrían sobre México sería mala por la cuestión del narcotráfico, ya que es un factor por el cual es conocido globalmente, y aunque hubo una que otra persona que mencionó a El Chapo para referirse a mi país, la mayoría se imaginaba a México como un lugar bonito, con gente agradable que le gusta mucho la fiesta, áreas verdes extensas inigualables y comida muy rica como tacos y tequila.

Es decepcionante darte cuenta que el principal enemigo de un mexicano, es otro mexicano. Somos nosotros los que devaluamos el país. Si tan solo dejáramos a un lado la mala actitud que evita que nos enfoquemos en crecer lo bueno, hasta que lo bueno supere lo malo, México sería muy distinto.

Hay que construir el país qué tanto soñamos para no vernos en la necesidad de emigrar a otros y sufrir todo un proceso de adaptación, que se pudo haber evitado si nos enfocáramos en el nuestro y lo hiciéramos crecer.

VIVIR EN SOCIEDAD ES COMPLICADO

"Una persona ciega prefiere ir acompañada de un animal que de una persona"

Durante mi estancia en Alemania me preguntaba qué es lo que hace que la sociedad de un país sea funcional.

El gobierno es una parte fundamental para el progreso de un país, ya que es quien tiene el control de los bienes y servicios. Sin embargo, es común culparlo por cada uno de los problemas que existen. Hay quienes están sentados esperando que el país cambie, sin aportar nada.

De las primeras cosas que aprendí de la sociedad alemana, es que no están esperando a que el gobierno cambie el país, ellos están cambiándolo por su cuenta.

Hablar de política siempre va ser complicado, porque al igual que con la religión o el futbol, son temas en los que existe gente muy partidaria y con una mentalidad muy cerrada, lo que hace imposible que exista una conversación o debate como se debe.

Sin embargo, hablar de un cambio, no solo debe involucrar a los políticos; engloba a cada uno de los integrantes del país.

¿CÓMO ES EL PRIMER MUNDO?

Cuando pensamos en un país de primer mundo o desarrollado, nos imaginamos un país moderno, con gran infraestructura, tecnologías de punta, y donde la escases de alimentos no es tan común, ya que las oportunidades de trabajo son más y mejor pagadas. Sin embargo nunca pensamos cómo debe ser una sociedad de primer mundo para que exista un país así.

Puedes darle una herramienta a un primate y no sabrá qué hacer con ella. Puedes darle todo el dinero del mundo a un gorila y no sabrá cómo invertirlo, así mismo, puedes darle una vida de primer mundo a una persona miserable y no sabrá qué hacer con ella.

Un país desarrollado y moderno necesita una sociedad que esté a su nivel, ya que de lo contrario acabará por destruir y consumir todo a su alrededor, como lo hacen ya las sociedades de tercer mundo.

Por eso es fundamental que un país de primer mundo, tenga una sociedad de primer mundo.

¿CÓMO ES UNA SOCIEDAD DE PRIMER MUNDO?

Lo primero que debemos saber es que para que un grupo de personas, sociedad, o país progrese, debe existir respeto mutuo y empatía hacia el otro.

En Alemania me sorprendió mucho que la gente siempre está dispuesta a ayudarte en lo que sea. Si te encuentras en la calle, en una situación incómoda o una en la que necesitas apoyo, la mayoría de las ocasiones podrás contar con un alemán dispuesto a ayudarte.

No es que en México no exista gente que ayude a los demás. El problema es que son pocos los que lo hacen. Allá no, allá la gente no tiene esa actitud de indiferencia social tan característica de muchos mexicanos.

Es sorprendente ver la cantidad de gente dispuesta ayudar a una madre con carriola cuando tiene que subir las escaleras del metro o bus. No pasan ni 2 minutos antes que alguien se esté ofreciendo para hacerlo. Se siente bonito vivir en un lugar donde sabes que si sales a la calle y tienes un problema, seguro encuentras a alguien dispuesto a ayudarte.

LA SEGURIDAD Y CONFIANZA SON ESENCIALES

Algo que me sorprendió mucho también es la seguridad y confianza que tienen las mujeres sobre sí mismas. Una que otra vez observé borrachos acercarse a mujeres intentando coquetearles o agredirlas, y sin miedo ellas les decían que se alejaran, pero lo decían de una manera tan directa que podías sentir rápidamente la seguridad de alguien que no se deja intimidar.

¿Qué es lo que le brinda seguridad a una mujer para alzar la voz sin miedo a un hombre?

Que sepa que si el hombre intenta hacer algo, habrá alguien dispuesto a ayudarla. No están esperando a ser defendidas, pero saben que cuentan con ello.

Esa es la diferencia con México, donde puede pasar un delito frente a los ojos de muchos y que nadie haga nada. Preferimos hacernos de la vista gorda, como si nada hubiera pasado.

No hay que ir tan lejos para darnos cuenta del problema.

¿Cuántas veces observábamos en las escuelas a alguien haciendo bulling y nadie defendiendo?, ¿Cuántas veces escuchamos comentarios machistas y nadie dice nada? Con qué seguridad pueden las personas alzar la voz, si no tienen el respaldo de una sociedad a la que le importen sus problemas.

Hasta que nos interesemos en los demás y busquemos formas de ayudar, los problemas sociales no harán más que crecer, empoderando agresores y enterrando víctimas.

LEY A FAVOR DEL ALCOHOL

En Alemania es legal ingerir cualquier tipo de alcohol en vía pública. A partir de los 16 años puedes tomar cerveza o vino libremente. Bebidas como whiskey o tequila hasta los 18 años.

Es sorprendente que exista una ley que permita tomar una botella de whisky en la calle, frente a un policía y que este no te diga nada o que puedas hacer lo mismo con una botella de vino a tus 16 años. Pero es más sorprendente que funcione la ley.

A primera instancia se podría creer que una sociedad donde cualquiera puede tomar la cantidad de alcohol que desee en la calle es mala idea, sin embargo no lo es, porque la sociedad alemana tiene muy claro que si quiere seguir gozando de privilegios, tiene que poner de su parte. ¿De qué manera? No ocasionando problemas.

Tomar no es malo, tampoco emborracharse, lo malo son las acciones que se llevan a cabo bajo el estado de ebriedad. Como conducir, agredir a personas, vomitar en lugares públicos, faltarle el respeto a la autoridad, etc.

Pese a la gran cantidad de gente que encuentras tomando en la calle no es común que sucedan accidentes o disturbios. Al igual que ellos cuando estuve ahí, comprendí que si quería seguir consumiendo una botella de vino frente a un policía y que este no me dijera nada, tenía que respetar las reglas del país.

Hay mucha gente con posturas encontradas. Los que están a favor y los que están en contra. Cada parte tiene argumentos válidos. Una ley así requiere de una sociedad muy avanzada. Si se implementara en México, el primer fin de semana se romperían records de accidentes automovilísticos y agresiones.

La sociedad mexicana no está lista para una ley así, no lo está para comprometerse a mejorar su país en beneficio de todos y hasta que no lo esté, lo que vemos como sueños cumplidos en otros lugares, seguirán siendo solo eso: sueños.

Me gustó que allá las familias no tienen prejuicios hacia el consumo de cerveza, y se debe a que Alemania es el segundo país con mayor consumo en todo el mundo. Desde que llegas te das cuenta, empezando con el hecho de que no puedes ir a una casa sin encontrar un refrigerador lleno de cervezas, y terminando con que a los jóvenes de 16 años se les permite su consumo libremente.

Lo raro no es encontrar una casa con un refrigerador lleno de cervezas, lo raro es que en México no es tan común, porque se cree que una persona que tiene su refrigerador lleno de cervezas, es un alcohólico.

Muchas veces cuando fui a comer con adultos me ofrecían cerveza. Se sentía muy bien a mis 16 años decir "si" sin tener que sentirme prejuiciado o criticado por algún adulto por consumir alcohol.

Muchos alemanes no son alcohólicos, pero si acostumbran tomar diario una cerveza. En su libro "Cambia tu cerebro cambia tu vida" el doctor Daniel G. Amen, especialista en el cerebro humano, con una clínica prestigiosa a nivel mundial, explica que se ha demostrado en base a estudios, que consumir una copa diaria de vino es más benéfico para la salud que no hacerlo.

Un estudio que definitivamente no se le dará la difusión que se merece, por el prejuicio que no permite a muchas familias consumir una copa de vino diaria porque sentirían que son alcohólicos. Es ahí cuando no importa lo que la ciencia demuestre qué es mejor. Los prejuicios y el qué dirán siempre se antepondrán a todo.

LA POLICÍA TAMBIEN ES MUY IMPORTANTE

La manera en que la sociedad ve a la policía es muy importante para el desarrollo de un país.

Algo que he criticado siempre y seguiré haciéndolo es que en México, muchos policías son obesos, y no lo digo porque no me gusten sus apariencias físicas, sino que considero que un policía debe tener buena condición física para realizar cualquier acción o persecución de ser necesaria, que refleje una verdadera autoridad para que sea respetada como se merece y debe.

En México el respeto hacia la policía casi no existe, en gran medida por el tema de la corrupción ocasionada por salarios bajos, entre otros factores, de los que no pienso hablar, que han ocasionado que se tenga miedo, que sea la policía y no la delincuencia quien te haga algo.

Allá la ley es dura, por eso les dan tantos beneficios. La sociedad sabe que si rompen las reglas, la sanción es segura, y que no les gustará para nada, por ende respetan a los policías y los tratan como lo que son: una autoridad. No se trata de que la ley sea dura, se trata de que nos comprometamos a cumplirla para que no tengamos que experimentar sus consecuencias.

LA FALTA DE EDUCACIÓN VIAL ES UN PROBLEMA SERIO

Los alemanes no creían que en México hay lugares donde te dan tu licencia de manejo sin presentar examen de conducción, únicamente contestando un examen escrito. La pregunta que más me hacían era ¿Cómo saben que la persona que le dan la licencia sabe manejar y no matará a alguien?

No lo saben respondía, mientras sentía vergüenza. En Alemania, basta con que te detengan manejando bicicleta en estado de ebriedad, para que te quiten tu licencia. Funciona bajo la siguiente premisa: "si no eres capaz de manejar una bicicleta con responsabilidad, no lo eres para manejar un auto".

Realmente un alemán no quiere que eso suceda, porque aparte de la multa que tendrá que pagar, el proceso de obtención de una nueva licencia es muy complejo, los exámenes tanto teóricos como prácticos son muy meticulosos y difíciles de aprobar, sin mencionar su precio de 2,000 euros (40,000 pesos mexicanos).

El gobierno elabora leyes para que la sociedad esté segura que si alguien tiene una licencia de manejo, es porque le costó esfuerzo y dinero, por lo mismo su compromiso será más grande.

En México la educación vial no existe. No se respeta a los ciclistas ni a los peatones La persona al volante cree que siempre tiene la preferencia y no le importa la seguridad ni el bienestar de los demás. En la mayoría de ciudades no existen vías adecuadas para el uso de bicicletas. Da miedo utilizarla, no solamente por el riesgo de ser atropellado, también por las condiciones de las calles.

Utilizarla es muy bueno para la salud y el medio ambiente, pero hasta que se invierta en infraestructura y educación, su uso seguirá siendo limitado.

BASURA EN LAS CALLES

Una de las cosas más bonitas de Alemania, es que por las calles, no encuentras basura tirada o si la encuentras es mínima. Para alguien como yo, que no había salido de México, cuando lo vi por primera vez, no lo podía creer. Era un paisaje completamente distinto, el solo hecho de ver lo bien que se ve un país sin tanta contaminación, me hacía preguntarme ¿Por qué no estamos haciendo lo mismo en México?

La sociedad tiene que aprender que no debe tirar basura. Sé que no soy ni el primero ni el ultimo que impulsará esta idea. Pero después de ver las calles de Alemania tampoco pienso quedarme callado. En verdad seria genial que la gente comprendiera el beneficio tan grande que es.

Una vez escuché a una persona decir ¿De qué sirve colocar más botes de basura, si las personas no colocan la basura en su lugar? Por un tiempo pensé lo mismo, sin embargo al regresar de Europa comprendí la importancia de los botes de basura, como medio para que la sociedad se desarrolle mejor.

Una persona que crezca en un lugar limpio siempre se desarrollará mejor. Hay estudios que demuestran que si alguien crece en un ambiente limpio y ordenado, sus habilidades cognitivas y salud mental aumentarán.

Los botes de basura son de vital importancia ya que son un factor trascendental para que las calles estén limpias. El éxito de Alemania no se debe solo a la mentalidad de sus habitantes, si no al hecho de que a cada dos o tres cuadras encuentras un bote de basura, por lo tanto no hay pretextos para arrojarla a la calle ya que no tienes que ir cargándola por mucho tiempo. Mucha gente no le gusta tirar basura a la calle, pero lo hacen porque no existen botes donde depositarla y prefieren tirarla a cargarla.

EL MEXICANO Y LA COCA COLA

Hasta que me fui de México, comprendí la importancia de la Coca Cola en la vida del mexicano. Nunca se me olvidarán las reacciones de cada alemán, cuando les decía que en México existen botellas de Coca Cola de 3 litros. No podían comprender por qué existe una botella tan grande. Suponían que únicamente se consume en fiestas o eventos grandes, pero cuando se enteraban que una familia de no más de 5 integrantes es capaz de acabársela, se volvían locos.

Allá desde pequeños aprenden a cuidar su salud, algo que a todos se nos debería enseñar. Les explican por qué no deben consumir dulces y refrescos embotellados. Les dicen las consecuencias de consumir una gran cantidad de azúcar y los severos daños que puede producir, consumirlos de manera inmoderada. Eso no quiere decir que los niños de Alemania no comen dulces o tomen refresco. La diferencia es que conocen las consecuencias de hacerlo y por ello tienen mejor control del consumo.

En México sabemos que los refrescos y dulces, entre otros alimentos, contienen altas dosis de azúcar, pero realmente no se nos explica por qué son tan dañinos.

No se nos proporciona la educación nutrimental que todos necesitamos para saber elegir nuestros alimentos, eso provoca que consumamos únicamente por gusto y no por elección. No podemos elegir bien si no conocemos las consecuencias de hacerlo.

¿DEJAR LA COMIDA ES MALO?

En Alemania sucede algo muy peculiar a la hora de la comida, y es que si no te gusta algo, no estás presionado a comértelo. En México nos educan para comer todo lo que nos pongan en la mesa y a agradecer por ello. Por supuesto que estoy de acuerdo. Siempre debemos dar gracias a la vida por tener un plato de comida, sin importar qué sea, ya que muchas personas en el mundo darían lo que fuera por él y por comer.

Cuando vamos a comer a una casa ajena y no nos gusta la comida, nos sentimos con la obligación de comérnoslo para que nuestro anfitrión no se ofenda. Hay personas que se lo toman de manera personal cuando no te gusta su comida.

Eso no pasa allá. La gente ha comprendido que en gustos se rompen géneros, y sobre todo han llegado al punto de comprender que si te sientes lleno o no tienes mucha hambre, no tienes la obligación de comerte algo que no te apetece, solo para no hacer sentir mal a la otra persona.

Al contrario, ellos quieren que te sientas libre de expresar qué te gusta y qué no. Están en contra de hacer las cosas por obligación, porque cuando se hacen de esa manera, ninguna de las partes queda satisfecha.

Esta última diferencia no es algo que va cambiar al mundo ni la sociedad, pero si es una situación en la que la mayoría de nosotros nos hemos encontrado y hubiésemos deseado que las cosas fueran distintas. Pueden serlo si nos comprometemos.

LA SOCIEDAD CON LA QUE SOÑAMOS

Estas pequeñas acciones, en conjunto como sociedad, que piensa y razona pueden cambiar muchas cosas, y hacernos sentir mejor. Imaginen todo lo que podríamos lograr si nos uniéramos y decidiéramos poner de nuestra parte, para formar y crear el país que tanto anhelamos.

Repito, el gobierno es una parte fundamental en la transformación de un país, pero no lo es todo. La sociedad también debe cambiar y eso empieza en cada uno de nosotros. De nada serviría tener un buen gobierno, con una sociedad de porquería.

De hecho no puede existir un buen gobierno, sin una buena sociedad, porque la gente que trabaja en el gobierno, también son parte de ella y se han criado con los mismos valores que los demás. El cambio no empieza cuando estás arriba y con poder. Empieza cuando estás abajo y en casa.

Empecemos a cambiar de una vez por todas. Ayudemos siempre que podamos. Nos pongamos en el lugar el otro. Dejemos de juzgar y criticar a los demás por no ser como nosotros y demos lo mejor que tenemos, siempre.

Solo así podremos cambiar México

Solo así podremos cambiar el mundo

Y solo así podremos tener una mejor calidad de vida. Una que todos merecemos.

PERSONALIDAD

"Una vez que hayas aceptado tus defectos, nadie podrá usarlos en tu contra"
PETER DINKLAGE

SER FELIZ ES GRATIS

"Cuando tenía 5 años, mi madre me decía que la felicidad era la clave de la vida. Cuando fui a la escuela, me preguntaron qué quería ser cuando fuera grande. Respondí FELIZ. Me dijeron que yo no entendía la pregunta y les respondí, que ellos no entendían la vida"

JOHN LENNON

Dicen que la vida es fácil y que nosotros la hacemos difícil.

No me refiero al hecho de que todo en la vida sea sencillo, porque obviamente no es así, siempre habrá obstáculos que la tornen miserable. Hablo de que a veces no sabemos disfrutar la vida. Hay tantas cosas y tantas razones para ser feliz, que es injusto que no nos permitamos serlo.

No valoramos lo fugaces que somos hasta que muere un ser querido y nada tiene sentido y todo es melancolía, porque nos damos cuenta que de un día al otro ya no estamos.

EL ÚNICO TIEMPO REAL ES EL PRESENTE

La raíz de muchos dolores del ser humano es que vive tanto tiempo planeando su vida e intentando conseguir muchas cosas superficiales, que no es capaz de concentrarse en el presente. En lo real. En el ahora.

Para algunas culturas la realidad no se dividía en pasado – presente – futuro, para ellos el pasado era el presente, puesto que el presente es el pasado inmediato.

Ellos comprendían la importancia del hoy y el ahora y valoraban el hecho de estar vivos. El presente era el único tiempo que consideraban real, puesto que el pasado es un recuerdo y el futuro una ilusión.

Al final lo único que tenemos es el presente y lo desperdiciamos de la peor manera. Muchos monjes afirman que tener una buena percepción sensorial nos hace vivir de mejor manera, ya que nos enfocamos en nuestros sentidos.

¿Les ha sucedido que se encuentran muy a gusto con alguien y pierden la noción del tiempo? ¿Es curioso no?

Es bello cuando no necesitamos checar la hora a cada rato y nos despegamos de lo superficial, para vivir el presente. Ya sea a través de una buena platica, una cerveza entre amigos, un buen libro, al lado de tus mascotas o el amor de tu vida.

La vida es más que trabajo y pendientes. Estoy convencido que vinimos a este mundo a algo más que pagar cuentas. Solo tenemos una vida y debemos vivirla de la mejor manera.

En ocasiones me cuestiono qué tanto me voy a limitar al llevar a cabo ciertas acciones, ya que siempre debe existir un grado de responsabilidad en lo que hagamos, sin embargo es más importante no limitarnos al grado de dejar de vivir. La vida es muy corta como para no hacer lo que siempre hemos querido.

CUANDO SEAS VIEJO/A

Un día, ya viejo, te encontrarás sentado en cama, y en tu mente podrán gobernar dos estados emocionales distintos. El primero es uno en el que vives arrepentido de todas las cosas que no hiciste, y que ya no podrás hacer por ser viejo, y no haber comprendido que vida solo hay una y que en ocasiones no da segundas oportunidades.

El segundo estado, es aquél en el que te sientes pleno, porque te atreviste a hacer todo lo que querías. Fuiste detrás de ese sueño, conquistaste de nuevo al amor de tu vida, arreglaste tus conflictos familiares, compraste eso que siempre habías querido, robaste mil besos, fuiste de fiesta, experimentaste todo lo que querías, con medida e incluso a veces no con tanta, ya que a todos nos viene bien de vez en cuando algo de adrenalina, que nos recuerde que solo estando en peligro es cuando nos sentimos más vivos. Aun así procura no ponerte en peligro tan seguido.

NO POSTERGUES NI VENDAS TU FELICIDAD

No más excusas. Basta de postergar tu felicidad ¿A cambio de qué? De vivir una vida que no quieres, por no confrontar a tu familia o pareja.

Si la gente que amas no te apoya y te dan la espalda, que se jodan. No los necesitas. Vales más que eso. Si lo que haces, te hace feliz y no estás haciendo ningún daño, adelante. No postergues tu felicidad, por individuos que no son felices y buscan que los demás tampoco lo sean. Tu felicidad aumentará el día que entiendas que no debes sacrificarla por hacer felices a otros.

Parte de la infelicidad depende del grado de expectativas que tengamos sobre algo. Si todo el tiempo queremos tener y hacer lo mejor, no disfrutaremos el proceso. En cambio si dejamos que todo fluya y nada influya, las cosas saldrán mejor.

LOS MEJORES MOMENTOS NO SE CREAN, SE HACEN.

No hay mejor plan que el que no se hace, porque así nada puede salir mal y si sale, solo te adaptas a la situación.

Es decir, no es que no puedas planear tener un buen día, pero si planeas todo nunca saldrá como tú quieres, porque hay miles de cosas que no están en nuestro control y que pueden hacer que los momentos no resulten como queremos.

Los mejores días surgen de manera natural. Pero solo si te encuentras en la misma sintonía para tenerlos. Si todo el tiempo tienes pensamientos negativos, no puedes tener una vida positiva. Hay que ser coherentes si queremos resultados. Es importante que nos demos cuenta de la gran responsabilidad que tenemos sobre nuestra felicidad.

Tendemos a creer que mucha de nuestra infelicidad depende totalmente de las circunstancias en las que nos encontremos, cuando realmente no hacemos ningún esfuerzo por tener una mejor actitud. Son pocas las personas que se comprometen a ser felices. Porque la felicidad no es un destino, sino un camino. Es un proceso que se debe disfrutar. No existe un lugar mágico donde todo sea perfecto y todo el tiempo seamos felices.

LA FELICIDAD ETERNA ES UN MITO

Nunca seremos felices por completo. Siempre habrán cosas que nos duelan, o cosas fuera de nuestro control que interferirán en nuestro estado de ánimo. Lo importante es qué tanto permitimos que esas situaciones nos dominen y gobiernen. Una vida en la que siempre fuéramos felices sería aburrida, monótona y rutinaria. Se nos olvida que el dolor es bueno para hacernos crecer y madurar, nos da momentos de liberación y superación personal. Nos hace sentir más vivos que nunca.

Siempre habrá algo que nos va a doler, pero también siempre habrá una buena razón para sonreír. Solo es cuestión de que te des el tiempo de encontrarla.

A veces cuando salgo a pasear a mi perrito, me gusta ver en la calle a gente sonreír y ser feliz. Lo que más me gusta es que me ayuda a darme cuenta, que aunque muchas de esas personas probablemente tienen menos recursos que yo o viven vidas más complicadas, no dejan de sonreír. A veces me siento culpable cuando veo que gente que tiene más motivos para ser infeliz, sonríe más que yo. Es ahí donde me doy cuenta que definitivamente nuestra actitud es una pieza clave en nuestra felicidad.

Si por momentos sientes que ya no puedes más, pero aún hay algo que en el fondo te hace feliz o que al menos te da placer, aférrate a eso para no tirar la toalla. Si sientes que la vida no te comprende y aún hay algo o alguien que te hace sentir bien o llena, dedícale el mayor tiempo posible. Puede ser cualquier actividad, familiar, mejor amigo o pareja. Cualquier cosa que te haga sentir mejor vale la pena conservarla cerca, porque en algún momento seguro la necesitarás.

Mis padres y mi novia han sido una parte fundamental en mi crecimiento personal. Me han dado en ocasiones la motivación que he necesitado para seguir con mis sueños y no rendirme al escribir el libro que ahora tienes en tus manos. Por eso siempre los conservo cerca.

Nunca tenemos suficiente de lo bueno. Esa es una de las frases que mi novia me enseñó y que ahora es uno de mis mantras.

Nunca tendremos suficiente de lo que nos hace sentir vivos y nunca tendremos tiempo suficiente para hacer todo lo que queremos. Así que si en verdad vamos a lograr todo lo que nos hemos propuesto antes de morir, es importante que pongamos manos a la obra y empecemos ya, que no hay tiempo que perder.

A partir de ahora estás a unos cambios de ser feliz.

¿Estás dispuesto a ha

DEJARNOS AYUDAR

"Somos bebés amamantándonos unos de otros"
THE MIDNIGHT GOSPEL

Alguna vez te has puesto a pensar ¿Qué tanto te dejas ayudar por la demás gente? Te sorprenderías al notar que la mayoría de las personas no se dejan ayudar tan fácilmente. Puede que seas una de ellas y eso tiene un motivo que explicaré a continuación.

A mí personalmente me gusta mucho ayudar a la gente. Disfruto ver como a veces con cosas tan pequeñas podemos cambiarle la vida a alguien o ayudarle a que tenga un mejor día. Todos deberíamos tener mejores días. Estoy 100% convencido que si todos ayudamos de vez en cuando a los demás, grandes cambios ocurrirán en la sociedad y nuestro sentido de empatía se desarrollará.

"No podemos cambiar el mundo, sin ayudar a que otros cambien el suyo".

Tan cierto que si no fuese así las grandes organizaciones y líderes del mundo no hubieran podido lograr nada de lo que hicieron. Sin ayuda de alguien más y sin ayudar a cambiar el mundo de los otros, no se puede obtener un éxito digno de recordar.

Sin embargo es difícil que exista gente que quiera ayudar a los demás. Incluso es más difícil encontrar gente que se deje ayudar. Me gusta hacerlo, pero me he topado en ocasiones con gente que prefiere seguir estancada en sus problemas que recibir ayuda, aunque eso les cueste el doble de esfuerzo y tengan que vivir frustrados.

No puedes ni debes obligar a nadie a aceptar ayuda. Si alguien no quiere no estás obligado a dársela y mucho menos debes sentirte mal si alguien que quieres tiene un problema y a pesar de que puedas hacer algo, esa persona no lo permite. Suelo ayudar únicamente a la gente que si lo hace, porque de esa manera no desperdicio mi energía y ganas en alguien que no las quiere.

¿POR QUÉ NO QUEREMOS AYUDA?

Pero ¿Por qué alguien no querría ayuda? Son muchas las razones que pueden llevar a una persona a rechazarla, principalmente son tres las más comunes e importantes: El ego, el orgullo y creer que damos lástima.

POR EGO

El ego, al cual le dedico párrafos enteros en este libro, siempre es uno de los principales causantes de conflictos tanto intrapersonales como extrapersonales.

Mucha gente tiene un ego tan grande que el solo hecho de concebir la idea de que necesitan ayuda les perturba la mente, prefieren hacer las cosas solos, aunque eso les lleve el triple de esfuerzo y tiempo, antes de mostrarse débiles o inferiores.

Este tipo de personas se creen capaces de hacer todo solos, desde manejar su trabajo hasta manejar su vida, y es por eso que nunca acuden al psicólogo. Pensar que alguien puede llegar a influir en sus pensamientos o su forma de ver el mundo es una idea inconcebible. Viven estresados y frustrados por situaciones que de no ser por su ego, serían más fáciles. Para ellos la persona más capaz no es la que más hace, si no la que menos ayuda necesita.

Nadie que ha llegado lejos, lo ha hecho solo. Todos han tenido a alguien que les ayudó, ya sea de manera profesional, personal, espiritual, psicológica o física, pero todos recibieron consejos, ideas o actividades que implementaron en su día a día. Si consideras que vales menos por dejarte ayudar, saca de una vez por todas esas idea de tu cabeza.

Las cosas empezarán a ser diferentes en el primer momento que te dejes ayudar. Verás la realidad con otra perspectiva, una en la que no estarás solo. Una en la que no solo te preocuparás por ti, también por los demás y cuando lo hagas, no habrá camino que no sea el de subir, y si la cuesta se torna muy inclinada, te sentirás bien de saber que no estás solo, que tienes a alguien que te brindará un mano y te dirá ¡Vamos, sé que puedes! En ocasiones eso es lo que se necesita para no rendirse. Recuerda que si te rindes pierdes.

POR ORGULLO

El orgullo es de las emociones que más me apasiona comprender, estudiar y explicar, ya que día tras día destruye miles de relaciones afectivas por no saber lidiar con él, es por eso que he decidido dedicarle varios apartados en este libro, para que el lector tenga una perspectiva más amplia.

¿Sabes cómo se le llama cuando te encuentras en una situación en la que necesitas ayuda y solo una persona en particular puede ayudarte, pero decides no hablarle, aunque esté dispuesta a hacerlo? Orgullo.

No hay de otra, si rechazas la ayuda de alguien porque sientes que si la aceptas estarías mostrándote sumiso y estarías perdonándole lo que te hizo, estás tomando tus decisiones en base al orgullo.

No pedirle ayuda a alguien porque existió un conflicto, no hace más que dejarte en la misma situación en la que te encuentras y ¿Para qué quieres seguir en la misma situación, si podrías estar en una mejor? ¿Solo para demostrarle a esa persona que no la necesitas?

 Por supuesto que no depender de los demás es algo importante y que todos deberíamos poner en práctica, pero no es algo que siempre se pueda cumplir, de una u otra forma siempre dependerás de otras personas, ya sea para te ayuden o por protocolo, pero siempre necesitaremos de alguien más para lograr nuestros objetivos.

Si necesitas ayuda de una persona y está dispuesta a dártela, es muy tonto e inmaduro no aceptarla, porque tú mismo te estarías dejando en la misma situación por no desprenderte del orgullo. A veces estamos a una llamada, mensaje o grito de solucionar las cosas y preferimos no hacerlo.

Imagina que le pides ayuda a esa persona con la que tienes un conflicto, en el peor de los casos te dirá que no y no pasa nada, sigues con tu vida, pero si te dice que sí, en el mejor de los casos hasta terminan solucionando los problemas que tenían, incluso puede ser que esa persona hacía tiempo que quería solucionar las cosas, pero por orgullo tampoco lo había hecho, y al pedirle ayuda le diste la pauta para que se animara y las cosas se solucionaran. No solo habrás solucionado el problema por el cual pediste ayuda, sino que habrás sanado una relación que posiblemente añorabas.

De cualquier manera tu ganas, así que deja de autosabotearte y ponte a ganar, porque si no siempre estarás estancado en la misma situación y no mejorará. Recuerda que si haces lo mismo siempre, siempre conseguirás los mismos resultados. Si no dejas que otros te ayuden, te encontrarás más seguido en situaciones de conflicto que podrías evitar.

De lo ordinario nada nuevo puede salir, así que date la oportunidad de sanar heridas del ayer que tanto tiempo llevan haciéndote daño y que no hacen más que anclarte a la miseria. Date la oportunidad de ser un ganador, a menos que te guste ser un perdedor. En ese caso sigue igual.

POR DAR LÁSTIMA

Por último quiero aclarar de una vez por todas esa idea absurda que la sociedad se ha encargado de implantarnos en la cabeza, la cual nos hace creer que si pedimos ayuda, estamos dando lástima.

Es importante que si piensas eso, lo saques de tu cabeza, porque pedir ayuda para nada significa dar lástima. Solo los tontos creen eso. Pedir ayuda va más allá de eso. Pedir ayuda se trata de llenarte de valor. Dejar a un lado los prejuicios, el odio, el rencor, el orgullo, el ego y todo lo que te ha frenado durante tanto tiempo, para darte la oportunidad de mejorar y tener una mejor calidad de vida. Algo tan grande y difícil como eso, no puede ser nada menos que un gran acto de valentía.

Los débiles no piden ayuda, por eso se quedan así: débiles y fracasados. Los grandes y poderosos construyen imperios con la ayuda de otros, desde el albañil que contratas para poner el primer ladrillo, hasta la persona que te proporcionó ayuda financiera para tu negocio. Desde la persona que te cedió el paso al verte apresurado en el supermercado, hasta el amigo que decide comprarte apoyando tu emprendimiento. Desde la persona que te da un buen consejo sin que lo pidas, hasta la psicóloga que te ayuda a reorganizar tu vida. Siempre existirán formas de ayudar a los demás y que ellos nos ayuden, solo es cuestión que queramos hacerlo.

Steve Jobs no hubiera podido crear Apple sin ayuda de sus socios. Más de una vez Obama ha dicho que el no sería el hombre que es sin la ayuda de su esposa. Es más, en una ocasión Obama estaba en una cena con ella, cuando Michelle encontró a uno de sus ex novios que en esos momentos trabajaba de cocinero en la cena y Obama le dijo "Si te hubieras quedado con él probablemente serías cocinera" a lo que ella le respondió, "No Obama, él sería presidente".

Por último, si no fuese por todas las personas que están detrás de este proyecto ayudándome a que se vuelva realidad, nunca hubiera terminado de escribir este libro y tú no estarías leyéndolo donde sea que te encuentres.

Te lo digo de corazón, en ocasiones vas a necesitar ayuda de alguien más y es importante que te dejes ayudar, porque de otra manera tus sueños nunca se harán realidad. Hay una frase que dice "Solo llegarás más rápido, pero acompañado llegarás más lejos". Acompañado también puedes llegar más rápido, solo es cuestión que te dejes acompañar y elijas bien a tu compañía.

EGO

El ego es una característica de todo ser humano que usualmente lo mete en conflictos, por la falta de comprensión del mismo.

Mucha gente dice que las personas con un ego muy alto son malas y que tienen una personalidad detestable, y aunque puede ser que la tengan, el ego es sólo uno de los factores que los hace ser así, ya que por sí solo el ego no es malo.

¿QUÉ ES Y PARA QUÉ SIRVE?

El ego es la habilidad de identificarnos con uno mismo. Conocer nuestras virtudes y defectos, fortalezas y debilidades y enfocarnos en seguir desarrollando lo que nos sea productivo, y ocultando o eliminando lo que no.

El ego puede servir como herramienta que te ayude a lograr tus objetivos y te dé la fuerza que no encuentras en ningún otro lado, sólo hay que saber utilizarlo de manera correcta, porque una persona que no controla su ego será una persona que fracasará en algún aspecto de su vida, ya sea el personal, familiar o profesional.

Cuando uno se conoce a fondo, es decir que se ha dado el tiempo de reflexionar, si la idea que tiene sobre sí mismo es correcta, puede que el ego vaya conforme a lo que es. En cambio, si no existe esta reflexión, el ego estará basado en una idea preconcebida de sí mismo, que seguramente estará engrandecida y no irá conforme a la realidad de lo que es.

Es decir, personas como Elon Musk, Steve Jobs o Bill Gates, sería normal suponer que tienen un ego muy grande, (sea cierto o no), ya que ellos mismos y la sociedad son conscientes de todo lo que han logrado. Que son más capaces e inteligentes que el promedio y por eso sería comprensible, ya que tienen los méritos que lo justifican.

Aunque el ser superior a alguien en algún aspecto no significa que valga más esa persona que otra, hablando en términos humanitarios, es bueno aceptar la realidad que en este mundo siempre va a existir alguien más inteligente o capaz que nosotros haciendo muchas cosas más.

EGO POR INTELIGENCIA

El ego puede tener como origen la inteligencia. Cuando es así, es muy criticado, ya que es normal que muchas personas inteligentes carezcan de humildad, sin embargo, no todos son así.

Me ha pasado que cuando estoy debatiendo con alguien, me tacha de presuntuoso y ególatra por argumentar con hechos científicos y comprobables. Afirmando que quiero demostrar que sé más que los demás, cuando en realidad esa no es mi intención, porque puede que no sea así, pero si estoy debatiendo con alguien y esa persona no cuenta con la información necesaria para que prevalezca su punto de vista, y yo sí, no tengo por qué limitarme, sólo porque esa persona considere que estoy siendo presuntuoso, por tener mejores argumentos. Nadie debería limitarse por la misma razón.

La gente que se siente ofendida por personas más inteligentes, les sucede porque su ego no permite aceptar que hay personas superiores a ellas. Creen que tienen la verdad absoluta y todo aquel que venga a decirles que no, aun cuando sea en base a hechos científicos, será tomado como un agresor. Muchas personas se lo toman de manera muy personal, como si las estuvieran agrediendo.

Lo mejor es no opinar sobre lo que no sabemos y escuchar a los que sí saben, incluso si también sabemos mucho sobre el tema. Siempre debemos estar abiertos a la posibilidad de aprender algo nuevo. De todas las personas podemos hacerlo.

Como dijo Sócrates y seguramente ya sabes "Yo sólo sé que no se nada".

Lo decimos incluso como burla, pero nunca analizamos realmente lo que significa. Al final del día lo que sabemos, contrastado con lo que desconocemos, no tiene comparación. Por más que sepamos mucho de un tema, siempre habrá algo que desconozcamos y siempre habrá alguien que nos pueda enseñar algo nuevo, aun cuando esa persona no sea más inteligente que tú.

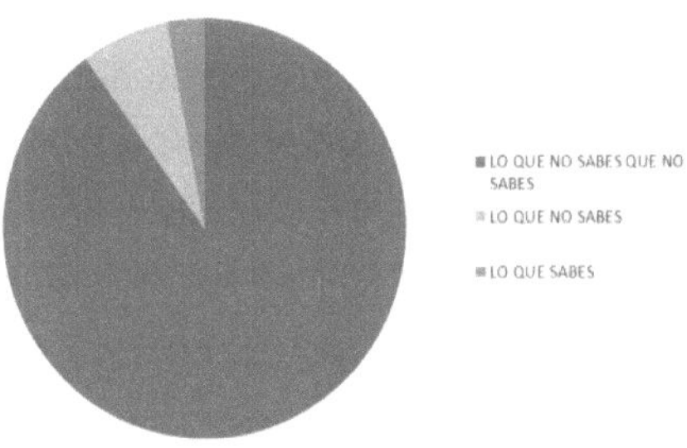

EL YO Y EL MI

La vinculación que se forma entre el Yo y el Mi, es de los más grandes problemas del ego.

En su libro "Desapegarse sin anestesia" Walter Riso explica de qué manera el yo y el mi se transforman en ego.

"Mientras que el yo evalúa y organiza la información que llega al cerebro, el mi intenta apoderarse de los eventos que le interesan y hacerlos suyos emocionalmente aunque no le pertenezcan. Cuando el yo se identifica con el mi se vuelve acaparador y hambriento de posesión: quiere abarcarlo todo. Se transforma en ego, con todas sus manifestaciones incluidas (egolatría, egocentrismo y egoísmo)."

Hay un típico caso de personas que por ego, sienten que todo les pertenece y que son dueños de todo. No dejan crecer a los demás porque sienten que en este mundo solo hay espacio para ellos, creen que por poseer muchos bienes (carros, dinero, joyas) valen más como personas. Que cuando consiguen más subscriptores en Instagram, tienen derecho a actuar de manera distinta. Creen que por ser más inteligentes tiene derecho a tratar a los demás como ignorantes.

Las personas que carecen de algo interno siempre buscarán llenarlo con algo externo. Buscan en otro lado lo que no encuentran en sí mismos. Se identifican con algo más como el dinero, poder o fama y creen que sin eso no valen nada, por eso cada vez quieren más y más para llenar un vacío que no puede ser llenado. El ego crece tanto que ya no se identifican como individuos independientes, sino como individuos que valen por lo que tienen.

Alguien a quién le importa mucho el dinero, su vida gira en torno a cuánto genera, y las personas valen dependiendo de cuánto hay en su cartera. El problema de que a tantas personas les interese el dinero de forma tan egocéntrica y superficial, es que la frase "vales por lo que tienes", es cierta al menos en el ámbito socio-económico.

Lástima que todo lo que esa gente tiene no se lo pueden llevar a la tumba, porque el día que estén ahí, sólo su ego los acompañará hasta el final. Un ego que seguramente les destruyó la vida y dañó sus relaciones personales.

EL SUPER YO

El súper ego también conocido como el súper yo, es un concepto acuñado por Freud en el que enfatiza el hecho de que en muchas ocasiones, la educación que hemos tenido de niños y las influencias sociales del día a día, son los encargados de crear nuestra conciencia moral.

Mucha gente con ego vive deseando tener una vida diferente a la que tienen por no animarse a hacer las cosas, por lo que les han enseñado de pequeños.

EL EGO PUEDE SER LIMITANTE

Las personas con las que hemos crecido y nos hemos desenvuelto juegan un papel muy importante en nuestro ego limitante, ya que el ego no permite fallar a lo que se le ha enseñado como políticamente correcto, aún y cuando no estés de acuerdo con ello.

Para salir de la burbuja de confort en la que se encuentra la mayoría, se deben atender aspectos personales que originan un ego conflictivo como la inseguridad, falta de amor propio, indecisión, etcétera.

Un gran número de la población vive una vida que no quiere por complacer estándares sociales que se les han enseñado. A veces me pregunto, ¿De qué sirve aparentar una buena moral, si ocultamente estamos deseando hacer otras cosas? Desde cosas tan sencillas como muchos adultos a quienes les gustaría jugar una vez más bajo la lluvia, pero su ego no les permite hacerlo por lo que pueda llegar a pensar la gente.

Muchos hombres tienen una masculinidad tan frágil que no les permite usar nada color de rosa, ni mucho menos hacer actividades de mujer porque sienten que se les cae el pene o qué sé yo.

EL EGO TE HACE CREER QUE ERES FELIZ

La más grande mentira del ego, es la que nos dice que si aparentamos estar bien y ser "felices" el molde ya está hecho. Pero con apariencias lo que se construye no es real.

Hay gente que a simple vista, se puede observar que son infelices consigo mismos y que llevan una vida miserable, pero si les preguntas ¿Cómo estás? ¿Cómo te sientes? te contestan que bien y felices, para no pedir ayuda, puede que dentro de su realidad, se consideren así, porque su ego no les permite creer otra cosa, y piensan que con el hecho de reafirmárselos a sí mismos es suficiente.

Pero se les olvida que somos humanos y que como humanos hay muchas cosas que inevitablemente nos afectan, como la falta de aceptación, de relaciones sociales, el no tener a nadie para contarle nuestros problemas, traumas de la infancia, falta de amor y comprensión, entre otras cosas.

Por más que alguien diga que es feliz y está bien, solo él sabe cómo se sienten a las 3 de la mañana cuando está solo en su cuarto sin que nadie lo escuche.

TODOS TENEMOS NECESIDADES PSICOLÓGICAS

Todas las personas tenemos necesidades psicológicas que de no ser atendidas, por más que aparentemos lo contrario, nos harán sentir mal, como: seguridad, protección, competencia, eficacia, vinculación con otros, autonomía y autenticidad.

La seguridad y protección nos hacen sentir que nos estamos desarrollando en un ambiente adecuado para lograr nuestras metas y objetivos.

La competencia y eficacia, están enfocadas al aspecto profesional y la manera en que nos desenvolvemos con los demás, buscando dar siempre lo mejor de nosotros sin desgastarnos innecesariamente, pero sintiéndonos orgullosos de lo que estamos logrando.

La vinculación con otros, se refiere a la parte afectiva que tanto necesitamos y que nos negamos a sentir. Todos necesitamos amor empezando por el propio, y huir de él, solo nos lleva a la miseria.

La autonomía y autenticidad, nos dan la virtud de sentirnos libres, y que estamos haciendo algo bueno con ello, como enfocarnos cada vez más en ser únicos, reorganizando todo lo que nos han enseñado y hemos adoptado, para sacarles el mejor provecho.

El ego siempre funcionará como un mecanismo de defensa, sólo hay que aprender a identificar de qué nos estamos defendiendo y quién es realmente el enemigo, ya que muchas ocasiones sin darnos cuenta nuestro peor enemigo somos nosotros mismos.

EL TÍPICO EGO FURIOSO

Un día me encontraba viendo una de mis series favoritas "The Midnigh Gospel" cuando comprendí que el ego furioso puede ser utilizado como impulso para lograr nuestros objetivos.

El capítulo habla sobre un ego enfermo y furioso que nace en la miseria y que, de ser ejercido de manera adecuada y durante un tiempo no tan prolongado, puede traer beneficios a nuestra persona.

El típico caso donde encontramos este ego, es cuando alguien nos reta a hacer algo y nos dice que no somos capaces de hacerlo. El ego furioso sale a la luz diciendo "claro que puedo", aun cuando no sepamos si en verdad podemos, sin embargo, el ego se muere por demostrar que si somos capaces y que nadie nos va a venir a decir que no. Siendo este el que nos hace movernos y actuar.

Incluso el ego puede salvar nuestras vidas ya que mucha gente que se encuentra en depresión y está pensando en quitarse la vida, no lo hacen porque el ego les dice que no lo hagan, que no les des ese gusto a quien o a lo que te hizo daño.

Siempre he dicho sí un día te encuentras en la decisión de quitarte la vida, aférrate a cualquier cosa que te impida hacerlo, no importa qué sea, no importa si es tu ego el que te impide suicidarte, aférrate a él lo más que puedas, porque al final del día será el quien te mantenga con vida.

Cuando he pasado por ciclos depresivos donde he sentido que nadie me escucha ni comprende, me aferro a ese ego que me hace decir que puedo más que los demás, que voy a lograr todo lo que me proponga sin importar si a las demás personas les parece o me apoyan, y aunque sea un ego furioso y enfermo, porque lo es, ya que está lleno de resentimientos, apego y rencor, es este a fin de cuentas el que me hace salir adelante en ocasiones.

Como dije al principio, el ego no es malo si se usa de manera correcta, sólo hay que aprender a identificar cuándo se está volviendo un problema, y en caso de ser así, evaluar dónde es qué estamos parados y hacia dónde queremos ir, y si en la dirección a la que vamos aún lo necesitamos o si lo podemos dejar ir.

A veces es bueno decirle al ego "gracias por lo que me diste, pero ya no te necesito".

EGO EN TODAS SUS MANIFESTACIONES

Existen 3 tipos de manifestación del ego: Egolatría, egocentrismo y egoísmo. A continuación explicaré cada una de ellas y daré un ejemplo de cómo es una persona con cada tipo.

- EGOLATRÍA

La palabra egolatría proviene del griego *ego* que quiere decir Yo y *latreis* que significa adoración. Es decir la egolatría es la adoración a uno mismo.

La egolatría es comparada comúnmente con el narcisismo, que es de igual manera la adoración excesiva hacia uno mismo, ya sea al físico, a las virtudes o a cualquier aspecto de la persona. Una persona con un alto grado de egolatría puede presentar un trastorno denominado: trastorno narcisista de personalidad.

Una persona ególatra se considera superior a los demás y considera que sus virtudes lo convierten en alguien que debe ser digno de admiración. Son personas que no escuchan consejos, ya que en su cabeza se consideran perfectos así como son. Suelen ser personas listas que creen que lo saben todo o buenos deportistas, que no aceptan un consejo de su entrenador.

Un ególatra aún y cuando se encuentre con una persona que sepa más que ella, buscará la forma de invalidar su conocimiento, incluso diciendo mentiras si es necesario. Nunca aceptará que está mal y como tiene la idea que es superior a los demás, se vuelve antisocial para no convivir con personas inferiores a ella.

• EGOCENTRISMO

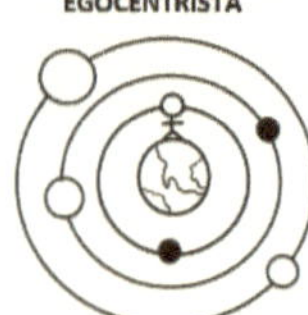

El egocentrismo es comúnmente confundido con egolatría, ya que ambos se basan en la idea de considerarse más importante que los demás. Sin embargo la esencia del egocentrismo gira entorno a querer ser siempre el centro de atención. Este tipo de personas se consideran tan importantes que creen que todo debe girar en torno a ellas, y que cualquier cosa que no lo haga no vale la pena.

Este tipo de ego impide desarrollar empatía, ya que es gente que no se pone en el lugar del otro, porque siempre están pensando en sí mismos, son personas que no les importa los problemas de los demás sí no se ven afectados por ellos. Creen que sus problemas son los más importantes y los que deberían ser atendidos primero.

En las parejas cuando existe una persona egocéntrica, los problemas radican en la falta de comprensión hacia la otra persona, ya que esta siente que nunca se le escucha ni se le pone atención, toda vez que su pareja siempre está pensando en sí misma.

Incluso, con tal de ser el centro de atención, las personas egocéntricas suelen hacerse las víctimas cuando no tienen la razón, para que no se desvíe la atención de ellas. Al igual que los ególatras llegan a mentir para lograr sus objetivos.

Los niños por naturaleza son egocéntricos, ya que su cerebro aún no ha desarrollado la capacidad de ponerse en el lugar de los demás y de entender que hay cosas más importantes que ellos, y que cada uno tiene sus propios problemas y situaciones que resolver.

El filósofo suizo Henri Frédéric Amiel, dijo sobre el egocentrismo que "una manera laboriosa de no ser nada, es serlo todo… de no querer nada, es quererlo todo".

• EGOÍSMO
EGOISTA

El egoísmo hace referencia al tipo de personalidad que presenta mucha gente, que hace que se enfoquen únicamente en lo propio y crean que los únicos que merecen las cosas son ellos.

Una persona egoísta tratará de minimizar los problemas de los otros, enfocándose únicamente en los suyos. De igual manera, si cuenta con un bien o servicio, no lo prestará, ya que considera que el único que merece es él. Los egoístas que tienen dinero de sobra, no donan nada porque piensan que son los únicos que deben tener.

El egoísmo se fundamenta en el apego y en la falta de habilidad para darse cuenta de lo que en verdad importa en la vida, por estar pensando en la vida de los demás. La envidia es una manifestación del egoísmo que no permite concebir que alguien más tenga lo que anhelamos.

WONDER

"No pueden ignorarte cuando naciste para sobresalir"
WONDER (MOVIE)

HUMILDAD

En ocasiones vamos a tener que ceder, aun y cuando tengamos la razón, sí no tenemos desarrollada nuestra humildad será muy difícil hacerlo. Todo lo que puedo decir sobre ella se resume en esta frase:

"When given the choice between being right or being kind choose kind"

Es una frase que aprendí de la película Wonder, la cual recomiendo mucho ya que nos enseña sobre cómo ser sensibles con los demás, de una manera muy bonita. La frase se traduce como: "Cuando te den la oportunidad de estar en lo correcto o ser amable, elige ser amable".

Muchas veces vamos a discutir con alguien y vamos a sentir la necesidad de demostrarle por qué es que estamos bien, y por qué es que está mal. Pese a que la retroalimentación siempre es buena, hay ocasiones en las que no se da, porque alguna de las partes está tan enfocada en su coraje que no presta atención a lo que está diciendo el otro.

Cuando una persona es necia, se te presentan dos opciones: la primera es contestarle y decirle todo lo que te estás guardando, y la segunda es quedarte callado y aceptar que el que tú estés bien nadie te lo quita, aunque esa persona no pueda darse cuenta.

Con la primera opción, lo más probable es que las cosas empeoren y el conflicto se haga más grande en vano, ya que de todas formas esa persona no escuchará lo que digas. En la segunda opción, te das cuenta que no necesitas demostrar que estás bien para estarlo, al mismo tiempo que te das paz mental y no haces más grande un problema que no tiene solución.

Un caso que se da frecuentemente es el de un maestro nefasto que dice una cosa y a la hora termina pidiendo otra. Si lo confrontas, lo más probable es que te agarre rencor y termine bajándote calificación, en cambio, si no lo haces, nada de eso pasará.

Quiero aclarar que no estoy diciendo que debamos ser sumisos o que permitamos que nos agredan, sobre todo cuando no tienen la razón. A lo que me refiero es que aprendamos a dimensionar qué tanto conviene contestarle a una persona con relación a lo que ganaremos con ello.

Sí sólo queremos contestar por cuestión de ego, para demostrar que están mal, pero hacerlo nos traerá más problemas, sin contar que arruinaremos nuestra paz mental, entonces no es muy inteligente de nuestra parte hacerlo.

Al final, uno mismo es quien debe valorar la situación para saber qué tanto conviene hablar o quedarse callado. No hay por qué tener miedo a hablar. Creo perfectamente en nuestro derecho de libre expresión y en el acto de hacerlo valer. Al igual que creo en mi derecho de guardar silencio.

El ego puede hacernos tomar decisiones de las que nos arrepintamos, pero será muy tarde porque ya lo habremos hecho. Lo mejor en ocasiones es retirarnos con un buen sabor de boca, sabiendo que no fuimos nosotros los que actuamos de mala manera, y que en todo momento demostramos ser maduros.

La humildad al final del día no es solo cómo te vistes o si presumes tu dinero, tampoco es cuánto conocimiento tienes y qué tanto lo explotas, sino más bien, qué tanta inteligencia emocional tienes para no rebajarte a un nivel de confrontación irracional.

La próxima vez que te sientas enojado porque tienes la razón y no puedes demostrarlo, recuerda la frase de Wonder, elige siempre ser amable. Se amable con la gente que no lo es contigo, porque son ellos los que más lo necesitan. Se amable con los que no quieren conocer lo que desconocen y prefieren quedarse en la ignorancia. Se amable con todo aquel que te tire una piedra, porque esa piedra, el día de mañana será el ladrillo con el que construyas tu porvenir.

Uno no puede dar lo que no tiene. Si tienes humildad dásela a quienes más la necesitan.

Todas las personas que han triunfado en la vida han tenido virtudes en común: valentía, perdón, integridad, comprensión, sinceridad, cortesía y sobre todo humildad.

Elige ser humilde. Sólo así te convertirás en todo lo que has soñado.

SALUD MENTAL

"Nunca des consejos a menos que te los pidan. El sabio no los necesita y el tonto no los oirá."

TIEMPOS DE COVID: SUICIDIO

"Si no puedes volar, corre; Si no puedes correr, camina: Si no puedes caminar, gatea; pero hagas lo que hagas, tienes que seguir avanzando."
MARTIN LUTHER KING JR

El Covid vino para quedarse. Esa es la verdad. En el transcurso de su instalación en nuestra nueva realidad, ha matado a cientos de miles de personas, y son aún más las que ahora se preguntan por qué tuvo que llevarse a alguien querido. Es lamentable y lo peor es que no se ve un claro en este oscuro.

Las personas están muriendo no sólo a causa del Covid. Las tasas de suicidio han aumentado constantemente, década tras década. Un promedio de más de 800,000 personas se quitan la vida al año, según cifras de la OMS (Organización Mundial de la Salud). Pero en estos últimos meses las tasas han aumentado de manera muy alarmante. El Covid ya no es sólo una enfermedad que mata por el hecho de contraerla, se ha vuelto una que lleva a las personas a suicidarse, a raíz de todo lo que ha cambiado.

Son muchos los factores que contribuyen a que esto pase: estrés económico, aislamiento social, violencia intrafamiliar, disminución de centros de apoyo comunitario religioso, inacceso a los centros de salud donde se requiere de un psiquiatra o psicólogo, pánico, ansiedad entre muchos más.

Cabe recalcar que estos factores los extraje de la página web "Intramed", donde explican cómo es que cada uno de ellos ha afectado la vida de los demás, llevándolas al suicidio. El artículo sobre todo se centra en los estadounidenses, incluso menciona que en Estados Unidos, la venta de armas ha ido en aumento, ya que mucha gente decide quitarse la vida de esa manera.

EMPECEMOS CON UNA REFLEXIÓN

Me gustaría hacer una reflexión sobre algo que me llamó mucho la atención. El otro día me encontraba navegando por Internet cuando encontré una imagen que decía que el número de personas que se suicidó en 2020, es mayor al número de personas que murieron por Covid.

La imagen claramente está hecha para concientizar acerca del gran número de personas que se suicida, sin embargo hay muchas cosas que aclarar antes de argumentar acerca de la foto.

La primera es que no podemos hacer una comparación directa entre el suicidio y el Covid, ya que las dos cosas son totalmente distintas. Una es una enfermedad que afecta las vías respiratorias y el sistema inmune llevándote a la muerte, y la otra es una decisión tomada a causa de factores médicos, sociales y personales, que llevan a una persona a quitarse la vida.

Lo que sí podemos hacer es formularnos la siguiente pregunta ¿Por qué la gente no está tan alarmada por el suicidio como lo está del Covid, si la cantidad de personas que han muerto en lo que va del año es similar?

La respuesta es simple. Porque la mayoría no se ve afectada directamente por el suicidio de los demás, sí bien los familiares y amigos de las personas que decidieron quitarse la vida por supuesto que lo están, la gran mayoría no y al humano, sí algo no le afecta directamente, a menos que tenga un sentido de empatía muy desarrollado, no hará nada para cambiarlo.

Lo que en verdad me hizo reflexionar, es que la mayoría de las personas viven preocupadas por el número de contagios y muertos que cada día crece más. Al ver que es un número tan grande, buscan hacer algo al respecto para disminuir la cifra, pero si en verdad se tratara de cifras y números, entonces la gente se preocuparía más, por aquellos que se suicidan o que están propensos a hacerlo. Tomarían más medidas y estarían más pendientes de erradicarlo. Pero no es así. La realidad es que aunque la gente vea los números, son muy pocos los que hacen algo al respecto.

¿Por qué? ¿Por qué si vemos un número tan grande de muertos como los del Covid, no hacemos nada al respecto? Muy simple. La misma respuesta que antes. Porque no afecta de manera directa a la mayoría. La gente solo se preocupa si algo repercute directamente en ellas o en sus familiares, si no es así, entonces no lo hacen.

Sólo las personas que han tenido que pasar por lo que significa que un familiar o amigo se quite la vida, entienden la importancia de erradicar el suicidio. No es cuestión de cifras ni de cantidad, es simplemente falta de empatía.

Sí la gente fuera un poco más empática harían algo al respecto, pero reitero, como no les afecta no hacen nada al respecto. Es realmente lamentable, porque una vez más se comprueba que el egoísmo humano y la ceguera voluntaria ante los problemas del mundo son los que provocan que esté jodido.

Ojalá algún día las cifras bajen y la gente por fin se preocupe por lo que está pasando y no sólo por los que les puede pasar. Si al menos unos cuantos lo hicieran, les aseguro que las cosas serían muy distintas. Se generaría un cambio y haríamos que las cifras no fueran tan altas.

El suicidio siempre va a existir, pero me gustaría checar un día las cifras de la OMS y ver que, en lugar que hayan aumentado de 800,000 a 900,000 muertos, hayan reducido a 500,000 y luego 400,000 y así progresivamente. Claro que se puede, solo hace falta que no únicamente nos fijemos en lo nuestro y que empecemos a fijarnos en lo de los demás.

FACTORES QUE LLEVARON AL SUICIDIO

A continuación una breve explicación de cómo es que los distintos factores que surgieron o se potencializaron en la pandemia, han llevado a la gente a suicidarse.

Al ser una explicación breve no profundizo en el tema, ya que de hacerlo tendría que considerar muchos más factores que afectan a las personas, y que en conjunto con los antes mencionados, hacen que tomen la decisión de quitarse la vida. Lo que busco, es que con estos apartados tengas una idea más clara de cómo estos factores, a veces sin darnos cuenta, hacen que las personas se suiciden.

1.- Estrés económico: La mayoría de la gente vive angustiada por dinero, y cómo no hacerlo si hay bocas que alimentar, deudas que pagar y necesidades que solventar. La pandemia por obvias razones vino a frenar la economía de los países, llevando a la gente a acumular deudas impagables o a tener que buscar otra manera de conseguir dinero, ya que su fuente de ingresos se vio paralizada o frustrada. Prácticamente de un día a otro la gente cayó en un estado de ansiedad tan grande, que desencadenó en depresión, por tener que buscar una forma de sobrevivir.

Recordemos que hay muchas personas que viven al día, e incluso hay quienes han recurrido a actividades delictivas para conseguir recursos económicos para comer, y aunque no lo creamos, muchos entraron en conflicto consigo mismo, por haber tenido que robar, agravando el problema y haciendo que piensen "Si ya me estoy matando por conseguir comida, por qué no hacerlo de una vez" y bueno, ahí termina su historia.

2.- Aislamiento social: Es algo que vino a cambiar nuestra vida radicalmente, o al menos para la mayoría, pese a que existe gente que en casa se sienten más cómodos, muchos no estaban acostumbrados. El simple hecho de tener más tiempo con nosotros mismos, fue algo nuevo en nuestra realidad, muchos no saben pasar tiempo a solas, ya sea porque se aburren o porque no saben guardar silencio, ni quedarse quietos.

La pandemia de una forma u otra para muchos, vino a darnos ese tiempo y espacio que necesitábamos y no sabíamos, también dio la oportunidad de centrarnos en nuestros objetivos, sí es que los teníamos, de hecho el problema radica cuando estos no existen y la persona no encuentra qué hacer con tanto tiempo "libre".

Cuando esto sucede las personas empiezan a desarrollar ansiedad originada por la alteración de 180 grados en su ritmo de vida. Según datos de Google, la palabra ansiedad fue la más buscada durante el tiempo de la "cuarentena" (No fueron 40 días) de marzo.

Es importante aprender a convivir con nosotros mismos, darnos el tiempo de escucharnos y sentirnos, saber qué es lo que nos angustia y qué es lo que nos motiva. Así como la pandemia vino a robarnos nuestra libertad, también vino a entregarnos la mejor llave para liberar nuestro yo interior, que tanto tiempo lleva oculto.

Sí no aprendemos a convivir con nosotros mismos, empezaremos a experimentar más y más ansiedad y de no controlarse puede acabar en una crisis nerviosa, que en un momento de ira y sufrimiento pueden orillar a cualquiera a quitarse la vida.

3.- Disminución de los centros de apoyo comunitario y/o religioso: Antes de la pandemia no comprendía realmente el valor de estos grupos, conventos y/o reuniones. Mucha gente necesita un grupo que los escuche, y que además compartan ciertas características en común para sentirse bien consigo mismos, y poder así desahogar todo lo que llevan dentro. Sin importar sí el grupo es de índole religioso o no.

Lo que importa es que estos grupos servían como apoyo para todos los que tienen algo que decir, escuchar y sacar y que ahora no pueden hacerlo, ¿Saben qué pasa cuando no sacas todo lo que llevas dentro? Las emociones no se disipan, es más, se acumulan y cada vez se vuelven más grandes hasta que la única manera de liberarse de todos esos pensamientos y preocupaciones, es quitándose la vida.

4.- El no acceso a psiquiatras o psicólogos: El no poder salir, no sólo imposibilitó la oportunidad de ver a nuestros amigos, también el acudir a las citas que quedaron pendientes con psiquiatras y psicólogos que tenían que tratar a sus pacientes.

Personalmente me vi afectado puesto que los primeros meses de la pandemia no pude visitar a mi psicóloga, si a eso le añadimos el aislamiento social y estrés que se vivió al inicio, realmente necesitaba esas terapias. Afortunadamente pude lidiar con ello ya que me dediqué a desarrollar mi inteligencia intrapersonal, proporcionándome mis propias terapias. Sin embargo mucha gente en verdad necesitaba esas terapias, ya ni se diga la gente que iba a acudir con un psiquiatra porque necesita de medicamentos para llevar una vida estable.

El que los centros de salud estuvieran colapsados, evitó completamente su acceso. Muchas personas no supieron qué hacer. Sus demonios fueron más fuertes que ellos, no porque no quisieran combatirlos, sino que no había oportunidad. Cuando una persona no puede, se rinde, y sí se rinde pasa a una mejor vida.

5.- Violencia intrafamiliar: El solo pensar en la gran cantidad de gente que está sufriendo en estos momentos, por verse obligada a convivir con alguno de sus familiares que la maltrata o le hace daño, provoca en mí una impotencia muy grande. Personalmente me gustaría decir que sí éste es tu caso lo lamento mucho, pero me da gusto que estés leyendo esto, porque significa que no has tirado la toalla y te felicito por ello.

La violencia familiar lamentablemente aumenta cada año. Sí de por sí, tener que huir de casa porque dentro de ella hay un familiar que te maltrata, humilla o abusa sexualmente es complicado, no me puedo imaginar lo que ha de ser convivir con tu agresor más tiempo o incluso todo el día. Lo peor es que esa gente nefasta generalmente sufre de alguna adicción que se intensifica por la ansiedad de la pandemia, provocando que sean más violentos.

Mucha gente dignamente decide quitarse la vida, antes que tener que vivir un día más con su agresor.

6.-Pánico: Hay que saber que no todos manejamos el pánico de la misma forma. Hay gente a la que ver noticias le afecta demasiado, y el hecho que la mayoría sean sobre el coronavirus, sus infectados y muertes, no hace más que empeorar la situación. Si a eso le sumamos que alguien cuenta sobre una persona que conocía y murió a causa de esta enfermedad, es inevitable que los niveles de pánico suban, llegando al punto en el que una persona entra en un estado de paranoia, que puede terminar en delirios o alucinaciones.

Cuando una persona alucina, cosas peligrosas pueden pasar, porque su realidad deja de ser como la que todos compartimos, y aunque físicamente hablando lo que ven no es real, ante sus ojos sí lo es, Por qué ¿Quién define lo real? ¿Es real lo que vemos todos?, ¿O sólo lo que vemos personalmente? ¿Si veo algo, pero otra persona no, entonces deja de ser real? porque si es así, ¿Entonces las personas con daltonismo que no ven la realidad como el promedio, dejan de ser reales? Lo que importa es que las alucinaciones pueden provocar un miedo extremo, donde alguien opte por mejor quitarse la vida.

GENERACIÓN DE CRISTAL

"…Y denle la bienvenida a la generación del yo no me dejo"
BAD BUNNY

Más de una vez me ha tocado escuchar como mi generación ha sido denominada como la generación de cristal, ya que se nos considera una generación muy sensible y que por cualquier cosa se ofende y busca hacer algo al respecto, ya sea física o virtualmente.

LAS REDES SOCIALES NO SON EL PROBLEMA

En los medios de comunicación compartimos nuestro sentir y formas de ver el mundo, y aunque pareciera que las redes sociales son el mayor problema por la gran cantidad de odio que se percibe en ellas, la realidad es que el problema radica en la falta de inteligencia emocional y control de impulsos de cada uno.

En la actualidad el ser humano promedio vive con mucho rencor, odio y envidia en su interior, reflejo de algún trastorno psicológico o historial de vida complejo. Por consecuencia el humano está constantemente en conflicto consigo mismo y la manera en que se expresa en redes sociales, que quizás no sea la más adecuada, ya que deja ver a través de los mensajes de odio, una gran falta de sanación personal.

Todo lo que decimos tiene como punto de partida nuestras experiencias e historial de vida, ya que este último es el encargado de formar nuestro criterio. Si hemos tenido una vida pobre e ignorante, nuestro criterio será pobre e ignorante. Si no dedicamos tiempo cada día a sanar nuestras heridas emocionales y acudir a terapia para reprogramar nuestro subconsciente, lo más seguro es que en las redes sociales nuestros comentarios sean irracionales y hostiles.

MILLENIALS

Personas conflictivas las hay de todas las edades, sin embargo la palabra millenial es muy usada para englobar a este tipo de personas, lo cual no considero correcto e incluso he notado que existe una gran confusión respecto a las edades entre las que se encuentran los millenials, por lo que quisiera aportar algunos datos para aclarar este punto, ya que se les acusa de cientos de cosas, que pese a ser algunas ciertas, otras son falacias sin fundamento.

Como tal no existen datos exactos sobre la edad de los millenials, sin embargo diferentes organizaciones y centros de divulgación se han encargado de asignar fechas, según su percepción.

Pew Research Center es un centro de investigaciones, que brinda soluciones a problemáticas, actitudes y tendencias que se van generando en Estados Unidos y el resto del mundo, ellos determinaron que los años entre los que se encuentran los millenials son entre 1980 – 1996, sin embargo, otras organizaciones similares han determinado que es entre los años 1981-1993.

Al no existir una fecha clara de los años a los que pertenece esta generación, para objetivos prácticos se ha optado en establecer que los millenials son aquéllas personas nacidas entre los años 1980 – 2000.

Lo que más ha caracterizado a esta generación y a su generación posterior (la generación Z) es el avance exponencial de los medios de comunicación y tecnologías digitales, que hoy son tan comunes. Aunque la mayoría de redes sociales no fueron creadas durante la generación Y (generación millenial) una gran cantidad de los usuarios que usan estas Apps, pertenecen a esta generación, abarcando alrededor del 50% de los usuarios totales en redes como Facebook e Instagram.

EL INTERNET ES LA MEJOR FORMA DE DIVULGAR ALGO

El internet junto con las nuevas formas de comunicarnos, vino a revolucionar por completo la manera en la que la gente vive, y la forma en que expresan sus ideas al momento de dar su punto de vista.

Antes, cuando tenías la intención de divulgar algo, tenías que salir a la calle y contárselo a la gente que estuviera pasando por ahí, o si tenías dinero podías pagar una publicación en el periódico o una imprenta que te hiciera folletos que posteriormente tendrías que repartir uno por uno en la calle, viendo como algunos, instantes después lo arrojaban a la basura.

Ahora es mucho más fácil, simplemente enciendes tu teléfono, entras a Facebook o Twitter, escribes lo que piensas, le das publicar y listo. Así de fácil y sencillo. Si tienes suerte tu publicación tendrá un buen alcance y tu mensaje será conocido por muchos.

LAS MANIFESTACIONES YA NO SON COMO ANTES

De igual manera, la forma de manifestarse a cambiado demasiado, en la antigüedad la única manera de hacerlo era presencialmente, cosa que no es sencilla, ya que consta de diversas fases: primero encontrar un motivo por el cual valga la pena todo el esfuerzo que requiere hacer una manifestación. Después, ya que tienes el motivo, necesitas reunir un grupo de personas que se encarguen de ir de puerta en puerta, convenciendo gente que se una a la causa, al mismo tiempo que reúnes firmas para llevar a cabo el cometido, y aunque suena sencillo, la gente que organiza manifestaciones sabe que encontrar el apoyo de la gente es difícil, mucho más si no das nada a cambio.

No es que ahora ya no existan manifestaciones presenciales, claro que las hay, pero ya no es la única forma de manifestarte, ahora basta con escribir una crítica hacia algo o alguien en una red social, colocar un buen hash tag, y esperar a que se haga tendencia, para que la presión de los medios y de la prensa empiece a ser ejercida.

Esto, aunque a primera instancia suena muy bien, ya que le proporciona a la sociedad una manera más rápida y practica de manifestarse, resulta ser un arma de doble filo, ya que ahora cualquier persona que no le guste algo, o que piense que deben cerrar una empresa o censurar a una persona, puede lograrlo únicamente escribiendo un tweet, sin importar si está o no en lo correcto.

CONTENIDO CENSURADO

Cuando los motivos para un cierre o censura están justificados y son buenos para el bien común, las redes sociales funcionan de una manera positiva para la sociedad, el problema es cuando alguien decide que algo simplemente no le gusta y sin motivo coherente alguno, decide quejarse haciendo una publicación que después se vuelve tendencia, provocando que empresas o plataformas se vean obligadas a cumplir con sus peticiones ya que no quieren dar una mala imagen y perder clientes, ya que eso significaría perder ingresos.

Debemos recordar que antes que nada una empresa subsiste con dinero y por ende esa siempre será su prioridad y no lo digo porque sea algo malo que les interese el dinero, porque el problema no son ellos.

El problema son las personas que no saben controlar sus impulsos, que se sienten protegidas por una pantalla que no permite ver de frente a la gente que acusan, que creen que el simple hecho de que algo no les guste, es mérito suficiente para que sea clausurado.

¿Cuántos de los que twittean cosas a favor de un movimiento realmente hacen algo para apoyarlo? Casi nadie. Sin embargo la gente siempre cree que está haciendo de todo para mejorar.

Si se analiza la situación de la censura desde otro ángulo, es preocupante que cada vez es más grande el poder que se les está dando a las empresas para que puedan censurarnos, violando nuestro derecho de libre expresión.

Sin embargo el que nos censuren a la hora de publicar algo, ayuda en muchas cosas, la primera es que evita la gran desinformación que existe en la actualidad, la gran mayoría ocasionada, por el bombardeo de fakenews, que la gente no se da el tiempo de investigar a fondo y ver qué tan reales son, lo cual provoca que lleguen a compartirlas, promoviendo aún más la desinformación. En 2020 Twitter censuró a Donald Trump por compartir información falsa sobre el COVID.

La segunda razón es que si no fuera gracias a la censura en redes como Facebook, YouTube e Instagram, encontraríamos una gran cantidad de barbaridades que la gente hace y quiere subir pero no permiten porque no son adecuadas para la mayoría del público como asesinatos, violaciones, pedofilia, suicidios en vivo, desnudos, etcétera.

En ocasiones se les llega a ir una y es ahí cuando se hace viral, sin embargo la plataforma en cuanto se percata lo elimina, aunque con el tiempo que estuvo en línea fue suficiente para que la gente lo descargue y comparta en otros medios.

Esas dos razones parecen demostrar que la censura por parte de las apps es muy buena y benéfica para todos, y lo es hasta que consideramos otro aspecto que casi nunca tomamos en consideración: Nuestro derecho de libre expresión.

LA LIBRE EXPRESIÓN ES UN DERECHO

Cuando una página censura algo, es porque considera que es malo o inapropiado, pero ¿Quién es Facebook para decidir qué cosas son buenas y malas?, ¿Por qué los encargados del departamento de censura son los que toman esas decisiones?, ¿Por qué ellos y no otros?, ¿Qué es lo que hace que su criterio deba ser considerado como el idóneo? Cada vez se les autoriza más a las empresas que nos quiten nuestra libertad de expresión en base a su criterio.

La censura es muy contradictoria, ya que por un lado nos promete más armonía, pero por otro lado nos quita el derecho de opinar libremente.

Cuando se censura a la gente por dar información controversial para la sociedad, también se está evitando el progreso social, ya que el progreso surge de todos los puntos de vista posibles sobre una problemática a resolver, incluyendo los erróneos y los que carecen de evidencia científica.

Imagínense que en los tiempos de Copérnico, hubiera existido Facebook y se le hubiera censurado por decir que el sol era el centro del sistema planetario y no la tierra, ya que eso era lo aceptado por la sociedad en ese tiempo. O imagínense que Darwin hubiera posteado un tweet afirmando la evolución de las especies y un grupo católico en desacuerdo hubiera publicado un tweet con el hashtag #DarwinNosCreeMonos, y se hubiera hecho viral, obligando a Twitter a censurar a Darwin para mantener a sus usuarios contentos.

Hasta para eso estos personajes si lucharon contra la censura de sus tiempos por parte de la iglesia, sociedad y gobierno. Lo que busco enfatizar es que así como suenan ridículos los ejemplos de Copérnico y Darwin, en nuestros tiempos, es muy posible que hoy en día haya otro Copérnico o Darwin por ahí, publicando cosas y siendo censurado, únicamente porque sus ideales no van conforme a lo establecido por la sociedad, sin antes ser validados o analizados.

INCLUSIÓN ¿NECESARIA O NO?

Cuando se trata de temas como racismo, clasismo y sexismo la cosa se pone más complicada ya que a la gente le encanta opinar de estos temas, aunque muchas veces lo hacen sin fundamento alguno, únicamente para ser parte de la polémica y sentir que están haciendo algo al respecto.

Un día me encontraba viendo "Wefere News" mi noticiero favorito, cuando se hizo tendencia la noticia que Disney había decidido que la actriz que interpretaría a La Sirenita en su nueva película Live Action seria negra.

La polémica que esto ocasionó fue muy grande, generando distintos puntos de vista, ya que por un lado encontrabas mucha gente diciendo que era una buena noticia, el que se le diera una oportunidad a alguien de raza negra de realizar un papel así, y por otro lado había mucha gente argumentando que no era necesario ese tipo de inclusión por parte de Disney, ya que se veía muy forzada.

De los cientos de puntos de vista y comentarios que vi, el que más me gustó fue el de Santiago (el comentarista del noticiero). Su comentario surgió después de que leyó a una persona que argumentaba que era racista que la gente no quisiera que la protagonista fuera negra, y la gente le contestaba que ese no era el problema, que el problema era que el personaje originalmente era blanco y que no había necesidad de cambiarlo, con afán de ser inclusivos.

 Santiago argumentó que también es racismo que le hayan quitado a una persona blanca su lugar, para dárselo a una persona negra. Supongamos que en una película, el personaje principal es negro, y lo cambian por uno blanco, la gente se volvería loca acusando a la empresa de racismo por haberle quitado el papel protagónico y dárselo a alguien de otro color, cuando según la lógica del caso de La Sirenita, deberían estar felices que también se le dé la oportunidad a una persona blanca de interpretar el papel de un negro.

DOBLE MORAL

Eso demuestra que en realidad a la gente no le interesa luchar contra el racismo, solo les interesa opinar, porque el que una persona negra interprete un papel de cine no ayuda en nada a resolver el problema real, ya que este va más allá de determinar quién protagonizara una película. Lo que si es cierto es que fue una gran campaña de marketing de Disney.

Lo que la gente realmente quiere es discutir y criticar de forma incoherente y sin argumentos, colocándose siempre del lado del bando más apoyado, para sentir que son parte de algo, y que están logrando un cambio con sus publicaciones, cuando realmente no están logrando nada y simplemente quieren llenar un vacío en su interior.

El caso de Disney, es un claro ejemplo que la moral viene con ciertas preferencias a grupos minoritarios, y no es que esté mal apoyar a esos grupos que sufren constantemente abusos, lo que está mal es "apoyarlos" únicamente para sentir que estamos haciendo algo bueno.

Mucha gente que apoya un movimiento no sabe realmente en qué consiste y por ende pueden terminar haciendo algo o diciendo argumentos que no ayuden a que este avance.

La moral siempre va tener preferencias, y esas preferencias se determinan conforme a lo que le conviene y es funcional para la sociedad.

"Si matas una cucaracha eres un héroe, si matas una hermosa mariposa, eres malo, la moral tiene criterios estéticos"
-Friedrich Nietzsche

EL MUNDO NO CAMBIA CON BUENAS INTENCIONES

Basta de creer que con compartir fotos y escribir publicaciones, los problemas terminarán. Si bien es importante divulgarlos para que todos sean conscientes de las situaciones que se viven en otros lados, hacerlo está lejos de ser la solución definitiva a cualquier problema.

Como dijo Obama "Tienes que ir por la vida con algo más que simple pasión por el cambio: tienes que tener una estrategia, no solo conciencia, sino acción"

Lo que quiere decir, es que no basta con firmar una hoja, escribir un tweet y decir que apoyas algo para generar un cambio, lo que se necesita es gente que en verdad quiera hacer las cosas, que planeen una estrategia y la lleven a cabo. Que no solo se quede en palabras y buenas intenciones, porque esas las tenemos todos, pero son pocos los que las llevan a cabo. Manifestarte tres horas frente al zócalo, sin un plan detrás, no sirve de nada.

Las redes sociales y los diferentes medios de comunicación, utilizados de manera correcta, pueden ser una gran herramienta para la divulgación de conocimiento, generación de debates (no discusiones), ayudar a solucionar problemas y aprender más sobre los distintos puntos de vista y diferentes perspectivas que existen en el mundo.

El mejor criterio es el que se ha formado con el tiempo, tomando lo bueno de cada punto de vista que ha escuchado y desechando lo que no va con sus ideales.

Si queremos cambiar el mundo, tenemos que darle un mejor uso a las redes sociales y entender que no podemos generar un cambio a través de la desinformación y la falta de control de impulsos.

Si cada vez que estamos a punto de criticar o argumentar en contra de alguien, nos diéramos el tiempo de analizar si realmente lo que estamos a punto de hacer, ayudará a que esa persona tenga una perspectiva más amplia, o sí simplemente es un impulso de querer discutir con alguien que no piensa igual que nosotros, grandes cambios se generarían. Cambios que empiezan con uno y terminan con la participación de todos.

TRASTORNOS ALIMENTICIOS

"En una realidad llena de odio, tener un corazón bueno y lleno de amor, no es una ingenuidad, es un acto de valentía"

Este ha sido el único tema en el que decidí entrevistar a una persona para recabar más información, ya que mi conocimiento respecto al tema no era extenso. Se basaba únicamente en la relación que advertía entre el conocimiento que tengo sobre la ansiedad y depresión, y cómo ésta influye en los trastornos alimenticios.

Por razones de seguridad y privacidad, he decidido no mencionar el nombre de la persona, que además de ser mi amiga, me brindó su confianza y tiempo para abrirme los ojos respecto a este grave problema, razón por la cual le estoy muy agradecido.

Tengo que decirlo, en verdad, me quedé atónito. Son demasiadas las cosas que ignoramos respecto a los trastornos alimenticios, y que son de vital importancia para ayudar a erradicar el problema. Mediante una serie de preguntas fui recabando información y generando conclusiones, al mismo tiempo que buscaba una relación entre lo que estaba escuchando, y este es el resultado:

- **ENTREVISTA**

1.- ¿EN QUÉ MOMENTO TE DAS CUENTA QUE ESTÁS EMPEZANDO A TENER UN TRASTORNO ALIMENTICIO?

La respuesta que obtuve me ayudó a darme cuenta, que la idea que tenemos de los prejuicios y críticas sobre el peso como un factor desencadenante de los trastornos alimenticios, es real. Sin embargo, llega un punto en el que el problema se vuelve tan grande y la ansiedad y depresión dominan tanto la situación, que la causa del trastorno ya no son únicamente los prejuicios y críticas, sino un grave problema de seguridad y confianza en uno mismo, que se acentúa y persiste por la misma ansiedad y depresión, creándose un ciclo difícil de romper.

Es común que muchos jóvenes decidan cambiar sus hábitos alimenticios, porque se dan cuenta que la sociedad es una mierda con la gente que no cumple los estándares preestablecidos. Si sufres de sobre peso, la gente se encarga de recalcártelo cada día. Incluso la familia se vuelve un factor completamente desencadenante de estos trastornos. Muchas críticas puedan parecer constructivas, pero en el fondo son realmente destructivas y ni siquiera nos damos cuenta de ello.

Una persona deja de comer para bajar de peso y erradicar cualquier crítica y/o burla hacia su persona, lo cual provoca que en caso de que la pérdida de peso no se dé de manera adecuada, termine con una posible anorexia (pérdida de peso insalubre).

El problema apenas comienza con la anorexia, ya que en muchas ocasiones las personas que sufren de ella se dan cuenta que no es lo que realmente querían y empiezan a comer de nuevo y por ende a subir de peso.

Pero esa subida de peso se ve reflejada en más masa corporal, que a su vez les causa ansiedad, ya que sienten que de nuevo están regresando a esa forma desagradable que tenían, lo cual provoca que cada vez que coman, se sientan mal, y si el sentimiento y la culpa perduran y se intensifican, la anorexia pasa de ser sólo eso, a convertirse en una bulimia (trastorno alimenticio donde la persona vomita lo que come poco tiempo después de haberlo ingerido).

Una vez que se padece de bulimia, el problema se vuelve aún más complicado, porque si bien la cura de facto de la anorexia es ingerir comida y dejar que esta se quede en tu cuerpo para recuperar la masa pérdida, al existir una bulimia esto no se da, lo que provoca que la persona ingrese en un ciclo vicioso, en el cual deja de comer, porque se siente mal con su cuerpo, pero vuelve a hacerlo porque siente que se están haciendo daño, aunque después vomite por el remordimiento que le ocasiona comer, y deje de hacerlo para no seguir engordando.

Otro problema de los trastornos alimenticios es que la ansiedad y depresión aumentan, llegando a un punto en el que la confianza que tienen en sí mismos desaparece por completo, y resulta más complicado salir de ello. Incluso la gente deja de pedir ayuda por la falta confianza existente, que hace que sientan que son una carga para quienes les importa.

Cuando una persona se encuentra con su vida desequilibrada y sin ningún rayo de luz que la salve, la única solución termina siendo el suicidio. Por lo cual se puede afirmar que la gente que dice que los prejuicios y estigmas sociales no matan, están equivocadas.

2.- ¿CÓMO ES LA PERCEPCIÓN DE LA SOCIEDAD ANTE ESTOS PROBLEMAS?

Son dos los principales problemas: el primero es que la gente cree que es para llamar la atención o un tipo de moda que en cuestión de tiempo pasará.

El segundo es la falta de importancia que se le da, por el gran desconocimiento que existe al respecto, que sólo desencadena más problemas y agrava por completo la situación.

Es impresionante el nivel de ignorancia al que puede llegar una persona. Porque hay personas que no sólo se encargan de hacer críticas y reafirmar prejuicios, sino que además de eso, se encargan de empeorar la situación e intentan desvalidar.

Creen que son dueños de la verdad únicamente porque así lo dice su ideología, de hecho el problema de las ideologías es que las personas, en ocasiones se casan tanto con ellas, que aunque no existan pruebas contundentes de que están diciendo lo correcto, siguen creyéndose dueños de la verdad.

Por ejemplo, la persona que entrevisté me comentó que en su familia la religión es un problema muy grave que imposibilita su mejora, ya que pese a que pedía ayuda a sus padres, éstos únicamente le decían que le rezará a Dios y que éste la iba a escuchar y ayudar.

Cómo le pueden decir eso alguien si ven que la persona no mejora, y que realmente cada vez está peor y debe acudir con un especialista. Tal vez no saben que Dios a veces está ocupado, y que tenemos que hacer las cosas nosotros mismos si no queremos seguir hundiéndonos.

3.- ¿QUÉ ES LO MÁS DIFÍCIL?

Preguntarle a alguien qué ha sido lo más difícil de su situación, es algo muy subjetivo, ya que es algo que cada uno de nosotros experimenta de diferente manera. Es decir, cada persona puede decir qué es lo más difícil para ella, y puede ser que para nosotros no parezca tan difícil, pero no por eso podemos afirmar que no lo sea para ella, sólo porque no es no lo es para nosotros.

Sin embargo existen ciertas situaciones desagradables, que son constantes entre las personas que padecen de algún trastorno alimenticio. Verse reflejado en el espejo es una de ellas. Creo que hasta que hablas con una persona que tiene algún trastorno alimenticio, entiendes la importancia que tiene un espejo en la vida de ellos.

Un espejo es una navaja al corazón ya que todos los humanos tendemos a mirarnos mucho en ellos, incluso es normal voltear a vernos en el reflejo de las ventanillas de los carros cada vez que vamos por la calle, por el puro gusto de hacerlo.

Si de por sí es muy difícil que exista una persona que se sienta bien al cien por ciento con su cuerpo, y todo lo que este incluye (cara, músculos, tamaño, órganos sexuales, etcétera), ahora imaginemos lo que debe sentir una persona que sufre de un trastorno alimenticio cada vez que se ve en un espejo y siente asco de sí misma. Cada día que ve su reflejo ve algo que no quiere ver.

Otro de los factores que también me comentó mi amiga, que se repite mucho, es la falta de intención genuina por parte de las personas para ayudar, ya que sienten que con un cumplido es suficiente.

La mayoría de las personas cuando saben que tienes un trastorno alimenticio, y les preguntas que si te ves bien, porque sientes que no, te dirán que sí, pero realmente casi nadie tiene la intención de involucrarse en solucionar tu problema.

Todos creen que diciendo cumplidos ya ayudaron a que la otra persona esté mejor, cuando la realidad es que no es así. Si en verdad quieres ayudar a una persona, empieza por involucrarte en la solución del problema y ver de qué forma puedes ser útil.

4.- ¿QUÉ TAN IMPORTANTE ES LA PAREJA EN EL PROBLEMA?

Hasta antes de haber realizado esta pregunta, no sabía que a veces no es justo juzgar una dependencia.

Por ejemplo, es común que por falta de confianza en sí misma e inseguridad, una persona con un trastorno alimenticio pueda refugiarse en un cabrón posesivo y controlador que le encantan las mujeres así, porque puede controlarlas y reafirmar su frágil masculinidad.

Cuando tienes una pareja generalmente tu estabilidad emocional depende mucho de ella, y con trastornos aún más, por eso en ocasiones vemos personas que siguen con gente que pareciera que no le suman nada y que hasta les restan, cuando realmente lo que sucede es que su pareja se vuelve algo tan importante para ellas, que si la otra persona no está a su lado, dudan de continuar con su vida.

Si eres afortunado y tienes alguien que te apoye a salir de esa situación, inténtalo, pero si no quédate ahí, porque si tu vida depende de ello y no eres lo suficientemente fuerte como para soportar una separación junto con tus trastornos y falta de apoyo, está bien que aguantes un poco más en un lugar, que pese a que no te hace bien, te mantiene con vida. En lo que reúnes fuerzas para salir de ahí.

El amor que nos tenemos es lo que evita que nos matemos, sin antes haberlo intentado absolutamente todo.

5.- ¿CÓMO LOGRAS SALIR ADELANTE?

Aquí quiero hacer énfasis en que esa fue la pregunta que yo realicé, sin embargo la respuesta que obtuve fue a la siguiente pregunta ¿Qué te detuvo a quitarte la vida?

Es común creer que cuando una persona está a punto de quitarse la vida, es porque en ese momento está muy deprimida o enojada. Siempre relacionamos ese momento con emociones negativas fuertes, sin embargo no siempre es así. Hay momentos en que simplemente no sientes nada, ni tristeza ni enojo, y por ello quitarte la vida en ese momento parece la mejor opción.

Lo que nos mantiene con vida la mayoría de las ocasiones, es alguna emoción en el fondo que no nos permite partir y genera conciencia de parte nuestra para no hacerlo; por ejemplo, si estamos muy deprimidos y queremos suicidarnos, puede ser que antes de intentarlo reaccionemos, y nos percatemos que probablemente estamos tomando esa decisión, porque en el fondo nos sentimos mal, pero sabemos que las cosas pueden mejorar y que si decidimos no hacerlo, existe la posibilidad de sobrellevar las cosas y continuar con nuestra vida.

Sin embargo, cuando existe una ausencia de emociones, no hay nada que nos detenga. Es como si el destino dijera es ahora o nunca. Ha llegado tu momento y aunque suene poético, el mejor consejo que te puedo dar, es que nunca dejes de sentir, porque al final del día las emociones que sentimos y que no podemos controlar son las que nos mantienen con vida.

6.- SI PUDIERAS DARLE ALGUNOS CONSEJOS A ALGUIEN QUE ESTÁ PASANDO POR ESTO ¿CUÁLES SERÍAN?

1.- "Es muy difícil salir, no imposible, pero sí muy difícil".

2.- "Come sano, pero no caigas en los excesos de bajar de peso descontroladamente".

3.- "Cada vez tendrás menos confianza en ti mismo y dejarás de pedir ayuda. Ten cuidado".

La vida de una persona que sufre de trastornos alimenticios es un ciclo parecido al de provocarse heridas. Lo haces como una forma de castigo, y cuando te empieza a doler crees que mereces ese sufrimiento y por eso lo vuelves hacer. Pero la culpa no es toda de uno. Siempre los factores externos influirán en nosotros y hay muchas personas involucradas, que no están tomando cartas en el asunto.

Al final del día no se trata de ayudar a las personas, sino de al menos no perjudicarlas. O dicho de otra manera un poco más realista, no tenemos que orillar a la gente a que se mate por nuestra falta de empatía.

Al final todo se resume en empatía, y si queremos tener la salud mental que merecemos, debemos empezar por ser más empáticos. Hasta que nos involucremos en verdad en los problemas de los demás y hagamos algo al respecto para ayudar, el mundo seguirá siendo el mismo y eso no suena muy prometedor.

PSICOLOGÍA

"¿Cuantos psicólogos hacen falta para cambiar una bombilla? Sólo uno. Pero la bombilla ha de querer cambiar…porque las ideas no se imponen, se proponen."

NO PODEMOS CAMBIAR LA FORMA DE PENSAR DE LOS DEMÁS

No podemos cambiar la forma de pensar de los demás. Todos venimos con un mapa de vida que ha moldeado por completo la esencia de nuestro ser, y en ocasiones si nacemos o desarrollamos un trastorno que nos limite a actuar de cierta manera, aunque queramos modificar nuestra esencia, no podremos.

La ansiedad y depresión son los trastornos más comunes (en México, al menos una de cada cinco personas sufrirá de depresión o ansiedad o incluso ambas al mismo tiempo a lo largo de su vida). Mucha gente ni siquiera sabe que las padece, y no entiende por qué su forma de ser es así. Si bien no podemos cambiar nuestra esencia, sí podemos redireccionar ciertos comportamientos. Un ejemplo claro sería el de una persona que está afectada del cerebro. Específicamente en la parte del giro cingulado, haciéndola que tenga pensamientos negativos recurrentes y que se quede clavada en ellos.

Lo que se puede hacer en este caso, es aplicar ciertas técnicas que los especialistas han desarrollado para que los pacientes puedan redireccionar de manera autónoma sus pensamientos; es decir, convertir un pensamiento negativo en uno con una mejor perspectiva. La persona claramente no dejará de tener una personalidad negativa (a menos que sea medicada, en caso que se pueda), sin embargo aprenderá a controlar sus impulsos y a ver el lado positivo dentro de lo negativo.

TABÚ

El problema aquí es cuánta gente está dispuesta a acudir con un psicólogo o psiquiatra para mejorar su calidad de vida. La respuesta es: muy pocos. El tabú que existe hacia la psicología, pese a ser cada vez más pequeño, aún sigue siendo muy grande. Hay gente que en pleno siglo XXI, cree que las personas que van al psicólogo es porque están locas o porque tiene muchos problemas mentales.

Cuando ir al psicólogo no es más que ir a platicar con alguien. En muchas ocasiones cuando no nos sentimos bien o tenemos alguna angustia, el simple hecho de hablar con alguien de nuestra confianza, nos ayuda muchísimo. Exteriorizar con alguien más lo que sentimos, nos libera de una gran carga emocional que llevamos tiempo queriendo soltar.

Acudir con el psicólogo no es más que ir a platicar con alguien a quien le puedes tener mucha confianza y contarle lo que sea, que te escuchará atentamente, algo que pocos saben hacer y que además, al ser un experto, puede ayudarte de mejor manera a solucionar eso que tanto te angustia, ya sea dándote un buen consejo o mediante técnicas que tendrás que aplicar en tu día a día.

Incluso, sí con ir al psicólogo no es suficiente y tienes que ir con un psiquiatra, no tiene nada de malo. Existe la tonta idea que si necesitas medicamentos para algún aspecto mental, es porque estás muy grave, cuando a veces no es así.

El humano toma medicamentos para todo, sí le duele la cabeza toma una pastilla, sí le duele el estómago toma un jarabe, sí le duele el cuerpo se pone una pomada. El punto es que constantemente se está medicando para lograr tener una mejor calidad de vida, que la que podría tener si no se atendiera. Lo mismo pasa con la mente ¿Por qué sí se nos dice que tomar medicamentos o ir al psicólogo puede darnos una mejor calidad de vida, decidimos no hacerlo? ¿Será el ego que no nos permite hacerlo? o ¿Será el qué dirán?

Sí te sirve de algo, pienso que los que se animan a ir son muy valientes por tomar una decisión así, y que se merecen todo el respeto posible, ya que son pocas las personas que tienen el valor de buscar una mejor calidad de vida. Una que todos deberíamos tener y que muchos se niegan a buscar.

Personalmente he tomado medicamentos para combatir algunos trastornos, y lo único que puedo decir, es que no sé qué sería de mí, sí no hubiera decidido ir al psiquiatra. No lo pienses más tu salud está primero, quiérete.

REALIDAD

"Los hombres libres tienen ideas, los sumisos tienen ideologías"
TEÓCRITO

CORAZONADAS

"progresar da miedo porque significa matar una versión anterior de ti mismo"
ROBERTO MTZ

¿Eres de los que cree que la vida se trata de tomar decisiones basadas en la razón y análisis profundo de la situación?

Déjame decirte que aunque en la mayoría de las ocasiones eso es lo mejor que puedes hacer para tomar la decisión más adecuada, en otras ocasiones la realidad se torna muy diferente.

En ocasiones habrá momentos en los que no sabrás que hacer, te cuestionarás una y otra vez tratando de elegir lo mejor, y aunque le des mil vueltas al asunto nunca encontrarás una opción que te convenza por completo.

Eso sucede porque en la vida hay decisiones que debemos tomar sin racionalizarlas tanto, dejándonos llevar por lo que los instintos y no el raciocinio, nos están diciendo. Como es el caso de cuando decidimos hacer lo que nuestro corazón dice, y no lo que la mente está pensando.

Hablando de manera objetiva, obviamente el corazón no piensa, es simplemente una manera de decirle a esos impulsos que tenemos en ocasiones, que nos dicen que hagamos algo y no lo hacemos, porque buscamos una decisión basada en la razón.

Pero déjame decirte que *"el corazón tiene razones, que la razón no comprende".*

No siempre podrás tomar decisiones basadas en lo que tu cerebro piensa que es lo más adecuado, hay momentos que tendrás que hacerle caso a esa voz interior que te dice que hagas algo.

LOS INSTINTOS HABLAN POR NOSOTROS

El cerebro está constituido por 3 cerebros: el instintivo, el límbico y el racional. Tienen particularidades cada uno de ellos, pero no funcionan de manera aislada.

El cerebro reptiliano o instintivo, como su nombre lo dice es el encargado de los instintos que en ocasiones nos salvan la vida, cuando la razón no puede. Hay situaciones donde no hay tiempo que perder, ni para evaluar o haces algo en el momento o mueres, y éste cerebro es el encargado de hacernos actuar en el momento preciso cuando se debe.

Ya sea que nos estén asaltando y veamos una oportunidad de escapar o hacer algo al respecto, o cuando vemos a alguien que van atropellar y nos lanzamos al rescate. Todas ellas a nivel instintivo son situaciones en las que debemos actuar inmediatamente ya que no contamos con tiempo para pensarlo.

La mayoría de las veces cuando le hacemos caso a nuestros instintos las cosas salen bien. El problema radica cuando tenemos tiempo para pensar y por ello dejamos de hacerles caso.

Cuando tenemos tiempo, nos damos a la tarea de evaluar cada uno de los posibles desenlaces de cualquier decisión que tomemos, si eso lo hiciéramos en las situaciones anteriores te aseguro que te hubieran asaltado u atropellado en lo que decidías qué hacer.

A veces tenemos que tomar decisiones basadas en lo que sentimos en el momento, sin pensar tanto en las consecuencias, porque pensar en las consecuencias evita que hagamos las cosas.

En este punto quiero aclarar que no estoy fomentando que hagamos todo lo que queramos basándonos únicamente en lo que sentimos sin pensar nada al respecto, porque si hiciéramos eso siempre, el mundo sería un caos, y la gente cometería atrocidades, basadas en el argumento de que simplemente estaban haciendo lo que sentían que era mejor.

LIBERACIÓN MENTAL

No. Para nada va por ahí la cosa. Más bien va por el lado de la liberación mental, de cuando en ocasiones nos sentimos muy presionados porque debemos tomar una decisión muy importante y no sabemos qué elegir, porque nada nos parece adecuado. Es ahí cuando debes escucharte a ti mismo, sentarte, respirar profundo y una vez que el ambiente esté sereno, pensar en qué es realmente lo que sientes que te hará mejor.

No pienses en lo más adecuado profesional o socialmente hablando, si no realmente en qué te hará sentir más vivo, qué es lo que le dará a tu vida esa chispa que llevas buscando desde hace tanto tiempo, qué decisión te acercará más a lo que siempre has soñado, no en lo que los demás esperan de ti, si no lo que tú siempre has esperado.

Muchas de nuestras decisiones las tomamos basados en lo que los demás podrían llegar a esperar de nosotros, para no traicionar esa idea o concepto que tienen sobre nuestra persona, y lo hacemos bajo la premisa de que nos estamos siendo "fieles" a nosotros mismos, cuando realmente lo único que estamos haciendo es seguir manteniendo la idea que tienen los demás sobre nosotros y no nos damos la oportunidad de ser nosotros mismos.

Una corazonada es eso que sabes que si lo haces te hará más feliz, que te hará sentir más pleno, lleno de vida, que te conectará contigo mismo y te acercará aún más al virtuosismo y a la posible realización de tus sueños, pero que no haces generalmente por miedo a las consecuencias o al qué dirán

La vida pasa muy rápido y en ocasiones no da segundas oportunidades, es ahora o nunca. Así que te invito que en ocasiones le hagas caso al corazón y sigas tus instintos. El corazón sabe lo que es mejor para uno.

Haz todo eso que aún no te has atrevido a hacer por miedo, vive tu vida al máximo, si no sabes qué hacer, solo has lo que sientas que debes hacer en ese momento. Empieza por ahí y lo demás llegará solo.

Sal con esa persona que llevas tanto tiempo evitando porque el cerebro dice no, pero el corazón dice si. Cómprate eso que llevas queriendo comprarte hace tiempo y no lo has hecho porque la cartera dice no, pero el corazón dice si. Realiza ese viaje que te dará la libertad espiritual que necesitas y que tu conciencia lleva robándote por tanto tiempo.

Sé feliz y recuerda de nuevo que solo tenemos una vida y que siempre va existir el miedo hacer las cosas, pero usa ese miedo no como una cadena que te ate, si no como un impulso para lograr todo eso que quieres.

La siguiente frase lleva años motivándome y siendo uno de mis mantras.

"If, you are not scare, you are not taking a chance, and if you are not takin a chance, then what the hell are you doing?"

La dijo Ted Mosby en la serie How I Met Your Mother y se traduce como:

Si no estás asustado, no estás haciendo un cambio y si no estás haciendo un cambio, ¿Qué demonios estás haciendo?

Si no te das la oportunidad de hacer lo que realmente quieres, ¿Qué demonios estás haciendo?

No lo pienses tanto y sigue a tu corazón, él siempre sabrá qué es lo mejor para ti y si no, podrás estar tranquilo de que no te quedaste con la duda de lo que pudo haber sido y no fue.

Si las cosas resultan como esperabas te darás cuenta que la mejor decisión que pudiste haber tomado fue haberle hecho caso a porque *"El corazón tiene razones que la razón no entiende"*

ADICCIÓN

"A veces es necesario tocar los límites para descubrir dónde están"
MERCURIO RODRÍGUEZ

El ser humano es adicto por naturaleza ya que constantemente está buscando suplir o llenar con alguna sustancia, persona, acción o cosa, sus vacíos emocionales.

Una persona se puede volver adicta a muchas cosas. Cuando se habla de adicciones no necesariamente nos referimos a las típicas drogas como la marihuana, alcohol, tabaco, taurina o cafeína. Pueden ser también personas como la pareja, amigos o familia, acciones como apostar, salir de fiestas o cosas como el dinero.

Cualquier conducta que se repita constantemente puede convertirse en una adicción, aún y cuando parezca buena al inicio, como la gente que es adicta al deporte. Aunque pareciera que su adicción a primera vista no es dañina, en realidad es que ser adicto al ejercicio, puede ocasionar lesiones, fracturas, enfermedades o incluso la muerte, como cualquier adicción.

Una adicción es mala en esencia por el hecho de hacer algo en exceso, no necesariamente por lo que se está haciendo, pese a que las adicciones más comunes son consideradas por la mayoría como malas, eso no es lo que determina que una adicción lo sea, ya que existen adicciones que erróneamente podrían considerarse buenas. Es importante tener claro eso, si se quiere hablar de dependencia.

Para controlar un consumo se debe conocer a raíz qué es una adicción, desde el aspecto fisiológico y mental, hasta los efectos que ésta produce y cómo combatirlos. La mayoría tenemos una idea errónea que nos han enseñado desde pequeños sobre lo que es.

Controlar una adicción es mucho más difícil de lo que parece, ya que está surge como remedio para otro mal que no ha sido atendido. Si queremos erradicar una adicción debemos empezar por eliminar lo que la originó.

El problema de muchos centros de ayuda que buscan prevenir y eliminar el consumo de drogas, es que tienen como objetivo erradicar la adicción, sin realmente investigar a fondo en la vida personal del paciente para conocer de dónde surgió, es decir, por qué hay la necesidad de encontrar algo que reemplace lo que nos falta.

ADICTOS A SENSACIONES FUGACES

Los humanos somos adictos a experiencias y sensaciones fugaces, somos adictos a esos pequeños momentos de felicidad que sabemos que al final del día no serán eternos.

Por eso la gente consume drogas, para sentirse bien al menos por un momento. Para sentir eso que no han sentido desde hace tiempo, porque puede que su realidad no sea la más justa y sufran de maltratos e injusticias, porque puede que no tengan a nadie que los apoye y tengan que refugiarse en sensaciones fugaces, para escapar un rato de su realidad, para tener al menos cada día un momento de tranquilidad y felicidad, que pese a no ser genuina, para esa persona, lo es.

Cuando la gente insegura consigue una pareja que por momentos la hace sentirse segura, no se desprenden de ella aunque ésta le haga daño y sea consciente de ello, porque las sensaciones fugaces de bienestar que siente hacen que quiera quedarse, aun cuando el daño sea mayor.

Una persona que es consciente que su pareja le hace daño y decide quedarse, se encuentra en la misma situación que una persona que es adicta al tabaco y conoce las consecuencias de su consumo, y aun así decide consumir.

TODOS SOMOS ADICTOS Y LO SABEMOS

El problema no es que las personas no sean conscientes de su adicción. Naturalmente que se dan casos en donde la persona definitivamente no se ha dado cuenta y es necesario hacérselo ver antes que nada, pero en la mayoría de las personas ese no es el problema principal de su adicción.

El problema es que no se ha solucionado de raíz lo que la provoca. Por ejemplo una persona con traumas de la infancia, que no los haya superado aún, siempre buscará refugiarse en algo para sentirse a salvo. Una persona que vive enojada con su vida, siempre buscará algo con qué sentirse feliz, hasta que aprenda a quererse a sí mismo. Una persona que sufre de depresión y su familia no lo apoya, hasta que estos hagan algo, o se desprenda completamente de ellos, tendrá que refugiarse en alguna droga para sentir el afecto que tanto anhela.

DE DROGAS A DROGAS

Hay gente que dice que hay de drogas a drogas, y claro, nunca va ser lo mismo ser adicto a la heroína que al fútbol, pero repito, el problema no es ese, el problema es que ambas adicciones, si no se cuidan pueden llevarte a la muerte. La primera por el desgaste biológico que le hace a tu salud y la segunda por el exceso de ejercicio, que puede provocarte un paro cardiaco o el desarrollo de una discapacidad.

Al final del día el objetivo de conocer el origen y esencia de la adicción de una persona, es para generar un mayor grado de empatía hacia ella, y evitar juzgarla sin antes conocer el verdadero motivo de su adicción.

La mayor parte de la gente cuando conoce a una persona adicta lo primero que piensa es que es adicta por gusto, y aunque la persona llegara a decir que si, no se ponen a pensar que si tiene una adicción, es por algo, y aunque no parezca, ese algo es más grande que su adicción.

Cuando una persona llega al grado de quitarse la vida a causa de una droga, mucha gente sale a decir que se lo merecía como consecuencia de su consumo diario, no obstante que ni siquiera saben si sufría de depresión, si tenía algún trastorno, si su familia no lo quería, o si simplemente tenía traumas de la infancia porque por ejemplo fue abusado de pequeño.

Las personas no investigan nada, lo único que les interesa es el chisme, les encanta sentirse con la autoridad de decir si estuvo bien o no que una persona se haya quitado la vida por haber consumido drogas.

¿QUÉ TE HACE CONSUMIR? Y ¿POR QUÉ CONSUMES?

La gente no pregunta ¿Qué te hace consumir? Más bien pregunta ¿Por qué consumes? Hay una gran diferencia entre estas dos preguntas y hasta que la mayoría no entienda que lo importante es saber qué es lo que hace consumir a alguien y no por qué consume, las cosas no serán diferentes ni mucho menos mejores.

Algunas personas que se encuentran en estado constante de depresión, hacen que esta se vuelva parte de su personalidad y de su día a día, se acostumbran a vivir en la miseria, porque en la miseria se sienten bien, ya que es el único lugar donde están a salvo. Con miseria no me refiero al estatus económico o algo por el estilo, sino al estado en que alguien ya no puede subsistir sin una droga.

Hasta cierto punto la miseria es buena, porque si se sabe redirigir hace que la persona entre en crisis, y en ocasiones de esta manera surgen las mejores ideas.

Carlos Marx planteaba que si queremos que la sociedad cambie, tenemos que dejar que la crisis haga crisis. Otra forma de verlo, un poco más motivadora es mediante una frase de Arjona, en su canción "Aleluya", que dice *"Y cuando estés en el fondo de los fondos, ya verás que no habrá camino que no sea el de subir".*

Muchos artistas han confesado que trabajan mejor cuando se encuentran bajo efectos del alcohol, y es porque necesitan de esa inspiración, la misma que la marihuana le proporciona a la gente que la consume.

En ocasiones no tenemos tiempo para descansar y debemos seguir adelante porque no hay tiempo que perder, y por ello solemos orillarnos al consumo de alguna droga para lograr continuar, aún y cuando sabemos que afectará otras áreas de nuestra vida.

Como dije antes, la miseria y la crisis pueden generar grandes cambios, si bien no es la mejor opción ni la más sustentable, porque si la adicción no se controla a tiempo pasará de ser una que generaba pequeños problemas, a una que en verdad sea un factor que disminuya tu calidad de vida considerablemente. Hay que aprender a buscar ayuda si la necesitamos. No dejarnos vencer por una droga cueste lo que cueste.

PLAN DE ABSTINENCIA

Cuando se lleva a cabo un plan de abstinencia, la persona primero debe ser consciente qué es lo que realmente está generando su adicción, para que de esa manera pueda atacar el problema de raíz, porque de no ser así y solo usar técnicas para evitar que el consumo continúe, no servirá de nada, e incluso a largo plazo cuando el problema que originó el consumo se vuelva más grande por la falta de atención, recaerá en el consumo.

Una persona que está llevando a cabo un tratamiento de abstinencia debe ser consciente que habrán recaídas, porque la dicción no es el problema sino el síntoma de una situación aún más grande que no está solucionada, y hasta que se solucione, la adicción no podrá desaparecer. Una persona adicta debe estar dispuesta a ceder y dejarse ayudar en todos los aspectos de su vida, porque si sólo lo hace con su adicción, esta nunca desaparecerá.

Un problema muy grande es que la mayoría de la gente no se deja ayudar y tampoco se da el tiempo necesario para analizar de dónde surge su adicción. En ocasiones llegan a la conclusión de que es porque se sienten tristes o enojados, sin saber realmente qué es lo que está generando esa tristeza o enojo.

Hay que empezar de una vez por todas a dejarnos ayudar, y ayudar a todas las personas que observemos que tienen alguna adicción, no sólo de alguna sustancia sino también con alguna persona, objeto o actividad.

Hay que entender también que para muchas personas en ocasiones no hay otra salida, ya que no hay dónde más refugiarse, y que si nosotros no estamos dispuestos a ser un refugio para ellas, entonces tampoco debemos criticarlas por lo que hagan o dejen de hacer.

Aprendamos a sanarnos emocionalmente para que no tengamos que recurrir a drogas para estar "bien". Para que podamos consumir, hacer o estar con quien queramos, siempre por elección y nunca por necesidad, esa es la clave.

PROMESAS

"Si dejas de ser leal por un enojo, nunca lo fuiste"

Desde pequeños nos enseñan qué son y cómo hacerlas.

El valor que les damos y el grado de compromiso hacia ellas, en gran parte depende de la educación y los valores que se nos hayan enseñado de pequeños. Hay familias que desde chicos, enseñan a cumplir las promesas y a no hacerlas en vano.

Sin embargo un error muy común que comenten es cuando le dicen a un niño "prométeme que no harás eso" orillándolo a prometer cosas que tal vez no quería debido a que no le creen o para que se sienta moralmente presionado.

Cuando crecemos nos damos cuenta que la gente promete más de lo que cumple y dice más de lo que realmente hace. Eso provoca que el valor de las promesas disminuya.

En ocasiones personas que queremos rompen sus promesas, y eso nos hace daño. Todos hasta cierto grado generamos expectativas y cuando estas se rompen solemos desilusionarnos. A todos nos duele la desilusión, no importa la edad o madurez.

La vida en ocasiones nos enseña que es más fácil hacer una promesa, para sentirnos aliviados y con un peso menos, que afrontar las situaciones o decir la verdad.

Por ejemplo, cuando una novia le pregunta a su pareja si salió anoche y él contesta que no, cuando si lo hizo, pero ella no lo cree y le pide que se lo prometa, provocando que el novio lo haga aun y cuando no es cierto, ni tenía la intención de hacerlo, pero le fue impuesta.

Cuando me encontraba en la pubertad, en mis primeros años de secundaria pude experimentar desde otro panorama la importancia de las promesas y eso fue cuando rompí una que le hice a una persona que quiero mucho y que le fallé, por no saber respetar la importancia de estas.

Es común que la gente haga promesas a las personas que quieren mucho y tengan la intención de cumplirlas. Pero cuando la vida los pone a prueba fallan. O incluso peor, traicionan la confianza de alguien a cambio de aparentar, frente a otra gente o por no saber quedarse callados.

Consecuencia de la misma pérdida de valor que están teniendo hoy en día las promesas.

PROMESAS DE SANGRE

Personalmente apoyo las promesas de sangre y he hecho dos. Creo que pese a que la sangre no es necesaria para hacer cumplir una promesa. El hecho de estar dispuesto a dar tu sangre para hacer un juramento, le da un toque muy dramático y lleno de valor y sentimiento.

Pero no todos están listos para hacer una promesa de sangre. Porque no solo es sacarte sangre y ya. La persona debe pasar por un proceso previo de comprensión, donde debe demostrarse a sí mismo que realmente entiende qué significa lo que está a punto de hacer, y qué significado le está dando.

Hasta este momento quiero aclarar que no quiero incentivar a nadie a cortarse o algo por el estilo, solo quiero manifestar una creencia que considero es digna de ser mencionada y escuchada.

¿CÓMO HACER PROMESAS QUE DUREN?

No existe como tal un manual de vida donde nos enseñen como se debe hacer una promesa. De hecho creo que la mejor forma aunque algo paradójica para aprender el valor de estas es rompiendo una que hiciste a alguien que le tienes afecto y que te des cuenta cuánto daño le hiciste. Lo que mencionaba que me pasó y me ayudó a comprender su importancia.

Sin embargo en este libro he desarrollado 3 consejos que le serán de gran ayuda al lector para ejercitar el valor de las promesas.

Pero antes de mencionarlos me gustaría aclarar un aspecto importante de las promesas y es el hecho de que no todas son habladas y tampoco en todas los integrantes tuvieron que ponerse de acuerdo para hacerlas.

¿Qué quiere decir esto?

Quiere decir que no todas las promesas tuvieron que ser comunicadas antes de hacerlas entre los involucrados, si no que más bien la hicieron de manera aislada y se generaron de manera natural. Y también que no porque no nos hayamos puesto de acuerdo con alguien para concretar una promesa significa que no exista.

Un ejemplo claro seria cuando una pareja oficialmente formaliza su noviazgo y alguno de los dos es infiel y en su defensa contesta "Es que no te prometí que te seria fiel" y como tal puede que sea cierto, pero hay promesas que ya vienen de manera intrínseca en algunas circunstancias y que debemos ser conscientes de ellas, y no creer que solo porque no le dijimos a la otra persona como tal las palabras lo prometo significa que no existan.

Se trata de ponernos en el lugar del otro y ver qué cosas podrían molestarle o hacerle daño y simplemente no hacerlas, aunque como tal no lo hayamos prometido.

El primer consejo sobre como aprender a hacer promesas es el siguiente.

1.   "No hay promesas que valgan más que las que nos hacemos a nosotros mismos"

Hasta que comprendí lo que significa ésta frase dejé de hacer promesas cada que sentía que debía hacerlo y también opté por empezar a hacer promesas que sabía si cumpliría y que las hacia no porque fuera importante para alguien más, sino porque era importante para mí.

El exceso de promesas que hacemos a los demás y la escases de promesas que nos hacemos a nosotros mismos es lo que causa la mayoría de problemas al querer cumplir las que les hicimos a otros.

En una promesa el compromiso debe ser con uno mismo y no con alguien más, si no sabemos cómo cumplir las promesas que nos hacemos a nosotros mismos, mucho menos sabremos cómo cumplir las promesas que hacemos a los demás.

2.   "No hagas promesas que no puedas cumplir".

Es muy importante darle valor a nuestra palabra.

No debemos ir por la vida fallándole, porque entonces después no valdrá nada. Y no sólo para satisfacer el hecho moral de que es bueno demostrar que somos gente en quien se puede confiar.

Porque si no cumplimos las promesas que nos hacemos a nosotros mismos, cómo vamos a lograr tener la vida que siempre hemos querido tener, y cómo vamos a escapar de la posible mediocridad que estemos viviendo, si nunca cumplimos lo que prometemos. Hay que darle valor a nuestra palabra para que sea esta la que genere el compromiso.

3.   El último consejo es una reflexión sobre los dos consejos antes mencionados y cómo aplicarlos puede traerte muchos beneficios personales y en cualquier ámbito que lo necesites.

Considero que no hay nada más importante que las promesas que nos hacemos a nosotros mismos, si realmente queremos que nuestra vida tenga sentido y dirección debemos empezar por cumplir las promesas que tenemos pendientes con nosotros y los demás.

 Sé que en ocasiones será difícil, que las tentaciones serán grandes o a veces la gente te herirá y te darán ganas de romperlas, por eso debes recordar que no lo haces por alguien más, si no que lo haces por ti mismo, porque te quieres demostrar que no necesitas tener un compromiso con alguien para cumplir tus promesas. Que el único compromiso que necesitas es el que te haces a ti mismo.

Cuando empiezas a hacer eso no te dan ganas de hacer promesas a cada rato y valorarás cuando haces una, porque sabes que la tienes que cumplir y también le brindas a la otra persona la seguridad de saber que si le estas prometiendo algo lo cumplirás.

En el momento que algo se vuelve escaso adquiere más valor, porque es más difícil conseguirlo, personalmente conmigo no es tan fácil conseguir una promesa, porque cuando hago una, antes me pongo a pensar si realmente es algo que puedo y quiero cumplir. Sí siento la necesidad de hacerla pero no me siento seguro de que no fallaré, mejor no la hago.

Si hacemos una promesa tenemos que estar 99% seguros que la cumpliremos, no un 50%, no un 70% o un 80%, tiene que haber únicamente un 1% de margen de error como en cualquier cosa donde hay factores que no dependan de nosotros, ya sea un suceso no previsto o la muerte de alguien, que provoque que no se pueda cumplir. Más allá de eso no debe haber más inseguridad. Solo así aprenderemos a darle valor, y dejaremos de hacerlas cuando no las podamos cumplir.

Hay un fragmento de una de mis películas favoritas "Hasta el último hombre" donde el protagonista es llevado a la cárcel por no cumplir con una regla del ejército por ser fiel a sus promesas. Cuando su prometida se percata de que a menos que haga lo que le pidieron, no podrá ir a su boda. Él contesta que no lo hará argumentando la importancia de sus propias promesas. De manera muy linda ella demuestra que también es más importante hacer valer sus promesas personales antes que nada, incluso que su boda.

El dialogo es el siguiente:

- Pero no sé cómo voy a vivir conmigo mismo si no le soy fiel a mis creencias, mucho menos, cómo podrías tú vivir conmigo. Jamás seré el hombre que quiero ser para ti.

- Me enamoré de ti, porque no eras como todos los demás, ni lo intentabas, no pienses ni por un instante que vas a decepcionarme, te amaré pase lo que pase.

Jamás seremos la persona que están buscando en nosotros, si no nos mostramos como realmente somos, y eso solo se logra siendo fiel a nuestros principios y valores. Comprendiendo que no hay nada que valga más que hacer cumplir nuestras promesas.

Tendemos a creer que solo basta con hacerlas para que se cumplan pero con el tiempo nos damos cuenta que realmente las promesas son dedicación, amor, pasión y fuerza de voluntad, luchar por eso que tanto queremos, ser perseverantes hasta alcanzarlo, lastimar a la menor cantidad de gente posible en el proceso y sobre todo prometernos tener una mejor calidad de vida, y ser felices el mayor tiempo posible.

Cuando hacemos esa promesa, aprendemos a fijar prioridades y a ser los dueños de nuestro destino. Estás a una promesa de la felicidad. Date la oportunidad de ser feliz, créeme que no te arrepentirás.

Te lo prometo.

CREER

¿Sí no crees en ti cómo esperas que los demás lo hagan?
MERCURIO RODRIGUEZ

Todos creemos en algo. Hacerlo va más allá de la religión o espiritualidad, es una característica humana.

Durante miles de años de evolución mediante espíritus, deidades, tradiciones y/o costumbres relacionadas o no con la religión, el ser humano ha creído. Creer va más allá de imaginarnos algo intangible. Es una virtud que nos ha permitido prosperar y lograr nuestras metas.

Creer que somos capaces de algo aunque nunca lo hayamos intentado o que nos convertiremos en alguien que aún no somos, conduce a que logremos nuestros objetivos. Aunque no parezca, cuando creemos en nosotros mismos, estamos creyendo en algo inexistente.

A lo largo del tema argumentaré sobre religión, sin embargo quiero enfatizar que va más allá de eso. Se trata de una perspectiva amplia de lo que es creer y cómo aplicarla nos dará una mejor calidad de vida.

Siempre existirán cientos de conflictos por la diferencia de creencias. No podemos creer todos en lo mismo y el que alguien no lo haga, para muchos es motivo suficiente para provocar un conflicto, aunque siendo honestos el humano nunca ha necesitado un motivo justificado para hacerlo. Está en su naturaleza la necesidad del caos.

Hablar sobre la sangre que se ha derramado en nombre de la iglesia, no es necesario, porque iglesia y religión son dos cosas distintas. Si la gente hiciera lo que la religión manda y no lo que la iglesia dice, las cosas serían muy distintas. Otra historia seria la nuestra.

¿POR QUÉ CREEMOS?

Cada uno tiene motivos distintos para hacerlo. La mayoría están basados en experiencias personales y/o miedos que necesitan ser neutralizados como a la muerte, a perder el control, a no ser suficiente, a ser mala persona, a ir al infierno, a ser juzgado o a situaciones como tener un familiar en estado crítico.

SANTA MUERTE

En muchas cárceles de México existe una gran admiración a la Santa Muerte, en las paredes se observan pinturas y dibujos en su honor, incluso en una de las más conflictivas, en su interior había todo un espacio dedicado a ella. En la entrada se encontraban dos esqueletos de perros simulando ser guardianes y dentro del templo un altar con una muerte a escala humana. Todo lo vi en un documental de "Luisito Comunica", donde me percaté lo importante que era esa creencia para los prisioneros, sin embargo no entendía por qué.

En la cárcel la religión es una constante, y cómo no serlo, si muchos no salen de ahí con vida, sufren abusos, violaciones y su integridad no vale nada, tienen que aferrarse a creer en algo que les dé la fuerza necesaria para despertar cada día.

Pero ¿Por qué la Santa Muerte y no Jesús o Dios?

Para ellos la Santa Muerte más allá de ilustrar algo negativo y sombrío como lo es la cárcel, representa esperanza. Muchos desean su libertad y le rezan a ella pidiendo venganza contra la persona que los puso ahí, más si fueron incriminados.

Casi siempre la Santa Muerte se ha visto con una forma de exteriorizar la maldad que llevamos dentro, sin embargo para muchas personas representa esperanza de que se haga justicia, los mantiene despiertos y no les permite rendirse.

CREER NO ES MALO

Si lo que crees, te ayuda a salir adelante, no tiene por qué estar mal.

Independientemente de cuáles sean los motivos por los que crees, definitivamente es para satisfacer algo en tu interior, que no se siente lleno o que no le encuentras explicación. Creer no es malo si te ayuda a sentirte mejor, superarte y si en el proceso no le haces daño a nadie.

Mucha gente clasifica a los creyentes de ingenuos o ignorantes. No estoy de acuerdo. Para mí, ingenua es la persona que no puede ver el potencial que da aferrarse a una creencia, siempre y cuando no se convierta en fanatismo irracional.

Me considero agnóstico si hablo de Dios, ya que no puedo afirmar algo cuando no cuento con información suficiente, y como nadie la tiene, prefiero quedarme con la idea de que si existe o no, me da igual.

Hablando de creencias no religiosas, me considero creyente. Creo en mí, en la fuerza de atracción, en el efecto mariposa y en las energías, así como en muchas cosas más.

Nadie debe pensar que lo sabe todo, porque evidentemente no es así. Podemos tener mucha información sobre algo, pero no la verdad absoluta. No veo necesario discutir si Dios o las demás creencias existen. Porque nadie lo sabe.

JESÚS ES VERBO, NO SUSTANTIVO

"Porque hablar de Dios es redundar, sería mejor actuar".

Esta frase es de una canción de Arjona, titulada: "Jesús es verbo y no sustantivo", la cual contiene mucha sabiduría en sus líneas. Define muy bien mi opinión y la de muchos sobre la religión. Me he dado a la tarea de realizar una síntesis donde explico las partes más importantes de ella.

"¿Qué haces hermano leyendo la biblia todo el día?
Lo que ahí está escrito se resume en amor vamos, ve y practícalo"

Hay tanta gente en el mundo jactándose de ser buena y apegada a su religión, pero en el interior están podridos. Uno de los objetivos de creer es conseguir armonía con los demás.

De nada sirve leer la biblia todo el día, si no vamos a practicar lo que ahí está escrito. Si no vamos a ser coherentes con lo que elegimos creer, es mejor que no creamos en ello. Se logra más con una buena acción que leyendo mil veces la biblia.

"Jesús es más que un templo de lujo con tendencia barroca
Él sabe que total a la larga esto no es más que roca,
La iglesia se lleva en el alma y en los actos, no se te olvide"

De qué sirve ir todos los días a la iglesia más lujosa y confesarte, si cuando sales de ahí te conviertes en otra persona. Lo importante no es dónde, sino hacerlo. Las iglesias no son más que roca y cemento. Un lugar donde la gente por momentos se olvida del odio y rencor. Lo mejor es llevar la iglesia en el alma, para así estar con ella todo el tiempo y no sólo cuando estemos parados ante una cruz.

"Jesús es más que un grupo de señoras de muy negra conciencia,
que pretenden ganarse el cielo con un club de beneficencia"

Muchos hacen actos de beneficencia para sentir que hacen algo bueno, sin embargo de nada sirve pasarnos la vida donando a asociaciones o a los más necesitados, si en casa y con nuestra familia no somos buenas personas. De nada sirve cuánto regales, si en tu trabajo tratas mal a tus empleados o hablas mal de ellos. Mucha gente con una mano te ayuda, mientras que con la otra está buscando perjudicarte.

"Jesús es más que persignarse, hincarse y hacer de esto alarde,
Él sabe que quizás por dentro la conciencia les arde,
Jesús es más que una flor en el altar, salvadora de pecados"

Creer va más allá de sentirnos aliviados por nuestros pecados. Debe convertirse en lo que nos motive a ser diferentes. De nada sirve que la conciencia nos arda y nos haga sentir mal, si no tomamos cartas en el asunto y generamos un cambio.

"Qué si tomas café es pecado dicen los mormones,
tienen tan poco que hacer que andan inventando cada cosa"

Ésta, más allá de ser una crítica hacia los Mormones, es una crítica hacia la iglesia y las prohibiciones que hacen en nombre de Dios. Muchos viven frustrados porque les han impuesto una religión que va en contra de lo que les gusta y consideran correcto, provocando un conflicto, entre lo que deberían ser y quiénes son.

Creer en algo va más allá de lo que establece la iglesia. Si no le haces daño a nadie y te sientes bien haciendo lo que haces, no tienes por qué prohibírtelo, solo porque un grupo de personas que seguramente tampoco cumplen con lo establecido, te presionan para que no lo hagas.

"Jesús no entiende por qué en el culto le aplauden,
Hablan de honestidad sabiendo que el diezmo es un fraude
A Jesús le da asco el pastor que se hace rico con la fe"

Durante mi tiempo en Roma fui al Vaticano, también escuché un podcast de Luisito Comunica con su mamá y llegué a la conclusión que una religión que tiene tanto dinero, como para erradicar la pobreza en muchos lugares, y no lo hace, no puede ser más que un fraude. No hablo de Dios, hablo de la Iglesia.

"De mi barrio la más religiosa era doña Carlota
Hablaba de amor al prójimo y me poncho cien pelotas"

Otro ejemplo donde Arjona demuestra la falta de coherencia que existe, entre la gente que dice profesar algo y lo que en realidad hace.

"Desde niño fui aprendiendo que la religión no es más que un método,
con el título Prohibido pensar, que ya todo está escrito"

"Prohibido pensar, que ya todo está escrito" ¡Cuánta verdad se esconde detrás de esta frase!

¿Qué pasa si debates con una persona ortodoxa? Lo más seguro es que no escuche ninguna de tus palabras, aunque tengas buenos argumentos, por eso es tan criticada la religión, por su falta de libertad de pensamiento, el hecho que te acondicionen a pensar de una forma, te cierra muchas puertas y no deja que desarrolles una perspectiva más amplia de la realidad.

Únicamente te permiten ver y pensar lo que consideran adecuado para sus intereses. No puedes pensar diferente, porque ya todo está escrito.

"Me bautizaron cuando tenía dos meses y a mí no me avisaron,
Hubo fiesta, piñata y a mí ni me preguntaron
Bautízame tú Jesús por favor así entre amigos,
Sé qué odias el protocolo hermano mío"

Estoy en contra del bautizo de bebés. Nunca consideraré correcto que nos impongan una forma de pensar, cuando aún no tenemos las facultades para decidir en qué queremos creer. Si una persona va a profesar una religión, debe ser porque esté 100% convencida que eso es lo que quiere.

¿Para qué imponer algo si no van a ser fieles a ello?

Únicamente estaríamos añadiendo una persona más a la gran lista de falsos creyentes que dicen ser una cosa y terminan siendo otra, porque nunca se les preguntó en qué querían creer.

Si crees en tu religión y estás convencido que es lo mejor para la vida de alguien, no debes tener miedo a que tu hijo elija por su cuenta. Al final del día le estarás haciendo un bien a él, a ti y a tu religión.

*"Señores no dividan la fe, las fronteras son para los países,
En este mundo hay más religiones que niños felices"*

Esta última frase habla por sí sola. Si la gente utilizara la mitad del tiempo que desperdicia en discutir, en mejorar su vida y relación con los demás, las cosas serían muy diferentes. Son más los muros que los puentes. Cada vez son más las personas que dicen profesar amor y comprensión, pero se enojan cuando alguien no cree lo mismo que ellas.

*"Tengo la conciencia tranquila por eso no me confieso,
Rezando dos padres nuestros el asesino no revive a su muerto,
Jesús hermanos míos es verbo, no sustantivo"*

La gente se confiesa para sentirse mejor y librarse de las culpas que están sintiendo, sin embargo cuando uno está convencido que hizo lo mejor que pudo haber hecho, en las circunstancias que se encontraba y que procuró hacer el menor daño posible, no es necesario confesarse, ya que puedes tener la consciencia tranquila, de saber que hiciste lo mejor que pudiste.

Mucha gente se confiesa constantemente para olvidarse del sentimiento de culpa que los atormenta, sin afrontar los problemas. Confesarnos puede ser bueno, dependiendo con qué fin se haga, sin embargo por más que recemos no podemos cambiar nuestros errores, por eso debemos aprender a vivir con las consecuencias de nuestras acciones, trabajando cada día en nosotros y utilizando la confesión únicamente como medio de liberación y no como una forma de desprendernos de nuestras responsabilidades.

Al final de la canción Arjona explica que Jesús es más que una religión. Es amor, fe y esperanza y eso poco tiene que ver con la religión. Jesús es una fuerza tan poderosa que cuando un niño tiene miedo a la oscuridad, y le dicen "tranquilo, Jesús está tu lado". Deja de tener miedo.

Repito, Jesús no es la iglesia. Jesús no es la religión. Jesús es algo en lo que puedes creer, aunque no lo veas.

Creer nunca va a ser malo si te de la energía que necesitas para sentirte mejor y superarte, ¿Qué de malo podría tener eso? Mientras que tu objetivo sea mejorar tu relación contigo mismo, con otros y ayudar a que los demás también se superen, está bien.

Necesitamos más gente que crea en la bondad y la profese. Que entiendan que no podemos construir un mejor futuro, sin mejorar el futuro de los demás.

Mucha gente lo hace y terminan muertos en algún cementerio, ideales su equipaje, sin embargo cuando en verdad te gusta algo y buscas superarte, todo lo que hagas valdrá la pena, incluso si no lo logras. Lo que importa es el esfuerzo y dedicación, que le pongas a las cosas, mientras disfrutas del proceso.

Lo mejor de todo es saber que fuiste verbo y no sustantivo. No solo palabras. Acción. En este mundo donde nadie está dispuesto a hacer algo porque las cosas cambien eso vale más que mil palabras.

FELICIDAD

"Cuando le va bien a una persona no está pensando en joder a los demás"
MERCURIO RODRÍGUEZ

ORIGEN DE LA FELICIDAD

Hablar sobre la felicidad es muy complicado, ya que pese a ser una palabra que la mayoría, si no es que todos conocemos, al momento de querer definirla, ya no es tan fácil.

A lo largo de los años, han sido cientos las personas que han buscado comprender qué es realmente la felicidad y cuál es su origen, desde científicos que estudian la bioquímica de nuestro cerebro, hasta filósofos que desde hace miles de años se plantean la misma pregunta, qué es la felicidad.

Si tú le preguntas a una persona qué es la felicidad, lo más probable es que te conteste que es cuando te sientes bien, contento, amado o cosas por el estilo, pero estas son las emociones que provoca la felicidad, ¿Qué es realmente la felicidad?

Para comprender qué es la felicidad, podemos empezar por comprender qué es la infelicidad.

"El hallazgo más importante de todos los tiempos es que la felicidad no depende realmente de condiciones objetivas, ni de la riqueza, la salud o incluso la comunidad. Depende, más bien, de la correlación entre las condiciones objetivas y las expectativas subjetivas".

Esa frase, sacada del libro "Animales a dioses" de Yuval Noah, es ideal para dar inicio a la comprensión del tema de la felicidad y la infelicidad.

Por mucho tiempo el ser humano ha creído que su felicidad depende únicamente de cuestiones objetivas, como cuánto dinero tiene, cuánta salud posee o de qué tantos privilegios goza, desde lo afectivo, hasta lo profesional. Sí bien es cierto que entre menos dinero tengamos, hay más probabilidades que se presenten problemas financieros, o que entre menos salud tengamos, es más probable que nos enfermemos y nuestra calidad de vida se vea afectada. La realidad es que la felicidad no se basa únicamente en eso.

Hay mucha gente que dice, tal vez el dinero no compre la felicidad, pero es más bonito llorar en un Ferrari, que en un Jetta. Y es cierto, el dinero es capaz de comprar sensaciones fugaces, que se sienten como felicidad, pero realmente no lo son, las cuales explicaremos más adelante.

Lo importante ahora es explicar, que si bien son muchos los factores que pueden influir de manera objetiva en nuestra felicidad ésta es algo más subjetivo e intangible de lo que creemos.

LAS EXPECTATIVAS SON FUNDAMENTALES

La mayoría de las veces nuestro grado de felicidad va de acuerdo a la cantidad de expectativas que tengamos, mientras más grandes sean, más grandes son las posibilidades de obtener sensaciones agradables, pero también existe la posibilidad de que todo salga mal y el sufrimiento e infelicidad que provocarán sea mayor, que si tuviéramos expectativas bajas.

Las expectativas que generamos a lo largo de nuestra vida, son la principal fuente de nuestra felicidad ya que estas son las encargadas de arrebatárnosla cada vez que no se cumplen. Por ejemplo, si unos futuros padres llevan nueve meses esperando a saber el sexo de su hijo y ellos esperan que sea niño, pero resulta que será niña, lo más seguro es que sientan cierta infelicidad por el hecho de que las cosas no resultaron como ellos esperaban, e independientemente si van o no a amar a la niña. En el momento de la verdad la infelicidad que sintieron fue grande, en la misma proporción de las expectativas que tenían.

De igual manera si el bebé resulta niño, la felicidad que van a sentir será muy grande, ya que nueve meses de expectativas resultaron como ellos esperaban. De una u otra manera, la felicidad e infelicidad que sintamos en el presente, está relacionada con las expectativas que hayamos generado en el pasado. Normalmente la infelicidad y felicidad no tienden a durar mucho, a menos que sea algo muy importante el motivo de ellas.

La sensación de infelicidad cuando nos dejan plantados en una cita, es tan larga como el tiempo que dilatemos en conseguir una nueva persona con quien juntarnos, aun así hayamos esperado con mucha anticipación la primera cita. No vale la pena hacernos tantas expectativas de las cosas y mucho menos hacernos expectativas todo el tiempo, si a la hora, la felicidad no durará tanto como creemos o si la infelicidad dependerá de qué tanto hayamos generado expectativas.

Para dejar de generar expectativas tenemos que practicar mucho el desapego. Debemos adquirir la habilidad de dejar de vivir en el pasado, o en el futuro y aprender a disfrutar del presente tal y como es. Que cada día sea una sorpresa, y no un día planeado que podría o no resultar bien.

Desapegarse de la idea de que todo salga como quisiéramos nos permite vivir de manera más tranquila y feliz, ya que nuestra felicidad solo dependerá de lo que esté pasando en el presente y de lo que nuestra percepción sensorial sienta y no de lo que pudo o no haber sido a lo largo del día.

NOS AFERRAMOS A SENSACIONES FUGACES

Los budistas (los mejores maestros del desapego y de la felicidad), definen a la felicidad como simples sensaciones fugaces a las que nos aferramos.

En otro apartado del libro "Animales a dioses", de Yuval Noah, se habla de qué manera los budistas definen al sufrimiento (el principal antagónico de la felicidad): "Según el budismo la raíz del sufrimiento no es ni la sensación de dolor, ni la tristeza, ni siquiera la falta de sentido, más bien el origen real del sufrimiento, es la búsqueda continua e inútil de sensaciones fugaces, que hace que estemos en un estado de tensión constante, de desazón y de insatisfacción. Debido a esta búsqueda, la mente nunca está satisfecha. Incluso cuando experimenta placer, no está contenta porque teme que esta sensación desaparezca pronto y anhela que dicha sensación permanezca y se intensifique".

Hasta que dejemos de buscar sensaciones fugaces, para después llamarlas felicidad, no podremos ser felices, ya que la felicidad no se busca, ella te encuentra. Mientras más la busques menos la encontrarás y mientras más anheles que sea grande, más pequeña se hará, porque seguirás con expectativas en lugar de disfrutarla tal y como es.

FACTORES QUE INFLUYEN EN LA FELICIDAD:

Considero que son tres los aspectos principales que influyen en que una persona pueda o no ser feliz: los factores externos, el aspecto biológico y la falta de sentido.

FACTORES EXTERNOS

Los factores externos más comunes y que la mayoría de las personas conocen son la familia, la educación, el dinero, el amor, la estabilidad emocional, la seguridad, entre otros.

Cualquier necesidad o aspecto que pueda influir de manera directa en nuestra felicidad, ya sea imposibilitando que nos sintamos bien o impulsando a que nos sintamos mejor, es considerado como un aspecto externo.

Los propósitos de estos son aumentar o disminuir la cantidad de problemas que se nos pueden presentar a lo largo de la vida, y que pueden o no evitar que tengamos una buena calidad de vida y felicidad.

Si bien ya hemos hablado de dinero en este libro, es necesario recalcar de nuevo que el dinero es muy importante para la estabilidad de una persona, porque más allá de los lujos que pueda darle, el dinero compra comida, un techo y permite llenarnos de sensaciones fugaces. De una u otra manera, si una persona no tiene dinero, tendrá más motivos para ser infeliz, aunque el dinero no sea como tal, lo que define la felicidad de una persona.

La familia es también otro aspecto muy importante. Está más que comprobado que los niños que se desarrollan en hogares con familias que los apoyan y aman, tiene más posibilidades de sentirse mejor y de tener una mejor calidad de vida, que una persona que nunca haya tenido una muestra de afecto, y que haya crecido odiando al mundo por las mil y una razones por las que se le puede odiar.

El amor siempre será un factor que influya en la felicidad del humano, ya que le satisface muchas necesidades psicológicas que todos tenemos, como seguridad, comprensión, protección y vinculación. Una persona que carezca de amor siempre será una persona con más probabilidades de ser infeliz, aunque no sea el amor el determinante final.

La educación permite que tengamos más oportunidades de desarrollarnos en la vida. El conocimiento siempre será una herramienta para lograr nuestros objetivos y poder desarrollarnos de mejor manera. Mientras más educación tengamos, seremos más capaces de solucionar nuestros problemas solos, de obtener un mejor trabajo, de ganar dinero y de pagar un mejor seguro de vida, es por eso que la educación, también es otro motivo externo que ayuda a que una persona tenga menos problemas que le roben la felicidad.

Por último la estabilidad emocional. Hay muchas personas que no tiene la estabilidad emocional que debieran, ya sea porque se encuentran en un lugar que no les brinda lo necesario para obtenerla, o porque sufren de ansiedad o depresión, o cualquier otro trastorno que incluya más tensión y problemas a su vida. Si una persona no se desarrolla en un ambiente adecuado a sus necesidades específicas, las probabilidades que sea una persona infeliz aumentan

FACTORES BIOLÓGICOS

El segundo factor principal que influye en nuestra felicidad es nuestra biología, o más bien la predisposición de nacimiento que tengamos a ser felices.

Este es un tema complicado y del cual únicamente expertos en bioquímica comprenden. Afortunadamente estos expertos han elaborado una teoría que si podemos comprender los que no somos expertos en bioquímica, y que sirve para abrirnos los ojos a posibilidades que ni imaginábamos.

El cerebro como se ha ido explicando a lo largo de este libro, funciona mediante procesos bioquímicos y sustancias que son liberadas e influyen completamente en nuestro comportamiento. Principalmente podríamos mencionar dos: la dopamina y la serotonina. Ambas, aunque parecidas y usualmente confundidas, presentan diferencias significativas.

La dopamina está más relacionada con el placer a corto plazo, como comer nuestra comida favorita. La serotonina está más relacionada con la felicidad a largo plazo, es decir un estado mental más estable y enfocado. La liberación de ambas sustancias no es algo que nosotros controlemos, ya que son procesos que nuestro cuerpo lleva acabo de manera autónoma.

La teoría que los expertos plantean, es que cada uno de nosotros nace con un rango de felicidad preestablecido. Es decir, así como hay gente que debido a algún trastorno o déficit mental produce menos dopamina o serotonina que la gente común, habrá quienes las produzcan en una mayor cantidad. Nosotros desde que nacemos ya traemos un rango preestablecido de qué tan felices vamos a ser en los momentos ordinarios de nuestra vida, y que tan felices podemos llegar a ser en un momento donde nos sintamos excitados.

Este rango se ve determinado por factores puramente biológicos, como nuestros neurotransmisores, la forma en que ópera nuestro cerebro y nuestra genética.

Hay personas que en una escala del uno al diez de felicidad, normalmente se encuentran en el cinco, y en momentos de éxtasis puedan alcanzar el ocho. Al igual que puede haber alguien que en un estado normal, su cerebro esté en un nivel siete y al llegar al éxtasis suba a un nueve punto cinco.

Cuando el momento de éxtasis desaparezca ambos regresarán a su estado normal, pero si su estado normal es un número muy bajo, hay más probabilidades que la persona tenga que llenar esa falta de felicidad con consumismos, o cosas que sólo le brindarán sensaciones placenteras efímeras, y no arreglarán su posible depresión.

La gente que maneja niveles altos de felicidad, es la que llamamos normalmente gente positiva y la que maneja niveles bajos de felicidad es la que normalmente llamamos gente negativa.

Esta explicación de la felicidad según los expertos en bioquímica, nos brinda una nueva perspectiva en la que ni siquiera habíamos considerado que nuestra felicidad o qué tan felices podemos ser, se ve determinado desde el momento de nuestro nacimiento.

FALTA DE SENTIDO

El tercer factor es la falta de sentido en nuestras vidas.

Muchos autores y filósofos a lo largo de los años han hablado de la importancia de encontrarle un sentido a la vida, y esta problemática va más allá de la comprensión de la felicidad. Surge de querer encontrar cuál es el sentido de todo.

Mucha gente ha concluido que realmente la vida no tiene sentido, simplemente nacemos, crecemos y morimos, somos un pequeño eslabón y un simple grano de arena en este basto universo, y al universo le da igual nuestra existencia.

Por ende mucha gente ha tenido que recurrir a la idea de que como la vida no tiene sentido, lo más idóneo es que nosotros mismos le encontremos uno, y aunque parezca una simple respuesta consoladora, a una cuestión más grande, la verdad es que como humanos nos sienta muy bien.

Cuando vives tu vida sin un sentido, estás viviendo únicamente para morir. Al no tener propósitos sólo estas dejando pasar el tiempo hasta que lo inevitable suceda. En cambio, cuando tienes un sentido, tu vida adquiere otro propósito más que el simple hecho de existir.

Se siente como si hubiéramos nacido para algo y eso nos da la fortaleza para seguir, cuando sentimos que ya no podemos. Encontrarle un sentido a tu vida no es nada fácil, y no es algo que realmente alguien te pueda enseñar a hacer.

Lo que sí se puede comentar al respecto, es que el sentido de tu vida debe ser algo que te apasione, algo que sea más grande que tú, y que el simple hecho de hacerlo te llene de felicidad.

Muchas personas que se encuentran en depresión y con posible riesgo de suicidio, ahí descubren su sentido, porque al no tener nada más por qué seguir, cuando simplemente tienen ganas de matarse y que todo siga su camino, es cuando tienen que buscar un motivo por el cual seguir viviendo, porque saben que si no lo encuentran, entonces en verdad no tendrá sentido alguno seguir viviendo.

A mí personalmente me pasó. Durante mucho tiempo sufría de depresión y tendía a lastimarme, así que tuve que aprender a darle un sentido a mi vida, poco a poco fui descubriendo cuál sería ese sentido, aunque ya tenía una idea de qué podía ser.

Empecé a apasionarme por la salud mental y por lo importante que es, y la gran desinformación que existe al respecto. Empecé a plantearme de qué manera podría cambiar al mundo o al menos mi mundo. Quería ayudar a la mayor cantidad de gente posible. Que nadie más tuviera que pasar por los momentos de sufrimiento que pasé.

Fue ahí entonces cuando muchas idea se me vinieron a la cabeza, entre ellas la de escribir un libro donde pudiera contarle al mundo mi forma de ver las cosas, y cómo éstas podrían ayudar a cualquiera a tener una mejor calidad de vida. Y aquí me encuentro, escribiendo y editando estas líneas.

Mientras más tiempo pasa sigo descubriendo cuál es ese sentido en mi vida. Sé que por momentos es fácil perderse en la tristeza y la miseria, pero cuando tienes algo por qué luchar y algo qué defender, como en mi caso, mis ideales, es más fácil regresar a un estado más productivo que el que la depresión nos brinda.

Por eso es tan importante que encuentres un motivo por el cual vivir, y una vez que lo tengas, dirijas tu vida en ese sentido, porque de otra manera vivirás tu vida de forma monótona y sin gracia. Y cualquiera que viva mucho tiempo así, acabará, tarde o temprano, por odiar su vida o querer terminar con ella.

Si no sabes por dónde empezar, empieza por analizar qué es lo que te gusta, qué cosas realmente disfrutas hacer, de qué manera te sientes más productivo, en qué momentos te sientes mejor, qué tipo de mensaje te gustaría compartirle al mundo, qué tanto estás dispuesto a luchar por lo que crees y sobre todo, si realmente estás viviendo la vida que te gustaría vivir, y si no, reflexiona de qué manera puedes empezar a vivirla.

Desperdiciamos mucho tiempo en cosas sin sentido. Tiempo preciado que podríamos utilizar para plantearnos las preguntas correctas para conseguir una mejor calidad de vida. Todo está en que realmente queramos hacerlo y que estemos dispuestos a dejar a un lado el conformismo, y nos demos la oportunidad de mejorar.

Roma no se hizo en un día, y todo cambio es difícil al principio, pero siempre encontrarle un sentido a la vida valdrá la pena.

Lucha por lo que más quieres y te aseguro que aunque mueras en el intento, morirás contento de saber que fuiste más que un ideal, una acción, que no te quedaste con los brazos cruzados como la mayoría de la gente, y sobre todo que entendiste que una vida sin sentido, no tiene sentido vivirla.

Al final la vida se trata de entender que nada es perfecto y que siempre van a haber cosas que nos van a doler. Mucha gente cree que mientras más pasan los años, la gente es más feliz porque tiene más acceso a tecnologías, herramientas de la salud y muchas cosas más, sin embargo, la realidad es que las cosas no han cambiado con relación a la felicidad. No podemos decir que somos más felices que nuestros antepasados de hace 500 años, sólo porque ahora contamos con Internet, automóviles y teléfonos celulares.

La felicidad va más allá de eso. Si bien es cierto que contamos con más herramientas que nos facilitan la vida, la realidad es que en 500 años las generaciones futuras podrían reírse de lo mal que vivíamos, y de las carencias tecnológicas que teníamos, y eso no los hará más felices. Lo importante aquí no es en qué época hayamos nacido, si no de qué manera estamos viviendo.

Siempre los factores externos van a influir en nuestra vida y en la calidad de ella, pero cuestiones como la falta de sentido, se dan en cualquier lugar y en cualquier persona, sin importar la clase social, el color de piel o en qué año hayamos nacido. Ser feliz es complejo, si tuviera que resumir en algunas palabras mis consejos para ser más feliz serían los siguientes:

CONSEJOS PARA SER MÁS FELICES

- Ama mucho pero ten cuidado, recuerda que el amor genera expectativas y que las expectativas duelen cuando no se cumplen.
- Cree mucho y que nadie te diga en qué creer.
- Ayuda más al que lo necesita, pero no te olvides del que no lo necesita.
- Odia menos, ya hay muchos haciendo eso.
- Aprende más, no seas esclavo de la ignorancia.
- Crítica menos y aporta más.

- Siempre da lo mejor de ti, aun cuando no te quede nada por dar.

- No te rindas, aunque parezca difícil, las cosas que en verdad valen la pena no van a ser fáciles.

- Date el tiempo de disfrutar y hacer lo que más te gusta.

- Cada vez que sientas la necesidad de hacer un bien hazlo, sólo de esa manera el mundo cambiará.

- Sé empático, todos tenemos nuestras propias batallas.

- Entiende que todos somos diferentes y acéptate tal y como eres.

- Si no vas ayudar, no estorbes, busca mejor algo qué hacer de mientras, y de preferencia que sea algo productivo.

- Encuéntrale un sentido a la vida, uno por el cual estés dispuesto darlo todo.

- Y sobre todo, independientemente de cualquier cosa que hagas, recuerda que vida sólo hay una, y la mejor forma de honrar a la vida, es viviéndola de la mejor manera posible.

Vive cada día como si fuera el último, pero trabaja como si fueras a vivir cien años y la vida te lo recompensará.

CIENCIA

"Cuando dudas de tu poder, le das poder a tu duda"

¿CÓMO DESARROLLAR MEJORES RELACIONES CONECTANDO TUS NEURONAS ESPEJO?

"Si quieres estar con una persona exitosa, acostúmbrate a estar con una persona ocupada."

Uno de los mayores descubrimientos en los últimos años, que vino a cambiar por completo lo que creíamos sobre la psicología, y la forma en la que los humanos aprendemos y nos relacionamos con los demás, incluso con primates, fueron las neuronas espejo.

Desde hace años los humanos hemos notados que cuando pasamos mucho tiempo con una persona que nos agrada, al cierto tiempo empezamos a imitar ciertos gestos y palabras que la otra persona hace y dice. Se crea una conexión con ese amigo, familiar o pareja que es inevitable de notar y que parece magia.

Incluso hay parejas que dicen convertirse en uno mismo. Porque se conocen tan profundamente que saben lo que el otro está apunto de decir o hacer antes que lo haga.

NUESTRO LENGUAJE DEL CUERPO

Con anterioridad se sabía que el lenguaje del cuerpo jugaba un papel muy importante en este asunto, ya que los humanos nos comunicamos con nuestro cuerpo al mismo tiempo que lo hacemos o no verbalmente. Cuando dos personas o más se encuentran en sintonía es normal notar que tienen el mismo lenguaje del cuerpo.

Por ejemplo la próxima vez que estés en una fila del banco y esta sea larga te invito a que revises cuántas personas tienen los brazos cruzados, el resultado es sorprendente. Este es un gesto que denota una actitud negativa, como lo es esperar. Por lo cual las personas tienden a imitar esa postura.

Ahora se sabe que esa conexión entre el lenguaje del cuerpo y las personas se da gracias a unas neuronas llamadas espejo.

COPIAR Y PEGAR

Las neuronas espejo son las encargadas de copiar, imitar y sentir lo que el otro está haciendo, y cuando me refiero al otro hablo incluso de monos que comparten estas mismas neuronas y que se ha comprobado que se conectan con las nuestras.

Las neuronas espejo son las encargadas de producir las conexiones que parecieran hechas por arte de magia.

Se activan cuando empezamos a convivir mucho tiempo con una persona o cuando vemos a alguien hacer algo que ya hemos hecho en el pasado. Es como si viniéramos de fábrica con un chip que nos permite aprender y copiar de manera automatizada todo lo que el otro está haciendo.

LOS PRIMEROS AÑOS EN FAMILIA

La familia tiene una gran influencia en ellas ya que es en esta donde pasamos la mayoría de nuestro tiempo los primeros años de nuestra vida, los mismos en los cuales nuestro cerebro se encuentra en constante desarrollo y aprendizaje. Por lo cual las actitudes que vemos en nuestra casa serán las que imitaremos cuando seamos adultos.

Ahora sabemos que cuando una persona dice "eso lo sacaste de tu papá, el hace lo mismo". Literal lo sacaste de tu papá. Ya que tus neuronas espejo se conectaron tanto con las de él, que ahora tu cuerpo hace de manera automática lo mismo que observaste por mucho tiempo.

Por eso en algunas familias donde las actitudes negativas son una constante, lo más seguro es que los hijos o cualquiera que viva ahí, aprenda las mismas actitudes y las repita. De igual manera en una casa donde los valores son importantes lo más seguro es que la armonía sea una constante.

Lo que define en gran parte cómo serás de grande, depende de con quién se conecten más tus neuronas espejo. Mientras más tiempo pases viendo algo repetirse, más probabilidad hay que tiendas a repetirlo, aunque no quieras.

Las dos principales funciones de las neuronas espejo son ayudar a empatizar e imitar. De estas dos funciones se deslindan muchas secundarias, que aunque a veces creemos que no tienen que ver con nuestro funcionamiento, la realidad es que sí.

EMPATÍA POR LOS DEMÁS

En la empatía son las encargadas de que podamos socializar, ya que son ellas las que logran que tengamos una conexión especial con nuestros amigos, familiares y pareja. Ayudan a que nos pongamos en el lugar del otro, ya que no solo imitan y empatizan con acciones, también lo hacen con emociones.

TODOS HACEMOS CONEXIONES EMOCIONALES

Cada vez que has sentido dolor al ver sufrir a una persona que quieres, es real. Cada que ves a alguien feliz y te hace feliz verla así, es real. Cada que logramos conectarnos emocionalmente con alguien que sentimos que nos entiende y comprende, aun así no tengamos mucho tiempo de conocerla, es real y es gracias a las neuronas espejo.

Por ende debes cuidar mucho una relación en la que exista una conexión de este tipo, ya que puedes tener la certeza que es verdadera, es decir, que en verdad la otra persona siente lo que tú. Es importante ya que no siempre se dan, y a veces no las apreciamos como deberíamos.

PSICÓLOGOS Y SU TRABAJO EN ESTO

Muchas veces cuando se dice que un psicólogo no es bueno, no es por su falta de conocimiento o de profesionalidad, sino que no tiene uno de los principales requisitos que debe tener todo buen psicólogo: empatía.

Debe tener unas neuronas capaces de conectarse con cualquier persona, ya que solo de esta manera podrá brindarle la confianza que su paciente necesita para abrirse. Se requiere una persona dispuesta a hacerlo, porque si no es así, nunca logrará ser un buen psicólogo.

Un psicólogo más allá de ser un oído que te escucha, debe ser una persona que te sienta, que comprenda realmente por lo que estás pasando y así pueda saber cuál es la mejor forma de ayudarte.

Si no existe un sentido de empatía hacia el otro, por más conocimientos que tengamos en cualquier ámbito, ya sea el educativo, o algo que implique enseñar o ayudar a alguien. No lograremos hacerlo de manera correcta, ya que no seremos capaces de ponernos en el lugar del otro y analizar qué está sintiendo.

IMITAR A LOS DEMÁS

En la imitación sucede algo interesante. En la empatía comentábamos que servía para conectar nuestras emociones. Bueno, ahora en la parte de imitación veremos de qué manera se conectan cuando alguien hace algo y cómo eso ayuda en el proceso de aprendizaje.

Recuerdo haber escuchado en muchas ocasiones la frase "la mejor manera de aprender algo es repitiéndolo muchas veces" y vaya que tienen razón. Más allá del sentido común de que mientras más veces hagas algo, te saldrá mejor, existe un respaldo científico.

Se hizo un estudio en el que se detectó que las neuronas espejos se activan cada que nuestros ojos ven algo que ya hemos visto antes. Es decir que cada que repetimos algo ayudan al cerebro a que se nos quede grabado.

Es real que mientras más veamos, digamos o hagamos algo, más fácil nos saldrá y más acostumbrados estaremos a ello.

LOS MAESTROS SON MUY IMITADOS

En este ámbito los maestros juegan un papel muy importante en la forma en que aprendemos en las escuelas. Ya que nuestro cerebro está programado para imitar todo lo que vemos.

Es decir que si contamos con un maestro que no le interesa enseñarnos y que contantemente está repitiendo actitudes nefastas o incluso dando información falsa, más allá del daño que le hace a nuestra educación, está moldeando nuestra mente para pensar de esa manera, ya que queramos o no al pasar tanto tiempo con una persona, nuestro cerebro terminará por adoptar algunas de sus actitudes.

Un maestro dedicado, con buenos valores y enseñando cosas verdaderas, más allá del beneficio inmediato que nos está generando a nuestra formación académica, está moldeando nuestra mente para ser mejores personas y profesionistas en el futuro.

Nuestros maestros siempre serán una parte muy importante de nuestra vida, ya que de ellos aprendemos a imitar muchas actitudes las cuales pueden ser buenas o malas.

Para hablar de corrupción no hay que irnos tan lejos y hablar de políticos (los cuales también influyen en la manera en la que la sociedad adopta actitudes negativas). Basta con ver a un maestro aceptar dinero a cambio de subirle calificación a un alumno para saber que algo anda mal.

Aparte de enseñarnos que la corrupción es normal, nos están moldeando en nuestra contra, para adoptar actitudes negativas. No me cansaré de decir nunca, que hasta que exista un filtro verdadero entre quienes son nuestros maestros, la población seguirá igual de jodida como lo ha estado hasta ahora.

Hay que recordar que las neuronas espejo también se conectan de manera emocional, un maestro que no se da el tiempo de escuchar a sus alumnos, de preocuparse por su problemas y de escucharlos, para crear conexiones, no puede ser un buen maestro.

No todo puede ser conocimiento y metodología, en las escuelas también debe existir una parte emocional que nos ayude a conectarnos con lo que estamos haciendo y que por ende nos guste y no sea algo aburrido.

Si no existe esta conexión el alumno no puede desarrollarse como debería, ya que todo el conocimiento que le den, no será recibido porque no se está llevando a cabo el proceso donde las neuronas espejo se encargán de grabar en nuestra memoria lo que ven o escuchan.

SEÑAS Y GESTOS

Otro aspecto de la imitación que nos ayuda mucho es cuando tenemos que comunicarnos con alguien que no puede o no sabe hablar nuestro idioma.

Las neuronas espejo se activan cuando ven señas o gestos que han visto antes y ayudan a relacionarlas con el contexto, por ende somos capaces de entender lo que otra persona nos está queriendo decir aunque hable otro idioma, ya que nuestro cerebro se enfoca en su lenguaje del cuerpo para ayudarnos a entender de qué se trata.

Incluso con las personas que tenemos conexiones muy grandes, somos capaces de entender lo que está pensando y queriendo decir con solo verle los ojos.

Son muchas las funciones de las neuronas espejo y muchas las formas en que nos ayudan.

En la vida práctica te pueden ayudar a predecir una conducta. Como cuando hemos visto muchas veces un patrón y somos capaces de identificarlo cuando está a punto de suceder, y si es necesario evitarlo.

MARKETING EMOCIONAL

De igual manera las empresas se aprovechan de esto a través del marketing. Se dice que el mejor marketing es el que se conecta con nuestra parte emocional, y lo es, ya que al hacer eso se activan nuestras neuronas espejo.

Por eso que cuando vemos en un anuncio a alguien en una situación donde nos sentimos identificados, y termina beneficiada por el producto que están anunciando, queremos comprarlo, ya que la empatía se activó al momento de identificarnos y la parte de imitación es la que nos lleva a realizar la compra.

De igual manera la industria del cine sabe esto y es por ello que crean situaciones donde nos sintamos identificados y nos conectemos, para que nos guste más. Cuando una película nos gusta mucho, tendemos a imitar lo que vemos en pantalla.

Más allá de toda la información brindada, el objetivo de este tema es crear conciencia en lo importante que es empatizar con la demás gente. No todos tenemos la fortuna de tener neuronas espejo funcionales.

Los autistas son personas que tienen severos problemas para socializar. Se ha demostrado que tienen una menor actividad en sus neuronas espejo lo cual les impide empatizar.

Sería mejor que en lugar que se nos enseñe que hay gente asocial. Se nos enseñara que hay personas que nacen con déficits, y que lo mejor que podemos hacer es convivir con ellas, aunque para ellas les resulte complicado hacerlo, porque al fin y al cabo aunque les lleve más tiempo, sus neuronas espejo acabarán un día por conectarse con las nuestras.

El segundo objetivo, es concientizar a las personas que la imitación es un aspecto muy importante de nuestra vida diaria, al cual a veces no podemos abstenernos. Por lo que cuidar todo lo que vemos, hacemos u oímos es muy importante. Mientras más tiempo pasemos rodeado de pensamientos y actitudes negativas hay más probabilidades que nos comportemos de la misma forma.

El tercer objetivo es el de demostrar que las conexiones tan hermosas que existen entre dos personas, son reales y que debemos valorarlas, porque cuando uno llega a tener una conexión tan grande con otra persona, las cosas que hacen juntos y la manera en que se comprenden mutuamente se vuelve mágica, y por ende algo mágico es digno de cuidarse.

Por último, el objetivo de las neuronas espejo es ser un motivo más para hacer las cosas de mejor manera, tanto con la gente que queremos como con las demás personas. Porque al final del día si nos ponemos en el lugar del otro y hacemos buenas acciones, nuestro cerebro se encarga de hacer el resto.

Si en verdad trabajamos en nosotros mismos y nos convertimos en personas capaces de irradiar una buena vibra la mayoría del tiempo, ayudaremos a los que nos estén observando y tomando como ejemplo a irradiar la misma vibra.

Empecemos a construir de una vez por toda la sociedad que tanto queremos. Dejemos de enseñarles cosas malas a los menores porque son ellos, las nuevas generaciones, que crecerán imitando actitudes nefastas que solo ocasionan problemas. Dejemos de ser apáticos e indiferentes con los demás. Y mejor desarrollemos un sentido de empatía más grande.

Sí el simple hecho de tener una sociedad donde todos trabajamos en conjunto para nuestro beneficio no es motivo suficiente para ti, porque te suena a una utopía comunista, recuerda que la vida da muchas vueltas y no sabemos cuándo podemos llegar a necesitar de alguien. Por ende es bueno tratar bien a los demás, si queremos que nos traten de la misma forma.

En conclusión, demos gracias y honremos de la mejor manera que hayamos nacido con algo tan importante y especial como es la habilidad de que lo nuestro no se extinga con nosotros y que pueda trascender en alguien

¿CÓMO LOGRAR HÁBITOS CON NEUROPLASTICIDAD?

"Somos lo que hacemos día a día de modo que la excelencia no es un acto sino un hábito"
ARISTOTELES

La creación de un hábito en ocasiones es complicada ya que son muchos factores los que influyen en su persistencia o abandono, que usualmente no están desarrollados, entre ellos están la fuerza de voluntad, motivación, estabilidad emocional, etc.

¿Cómo hace la gente para crear hábitos, que a primera vista parecen sencillos pero que realmente no lo son?

Uno podría creer que es porque las habilidades antes mencionadas las tienen muy bien desarrolladas y aplicadas, y de cierta manera, esa la respuesta, pero ¿De dónde surgen estas habilidades? ¿Nacen con ellas o es cuestión de suerte?

La respuesta es que todos ellos y la mayoría sin saberlo están llevando a cabo un proceso llamado neuroplasticidad en su cerebro, encargado de la formación de hábitos.

La palabra neuro proviene del griego νευρο, que significa "nervio". Plasticidad proviene del adjetivo "plástico" y del sufijo "idad", que juntos hacen referencia a la capacidad de algo para cambiar y deformarse de forma permanente.

Como tal la neuroplasticidad, es la capacidad del cerebro de crear nuevas vías neuronales y que estas permanezcan conectadas por medio de la sinapsis. Si no has entendido lo anterior no te preocupes, te pongo en contexto.

HACE AÑOS SE CREÍA QUE PARA FORMAR UN HÁBITO…

Hace años se tenía la creencia que cuando nacías tu cerebro se desarrollaba únicamente en la infancia, y que ésta era la época que definía por completo lo que iba ser la estructura de tu cerebro a lo largo de toda tu vida, y si bien es cierto que se desarrolla mucho en esta etapa, hoy en día, gracias a estudios recientes, se sabe que el cerebro sigue creciendo, evolucionando y expandiéndose año tras año, aprendizaje tras aprendizaje, creando nuevas vías neuronales.

Cuando realizas una nueva actividad se activan ciertas neuronas que usualmente se encuentran menos productivas que las que usas a menudo en otro tipo de actividades. Una vez que empiezas a activarlas de manera constante, el cerebro empieza crear nuevas vías neuronales, facilitando el acceso a los beneficios que estas nos pueden proporcionar. Lo más importante es que una vez que se activan de forma constante, se conectan para siempre.

Es decir, cuando iniciamos un nuevo hábito es difícil para nuestro cerebro procesarlo, porque no existen vías neuronales adecuadas, pero una vez que se crean y se conectan, permanecerán así para siempre, sólo es cuestión que repitamos el hábito el tiempo suficiente para que eso se logre, ya que una vez logrado tu cerebro estará tan acostumbrado a usar esas nuevas vías neuronales, que le será más difícil ahora no llevar acabo el nuevo hábito.

Robin Sharma afirma que "todo cambio es difícil al principio, desordenado en el medio y precioso al final".

¡Vaya que es así! Es difícil al principio porque no existen vías neuronales que faciliten el hábito, desordenado en el medio porque te encuentras en la creación de éstas y precioso al final porque una vez creadas, tu cerebro necesitará menos esfuerzo para llevarlo a cabo y se sentirá bien realizándolo.

Recuerda que mientras más tiempo lo realices, mayor conexión neuronal existirá y a mayor conexión neuronal, menor esfuerzo físico y mental necesitarás.

¿CUÁNTO TIEMPO REQUIERE FORMAR UN HÁBITO?

Para crear un hábito es necesario que lo hagas mínimamente durante 66 días seguidos, porque este es el tiempo que le toma al cerebro en promedio crear nuevas vías neuronales.

Los primeros 22 días sirven para activar las neuronas que no sueles usar constantemente. Los siguientes 22 días para empezar a crear nuevas vías neuronales. Los últimos 22 días sirven para fortalecerlas, para que una vez conectadas permanezcan así para siempre.

EXPERIMENTO EN LONDRES

Robin Sharma en su libro "El club de las 5am" Menciona un experimento que se llevó acabo en taxistas del área metropolitana de Londres, donde los analizaron y se comprobó que en su cerebro estaba más desarrollada el área encargada del razonamiento espacial (el hipocampo), que la del promedio ¿Por qué? Porque sus cerebros se habían acostumbrado tanto al uso del razonamiento espacial, que sus vías neuronales, en este ámbito, estaban más que desarrolladas.

EL CEREBRO ES Y TRABAJA COMO UN MÚSCULO

La neruoplasticidad ha venido a demostrar una vez más, que el cerebro trabaja como un músculo y no como algo diferente que nos podríamos imaginar, y como tal se necesita ejercitarlo para su desarrollo.

Si no nos damos la oportunidad de crear nuevas vías neuronales, nunca desarrollaremos al máximo nuestras aptitudes, y tampoco triunfaremos en lo que nos propongamos, porque nuestro cerebro no tendrá lo necesario para lograrlo.

Ser conscientes que muchos aspectos personales tienen su origen en el lado biológico y neuronal de nuestro cerebro, nos da la oportunidad de aplicar estos conocimientos a nuestro favor, para tener un mayor rendimiento y crecimiento tanto profesional, como personal.

LA GENTE QUE HA CAMBIADO AL MUNDO

La gente que ha cambiado el mundo, sí bien puede que hayan nacido con alguna aptitud diferente al resto, como un IQ más grande, no fue eso lo que les permitió lograr todo lo que hicieron. Lo que lo hizo fue que se empeñaron en desarrollar al máximo sus vías neuronales, llegando al punto en que para ellos, era más difícil no ser creativos o innovar.

Pero no fue un proceso que lograron de la noche a la mañana, sino algo en lo que trabajaron por años, y en lo cual pusieron todo su esfuerzo y empeño.

Hay una frase de Michel Ángelo que me encanta *"si supieras la cantidad de trabajo que hay en ello, no lo llamarías ingenio"*.

Sí quieres lograr algo en tu vida, empieza a poner manos a la obra y aprovecha la oportunidad que nos regala la neuroplasticidad de crear nuevas vías neuronales. Cuando lo hagas te aseguro que no habrá nada que te detenga, porque ni tú mismo podrás hacerlo.

Si te falta coraje para tomar una decisión, piensa en todo lo anterior y úsalo como inspiración.

Piensa que el esfuerzo inicial será tuyo, pero pasado cierto tiempo (sesenta y seis días), tu cerebro se encargará de hacer lo demás. Sólo es cuestión que agarres valor y analices qué tan importante es para ti lograr lo que te propones, y una vez que lo hagas no estarás solo. Tu cerebro te acompañará.

Al final del día todos tenemos una lucha interna que debemos lidiar con nosotros mismos. Esta lucha muchas veces es el resultado de que nuestro cerebro no esté acostumbrado a formar hábitos que nos beneficien y nos hace creer que va a ser muy difícil lograrlos.

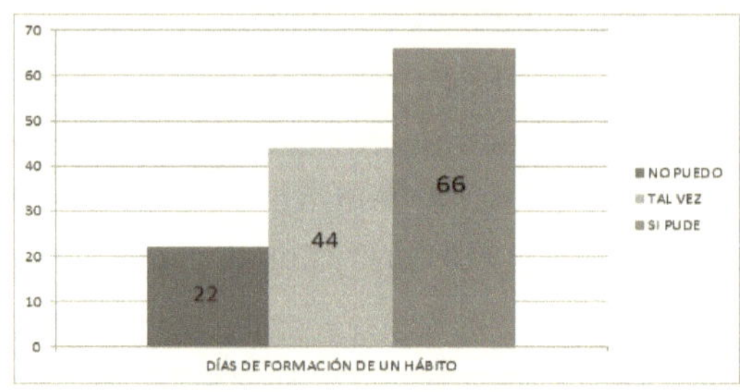

Para crear un hábito se necesita, más allá de hacerlo regularmente, compromiso y disciplina. Comprender que en la vida las cosas más difíciles, son las que mejores frutos dejan, y darnos cuenta que en ocasiones, lo complicado es complicado, porque nosotros lo hacemos así.

No nos compliquemos tanto y empecemos a vivir la vida qué tanto soñamos. Hagamos el hábito de buscar siempre una mejor calidad de vida y cuando lo tengamos desarrollado, ningún otro será problema para nosotros.

¿CÓMO EMPEZAR MEJOR EL DÍA GRACIAS A LA HIPOFRONTALIDAD TRANSITORIA?

"El ayer es historia, el mañana un misterio, pero el hoy es un regalo. Por eso se llama presente"
KUNG FU PANDA

Dormir para muchos es una bendición y el placer que se siente permanecer más tiempo en la cama, una vez que sonó el despertador, es mayor al de levantarnos inmediatamente y empezar el día.

Todos los días las personas sienten que el tiempo no les alcanza para hacer todo lo que les gustaría. Sin embargo, cuando se les pregunta cómo llevan a cabo sus mañanas, nos podemos dar cuenta que un gran porcentaje no las aprovecha de manera correcta, convirtiéndolas en algo que en lugar de sumarles, les resta.

Desde pequeño sentía que las mañanas eran una parte muy importante del día, ya que veía que si no tienes una buena mañana, no rindes de igual forma el resto del día. De joven comprendí que definían mi actitud durante el resto del día, y no sólo eso, que no era el único, a mucha gente le pasaba igual.

La forma en que llevamos a cabo nuestras mañanas define en gran parte la calidad de nuestras acciones, pensamientos y por consecuencia de nuestra vida.

¿SON IMPORTANTES LOS ULTIMOS MINUTOS DEL DÍA?

Una vez leí que si querías saber cómo te vas a sentir al día siguiente, solo tienes que observar cómo te sientes antes de dormir. Si la respuesta es que no muy bien, entonces lo más probable es que al día siguiente la respuesta sea la misma.

Es muy importante que antes de dormir, lo hagamos con la mente en calma, y liberada de cualquier tensión o angustia que no tenga solución al momento, para que podamos empezar el día siguiente con la mejor actitud posible.

Evidentemente hacerlo es mucho más difícil que decirlo, pero aun así son muy pocas las personas que cuidan su actitud antes de dormir, aun cuando es fácil darse cuenta que si dormimos enojados, al día siguiente amaneceremos con una actitud negativa por no haber descansado. El descanso es vital para tener un buen día, si no descansamos no recuperaremos la energía que se necesita para afrontar cada día de la mejor manera.

El problema del humano es que no sabe descansar. Cree que es mejor hacer las cosas sin parar y descansar. No entiende que el descanso no es para relajarse, sino para renovarse. Algo que no se renueva termina por atrofiarse.

¿ES NECESARIO DESPERTAR TEMPRANO?

En nuestro cerebro existe un proceso llamado hipofrontalidad transitoria. Lo leí por primera vez en el libro "El club de las 5 am" de Robin Sharma, donde explica de qué manera beneficia a las personas despertar temprano, aunque este proceso bioquímico se da en todos los humanos, independientemente de la hora que se levanten, es mejor en las mañanas.

El término hipofrontalidad transitoria, proviene de la palabra "hipo" que significa menor, inferior o desactivado. "Frontalidad" se refiere a la parte frontal de nuestro cerebro, y "transitoria" significa temporal.

En conclusión, el término hace referencia a cuando nuestro cerebro se desconecta por un lapso de tiempo definido. Esto no quiere decir que cuando sucede, nuestro cerebro se desconecta completamente y deja de funcionar, sino más bien algunas partes de él se desactivan para enfocarse mejor en otras.

Estos son algunos beneficios de la hipofrontalidad transitoria:

1.- Se produce un mayor pensamiento divergente (encargado de la creatividad, ideas innovadoras y encontrar más fácil soluciones a un problema) que está muy relacionado con la genialidad e inteligencia, ya que a veces brinda ideas que terminan por cambiar el mundo.

2.- El lóbulo parietal se desconecta que es cuando sentimos que somos uno mismo con lo que estamos haciendo. Por ejemplo, muchos atletas llevan a cabo la hipofrontalidad transitoria cuando están entrenando o a punto de competir, ya que su cerebro desconecta ciertas partes que no necesita en ese momento, para enfocarse completamente en lo que tiene que hacer, repercutiendo de manera positiva siempre.

3.- La percepción del tiempo se ralentiza o acelera. Esta sensación es muy común percibirla cuando estamos teniendo una conversación muy buena, checamos el reloj y nos damos cuenta que ya pasó más tiempo del que creíamos. Pese a ser una situación cotidiana, es un claro ejemplo donde la hipofrontalidad transitoria provoca que el tiempo pase más rápido, ya que se está haciendo algo que nos gusta.

Cuando ralentiza el tiempo estamos más conectados con nuestros reflejos, logrando una mejor precisión en nuestras decisiones. Como cuando estamos nerviosos y vemos pasar nuestra vida en cámara lenta, brindándonos una mejor percepción sensorial de lo que hay qué hacer. La percepción sensorial sirve para identificarnos de mejor manera con el presente y enfocarnos en lo que estamos haciendo y que las cosas salgan bien.

¿CÓMO PODEMOS GENERAR UNA MEJOR HIPOFRONTALIDAD TRANSITORIA?

Pese a que surge en distintos momentos (cuando las condiciones son óptimas), hay uno en el que siempre surge y es al despertar.

Cuando me uní al club de las 5 am, de Alfonso Aguirre, y leí el libro en el que está basado el club, mi vida dio un cambio por completo. De cierta manera se lo debo a que cada mañana despierto potencializando mi cerebro de la mejor manera. Existe una fórmula muy efectiva que además de brindarte muchos beneficios, ayuda a activar el estado de hipofrontalidad transitoria.

FORMULA 20 / 20 / 20 DEL ÉXITO

La primera parte de la fórmula consiste en que a la hora de levantarnos hagamos 20 minutos de ejercicio intenso, ya que por la mañana nuestros niveles de cortisol (sustancia encargada del estrés y miedo) son mayores que en el resto del día, los cuales disminuyen cuando se hace ejercicio.

Robin Sharma creador de la fórmula recomienda que el ejercicio sea intenso, ya que solo de esta manera logramos reducir una cantidad de cortisol razonable para sentirnos mejor y más productivos durante el resto del día. Hacer ejercicio los primeros 20 minutos después de despertar, ayuda a empezar el día sin la gran cantidad de estrés que estamos acostumbrados a sentir por las mañanas.

La segunda parte consiste en 20 minutos de reflexión, en los cuales podemos meditar o escribir los pensamientos que nos estén robando tranquilidad. Cuando escribimos nuestros problemas en una hoja y los leemos suenan menos complejos, y se nos ocurren más formas de solucionarlos.

Te invito a que lo intentes. Después del ejercicio nuestro cerebro logra conectarnos de mejor forma con nuestro yo interior, lo cual provoca que exterioricemos mejor nuestros sentimientos y emociones, reflejándose en más búsquedas de soluciones a cuestiones negativas que nos enfrentamos día a día.

La tercera parte de la fórmula son 20 minutos de aprendizaje. En estos 20 minutos puedes leer un libro o ver un podcast. Cualquier cosa que aprendamos es buena para empezar el día de la mejor forma. En las mañanas el cerebro se encuentra en un estado transitorio, por lo tanto lo que aprendamos se nos quedará grabado en la mente para siempre, ya que varias partes de nuestro cerebro se encuentran apagadas, permitiendo que las encargadas del aprendizaje se activen de mejor manera.

Estos tres pasos de la fórmula son esenciales si quieres empezar tu día de la mejor manera. Si bien la fórmula se creó para las personas que nos despertamos a las cinco de la mañana, eso no quiere decir que no se pueda llevar a cabo a cualquier hora. Lo único que importa es que lo hagas instantes después de despertar.

Al final la idea de la fórmula es que puedas activar tu hipofrontalidad, para que desde el primer momento de tu día te encuentres concentrado y listo para desarrollarte. Es una herramienta natural que nos ayuda a lograr nuestros objetivos de forma menos compleja y más precisa, con un grado de concentración realmente genuino.

Si cada uno de nosotros cuidara más sus mañanas, las cosas serían diferentes. Cada vez que despertamos discutiendo con alguien, estamos desperdiciando una mañana que pudo ayudarnos a lograr nuestros objetivos.

¿QUÉ TENGO QUÉ HACER AL DESPERTAR?

Te recomiendo que si un día tienes muchas cosas qué hacer, empieces en la mañana con las más difíciles y que más paz mental te quitan, ya que una vez hechas, sentirás un alivio de saber que ya hiciste lo más pesado y el día apenas comienza. Si las postergas y no las haces en la mañana, por el resto del día sentirás una espinita que no te dejará en paz, hasta que hagas lo que te corresponde.

Tener una mañana productiva ayuda a entrar en un estado óptimo de conciencia en el cual cada una de nuestras decisiones está mejor enfocada, ya que ha sido tomada en un estado de concentración mayor al comúnmente utilizado. Qué mejor manera de tener una mañana productiva que poniendo de tu parte para empezarla con una hipofrontalidad transitoria.

Basta de desperdiciar nuestras mañanas buscando problemas y angustiándonos por cosas sin sentido, que no valen la pena. Cada día es un regalo y la mejor forma de agradecerlo es aprovechando nuestras mañanas al máximo.

Hay personas que en lugar de despertar y dar gracias por un día más, despiertan pensando en todos los pendientes que tienen qué hacer y todas las razones para no estar tranquilos. Eso definitivamente no ayudará a que su cerebro entre en un estado transitorio y por ende su rendimiento no sea mejor.

No digo que le restemos importancia a las cosas que debemos hacer, solo digo que es importante que los primeros minutos del día, intentemos vivirlos de la mejor manera, ya que al final son éstos los que deciden cómo será nuestro desenlace a lo largo del día.

Cuando nos enojamos por algo desde temprano, nos queda una sensación de coraje durante el resto del día, que si no desaparece termina por arruinárnoslo, haciendo que nos vayamos a dormir con una actitud negativa, que persistirá al día siguiente, si no aplicamos la fórmula 20/20/20 al despertar.

Sí desde el inicio despertamos con la mentalidad de tener un buen día y estar en paz con nosotros mismos y los demás, superándonos como personas y sociedad, siempre con la mirada en alto para afrontar lo que venga, con ganas de tener una mejor calidad de vida basada en nuestro bienestar y felicidad, las cosas serán muy diferentes.

Con mucha paciencia y esfuerzo podremos vivir la vida que siempre hemos soñado. Siempre existirán los días malos pero nosotros decidimos cómo empezar nuestras mañanas. Si en verdad quieres tener un buen día, empieza por tener una buena mañana.

MÁS ALLÁ DE CIENCIA, UN ESTILO DE VIDA

Si tú tienes una manzana y yo tengo una manzana y las intercambiamos, entonces ambos tendremos una manzana. Pero si tú tienes una idea y yo tengo una idea y las intercambiamos, entonces ambos tendremos dos ideas"
GEORGE BERNARD SHAW

Muchas veces subestimamos la importancia de la ciencia en nuestra vida diaria. Vivimos sin analizar realmente de dónde provienen las cosas y cuál es su propósito en la vida. Mucho menos nos ponemos a pensar si lo que estamos haciendo o diciendo tiene una base científica por detrás.

Cuando pensamos en ciencia puede que lo primero que se nos venga a la mente sea un laboratorio lleno de científicos, envases llenos de sustancias químicas o algo por el estilo, pero la realidad es que la ciencia va más allá de eso. La ciencia está en todos lados, en nosotros, en lo que comemos y en lo que respiramos.

Tuve un maestro en secundaria que era muy inteligente, que definía a la ciencia como conocimiento comprobable. Es decir todo aquello que puede ser analizado, experimentado y comprobado, o al menos formulado en una teoría, es ciencia.

Dentro de este concepto entran más que solo sustancias químicas y laboratorios. La ciencia está dividida en dos áreas. Las ciencias exactas y las ciencias sociales. Ambas igual de importantes.

Una ciencia exacta es aquella que se basa en el análisis y experimentación para la obtención de resultados y en ellas se emplea el método científico (observación, cuestionamiento, hipótesis, experimentación, conclusión, resultados). Entre ellas se encuentran las matemáticas, la física, la química, etc.

Cuando un hecho resulta no ser experimentable, se generan axiomas (enunciados tan evidentes que no requieren demostración), lo que se podría considerar hasta cierto punto sentido común, pero como cualquier cosa que es deducida, no puede ser considerada al 100% como verdadera o falsa. Si no más bien como información consistente.

HECHOS CIENTÍFICOS O ESPECULACIONES

¿Lo que argumentamos en diferentes situaciones está basado en hechos científicos o son puramente especulaciones nuestras?

Muchas veces te encuentras debatiendo con alguien, y alguno de los dos ofrece hechos científicos para validar su respuesta y aumentar la credibilidad de su argumento y la otra persona lo desvalida solo porque sí. Eso no puede ni debe tomarse como alternativa a la ignorancia.

Si vamos a debatir con alguien debemos hacerlo con ciertas pruebas, que validen lo que estamos diciendo, porque si no estaríamos hablando solo de ideas nuestras, que de igual manera puede que sean ciertas o no, pero hasta que no exista un sustento científico que las valide, no se pueden tomar como verdaderas.

Cuando una persona no es capaz de asimilar el hecho que alguien le refute lo que está diciendo con hechos científicos, tiende a usar la frase "pues esa es la manera en la que pienso y no me vas a hacer cambiar". No se trata de hacer cambiar a las personas, simplemente se trata que seamos conscientes que si no tenemos ningún sustento que nos valide, no podemos imponer nuestras ideas a otros y esperar que sean tomadas como verdad.

De igual manera si alguien nos está ofreciendo información validada de manera científica, aunque vaya en contra de lo que nosotros creemos, debemos tomarnos el tiempo necesario para reflexionar sobre ello, ya que incluso al hacerlo podríamos encontrar alguna inconsistencia en sus argumentos. Pero no podemos desvalidar algo que está comprobado o que tiene una hipótesis científica, solo porque no va de acuerdo con nuestros ideales.

Tener una ideología distinta a la de los demás no es malo, porque si en verdad creemos en lo que estamos pensando y diciendo, buscaremos la manera de comprobar que es cierto, no nos quedaremos con la espinita de la incertidumbre.

En cambio si el ideal que tenemos es uno que realmente ni comprendemos y que simplemente se nos fue inculcado, es absurdo que lo defendamos, solo porque es la manera en que nos enseñaron a pensar.

Es bueno desarrollar un pensamiento más crítico, evaluar todo lo que sabemos y todo lo que creemos, y si de algo no estamos seguros, no darlo por cierto, pero si lo estamos, entonces defenderlo con sustentos.

Al final del día nuestro conocimiento es lo que define nuestras acciones, sentimientos, emociones y forma en que pensamos, por ende si nuestro conocimiento es pobre y sin sustentos, entonces nuestra vida será igual.

Nadie tiene la verdad absoluta, por supuesto, pero lo que si tienen muchos es demasiada ignorancia con ganas de quedarse así. No se trata de ser unos eruditos en todo lo que aprendamos a lo largo de nuestra vida, si no que tengamos la iniciativa de aprender y que cuando lo hagamos nos aseguremos que estamos aprendiendo algo verdadero, porque si no, cuando compartamos nuestro conocimiento estaremos haciendo aún más grande la burbuja de la ignorancia.

"Yo solo sé que no se nada" (Sócrates). Lo más curioso de todo es que mientras más sabemos, nos damos cuenta que son más las cosas que ignoramos.

Algo que muchos no saben es que mientras más conocimiento científico tengas, son más las áreas intelectuales que se desarrollan, como la fuerza de voluntad, empatía, creación de hábitos, resiliencia, forma de relacionarse con otros, etc. Prácticamente cualquier área de nuestra vida se ve beneficiada mientras más conocimiento tengamos.

EMPATÍA CIENTÍFICA

En las escuelas desde pequeños nos dicen que debemos ser empáticos con los demás y que tenemos que ponernos en su lugar. Se nos enseña que hay personas diferentes a nosotros, y que debemos respetarlas de igual manera, el problema radica en que no se nos enseña por qué son diferentes.

Por ejemplo, se nos enseña que una persona que sufre de una discapacidad o trastorno tiene un ritmo de vida diferente al nuestro y que su forma de ver el mundo y de actuar es diferente. Sin embargo nunca se nos explica qué es lo que ocasiona que esa persona sea diferente.

Esa falta de conocimiento no permite que desarrollemos nuestro sentido de empatía, porque nos piden ser empáticos con algo que ni siquiera comprendemos, y cuando no entendemos algo es normal que exista rechazo hacia ello por la incertidumbre que genera.

En cambio cuando sabemos por qué algo es cómo es interactuamos de mejor manera con ello, porque desaparece el miedo primitivo e instintivo a lo desconocido.

Por ejemplo, se nos pide que seamos empáticos con una persona autista, ya que no puede socializar de igual manera que nosotros, pero no se nos explica que es porque sus neuronas espejo no funcionan igual que las nuestras.

Se nos pide que seamos más tolerantes con la gente hiperactiva, pero no se nos dice que es porque sus niveles de adrenalina son más bajos y necesitan estímulos que los hagan subir.

Se nos pide que seamos empáticos con personas nerviosas, cuando no se nos explica qué es la ansiedad, y las mil y una formas en las que esta puede aparecer y manifestarse.

Se nos pide ser empáticos cuando veamos a alguien triste, pero no se nos explica de qué manera el que una persona no produzca las sustancias químicas necesarias para estar bien, puede llevarla al suicidio.

Se nos dice que seamos empáticos con las personas que padecen un Trastorno de Déficit de Atención, es decir que les cuesta concentrarse, pero ¿Qué está haciendo la escuela para ayudarlos?

Está comprobado que muchos niños que sufren de este padecimiento, tienden a ser rechazados e incluso categorizados como tontos o personas sin ganas de aprender, porque no logran desenvolverse en el ámbito escolar.

Pero no es por la falta de inteligencia u holgazanería, porque muchos de ellos son más inteligentes y llevan vidas más productivas que las del promedio, sino que son personas que si se les evalúa en forma de test escrito su cerebro no funciona de igual manera.

Cuando una persona con TDA se encuentra bajo presión, como lo es en un examen, su cerebro se desconecta y deja de concentrarse. Sí es un examen importante, lo más seguro es que saque una nota muy baja, aun y cuando tenga los conocimientos necesarios para aprobar. Simplemente no se le está evaluando de manera correcta.

De nuevo surge el cuestionamiento ¿Qué está haciendo la escuela para ayudarlos? la mayoría de maestros o directivos ni siquiera conocen qué es el TDA aun cuando en promedio 1 de cada 20 niños lo padece y la mayoría de ellos se ven afectados en sus calificaciones o incluso muchos no logran entrar a la escuela que quieren, aunque sean muy inteligentes, porque en el examen no logran concentrase ya que la forma de evaluarlos no es la correcta.

No se le puede evaluar a alguien diferente de la misma manera que se le evalúa a todos.

Se nos enseña en la escuela a ser empáticos con algo que ni siquiera ellos mismos promueven y comprenden.

¿Qué se nos está enseñando en casa, para que en verdad seamos más empáticos?

Los papás no tienen que ser gurús o maestros de todo, pero si deben darse a la tarea que cada que den un consejo aun y cuando sea un buen consejo, tengan un respaldo por detrás y no que lo digan solo porque es "algo que los padres deben decir" y que a ellos también se les dijo de pequeños.

¿Qué estamos haciendo nosotros para ser más empáticos?

No basta con que nos quedemos con lo que los demás nos dicen, debemos darnos a la tarea de investigar por qué las demás personas son diferentes a nosotros, y no solo quedarnos con la idea que por ser diferentes debemos tratarlas diferente. Porque en muchas ocasiones nos llevaremos la sorpresa de que la gente que se nos ha enseñado que debemos tratarla con empatía, tienen más en común con nosotros de lo que creíamos.

Nos piden que seamos conscientes que la gente es diferente, pero hasta que se nos enseñe por qué las personas son diferentes, no lograremos nada y los problemas y la ignorancia que acarreamos no harán más que crecer.

LA VIDA CON SUSTANCIAS QUÍMICAS Y PROCESOS BIOLÓGICOS

La comprensión de las sustancias químicas y procesos biológicos de nuestro cerebro y cómo es qué estos influyen en nuestra manera de comportarnos e interactuar con los demás, es un tema que en verdad me fascina y que considero que cada uno de nosotros debería aprender para llevar una mejor calidad de vida.

Si bien la mayoría de nosotros alguna vez ha escuchado las palabras, dopamina, serotonina o adrenalina, la realidad es que no se nos enseña sobre eso en la escuela o si lo hacen es de manera muy superficial y enfocado al aspecto médico y no social.

La mayoría de la población desconoce que estas sustancias en el cerebro son las encargadas de llevar acabo la mayoría de nuestros procesos biológicos, los cuales definen como será nuestro día a día, desde con qué actitud nos despertaremos, sí tendremos ganas de hacer algo o quedarnos tumbados en cama, hasta qué tanto apetito sexual hacia nuestra pareja tendremos, y las probabilidades que terminemos discutiendo o no con alguien.

Si bien hay procesos de los que no podemos darnos cuenta, como cuando segregamos sustancias dormidos, hay otros en los que si podemos ser conscientes de los cambios físicos, psicológicos y emocionales que se manifiestan al momento de la segregación.

Son demasiados los procesos bioquímicos que se llevan a cabo durante un día y de los cuales no somos conscientes. No porque no podamos, sino porque no se nos han enseñado cómo, y cuando se nos enseña solo vemos el aspecto químico y medicinal, pero nunca tocamos el aspecto social y de qué manera estas sustancias repercuten en nuestra vida.

Sí nos enseñaran las repercusiones sociales habría más gente interesada en aprender acerca de ellas, ya que no solo los interesados en química lo estarían, cualquier persona con ganas de mejorar su calidad de vida podría interesarse.

Para entender más sobre el tema es necesario saber cuál es la principal función de cada una de estas sustancias que hemos o no escuchado y que son parte vital de nuestro desarrollo.

Dopamina= Produce placer. 

Serotonina= Regula estado de ánimo, apetito sexual y de comida.

Adrenalina= Produce excitación, aumenta la frecuencia cardiaca y nos prepara para un momento de lucha o huida.

Cortisol= Encargada del estrés y miedo.

Noradrenalina= Nos ayuda a concentrarnos. 

Endorfinas: Inhiben dolor físico y se liberan en el orgasmo.

Oxitócina: Fortalece las conexiones emocionales con los demás (Considerada la sustancia del amor).

Melatonina: Regula el sueño.

Existen muchas más sustancias pero estas son algunas de las más comunes e interesantes.

Enfocándonos en las sustancias químicas pero regresando al tema de empatía, se nos enseña que debemos ser empáticos con la gente que está triste, pero no se nos explica que hay personas que carecen de dopamina y serotonina lo cual las lleva a entrar en depresión.

Se nos dice que debemos ser empáticos con la gente malhumorada pero no se nos enseña que hay personas que tienen índices más grandes de cortisol en el cerebro, lo cual provoca que estén más irritables durante el día.

Se nos enseña que hay personas que son más calientes que otras pero no se nos enseña que la cantidad de sustancias segregadas encargadas del apetito sexual son mayores en ellos, y simplemente se les tacha de precoces.

Los padres usualmente regañan a sus hijos por desvelarse haciendo otras cosas, como jugando video juegos o estando en el celular, pero nunca consideran que puede que los niveles de melatonina en sus hijos, sean irregulares, y que sean estos los que los orillen a desvelarse.

Cuando estamos a punto de entrar a una competencia o evento físico, nos encontramos nerviosos, porque aunque nuestras piernas estén listas para lo que viene, nuestra mente no. Cuando todo sale bien, logramos romper records y hacer cosas sobre humanas, pero no se nos enseña que es por la gran cantidad de adrenalina que segregamos, que provoca que nuestra sangre se concentre en nuestros músculos más grandes, lo cual a un futbolista o atleta le beneficia mucho.

No es tan difícil darnos cuenta de estos cambios, basta con analizar cómo nos sentimos con nosotros mismos para darnos cuenta que algo está diferente.

Por ejemplo si un día despiertas de malas, lo más seguro es que tus niveles de cortisol hayan subido y por ende no es recomendable que en ese momento interactúes con alguien más, ya que si llegan a decir algo que te moleste lo más seguro es que te irritarás más de lo normal y termines en un problema más grande.

Muchos dicen que no debemos hacer promesas cuando estamos felices, y es porque cuando estamos felices nuestros niveles de dopamina y serotonina están elevados, haciéndonos ver las cosas de diferente manera a como las veríamos normalmente, por ende antes de hacer una promesa debes esperar a que estos niveles se regulen, para que sea tu yo regulado el que tome la decisión y no tu yo emocionado.

De igual manera la frase "No tomes decisiones cuando estés enojado".

Cuando estamos enojados nuestro cerebro no se encuentra estable y aunque pareciera que en el momento la decisión que estamos tomando es la más adecuada, puede que cuando nuestros procesos químicos se regulen nos demos cuenta que no era así.

Comprender de qué manera funcionan estas sustancias químicas no es un conocimiento impráctico, debemos aplicarlo a nuestra vida diaria.

Si bien es cierto que no podemos controlar estos procesos, ya que se producen de manera automática en nuestro cerebro, si podemos tomar conciencia sobre lo que hacemos cuando estos cambios bioquímicos suceden.

Es decir no podemos seguir creyendo que somos dueños de cada una de las cosas que sentimos y pensamos, porque aunque pareciera que es así, la realidad es que cuando estamos enojados pensamos cosas que no pensaríamos cuando estamos bien. Cuando estamos tristes sentimos que nada ni nadie nos quiere, cuando puede que no sea así y simplemente nuestros niveles de dopamina se encuentren bajos.

Hay que dejar de creer que las cosas pasan porque sí y ya. Hay que investigar por qué es que suceden, solo así comprenderemos el origen de nuestro comportamiento y podremos redirigirlo a un estado más favorable. Uno donde no nos arrepintamos de lo que hagamos y nos sintamos bien aun cuando estemos mal. Porque entenderemos que se trata de un simple proceso bioquímico que en algún momento se regulará y volverá a la normalidad.

Por supuesto que las personas con trastornos y déficits, tienen sistemas bioquímicos que no se regulan tan fácilmente como los de una persona "normal". Por ende es importante visitar un especialista que nos ayude a tratar nuestro caso y de ser necesario nos de el medicamento que necesitamos para mejorar nuestra vida.

Se sorprenderían de la cantidad de gente que ha mejorado enormemente su calidad de vida, por tomar un medicamento que le ayuda a regular sus procesos bioquímicos.

LIBRE ALBEDRIO: TEORÍA

Hay una teoría que dice que el libre albedrio no existe, ya que cómo podemos jactarnos de decir que tenemos libre albedrio sí todo lo que hacemos es debido a estos proceso bioquímicos, de los cuales nosotros solo influimos, pero no tenemos el control.

Cuando nos ponemos a pensar en esta teoría, es importante que ampliemos nuestro sentido de empatía, ya que de ser así, que no existe el libre albedrio y solo somos esclavos de nuestros procesos bioquímicos, muchas de las acciones que hace la gente que pueden ser desagradables fueron producto de un desbalance bioquímico y no de puramente intención por parte de ellos.

Hasta cierto punto ese es la realidad, ya que la gente que sufre de algún trastorno psicológico homicida, su cerebro está muy desbalanceado químicamente, lo cual los lleva a que tengan esas ganas tan grandes de matar a alguien.

Soy de la idea que debemos hacernos responsables de cada una de nuestras acciones y que debemos aceptar las consecuencias que de estas puedan surgir. Sin embargo es interesante analizar qué tanta responsabilidad tiene una persona por algo que no decidió tener o sentir, como lo sería en este caso un desbalance bioquímico.

Es un tema complicado ya que la moral se ve implícita, y cuando la moral se ve implícita en algo siempre se tomará la decisión que más beneficie a la mayoría de la sociedad, aun y cuando la ciencia diga lo contrario.

PEQUEÑAS COSAS QUE NOS ENSEÑA LA CIENCIA

En ocasiones subestimamos a la ciencia, ya que se nos dan consejos e indicaciones con trasfondo científico y terminamos por ignorarlas porque no creemos en ellas aun y cuando se nos esté demostrando que son reales.

Como cuando nos dicen que debemos tomar agua, ya que más allá del beneficio que le da al cuerpo al ser una necesidad básica de casi todo ser vivo, a nosotros en particular nos beneficia en el buen funcionamiento de nuestro cerebro, ya que ayuda a balancear los proceso químicos de este, provocando que nos sintamos con mayor vitalidad, concentración y creatividad entre muchos beneficios más.

También cuando nos dicen que estiremos antes de hacer ejercicio ya que esto ayuda a que nuestros músculos no se contracturen y nos da una mayor flexibilidad, la mayoría prefiere no hacerlo y más allá del mal que puede provocarles, no se dan cuenta que el simple hecho de estirar puede hacer la diferencia entre ganar o perder.

La cuestión aquí no es qué tan importantes o insignificantes son los consejos que nos dan, si no el hecho de que existe una gran resistencia hacia ellos, cuando no debería, ya que algo que está comprobado científicamente que es benéfico para nosotros, debería ser implementado como un hábito.

Sin embargo sigue existiendo un rechazo hacia ellos "¿Será que si funciona?" o "me siento igual haciéndolo o no" son algunos de los comentarios que surgen. Pero ¿Cómo te puedes sentir igual si hay estudios que comprueban que no puede ser así?

La próxima vez que nos den un consejo basado en hechos científicos, démonos la oportunidad de analizarlo y verificar si en verdad está comprobado y de ser así, implementémoslo en nuestra vida. Porque al fin y al cabo en muchas ocasiones nosotros somos los responsables de la miseria que vivimos, por no hacer nada al respecto por cambiar, incluso si se nos está diciendo cómo.

PATRONES DE INTERES EN LAS CIENCIAS SOCIALES

Las ciencias sociales son aquellas que se encargan de estudiar el comportamiento del hombre, tanto como individuo como en sociedad. En muchas ocasiones las ponen por debajo de las ciencias exactas, ya que su estudio es diferente, cosa que es absurda ya que no hay porque compararlas.

Las principales son: economía, derecho, sociología, antropología, criminología entre otras.

Lo que me apasiona de la ciencias sociales es que nos demuestran que el hombre puede llegar a ser más complejo de lo que creemos.

Muchas cosas que hacemos están basadas en patrones de comportamiento que hemos aprendido o adquirido de manera autónoma, y que no nos damos cuenta de qué manera repercuten en nuestra sociedad.

Muchas personas se escudan en la idea de que son solo un eslabón más en la sociedad, y que por ende no pueden cambiarla ya que es "imposible", sin embargo no están tomando en cuenta que la mayoría de lo que hacemos y la forma en que nuestra sociedad y gobierno es administrado es consecuencia de una serie de patrones y comportamientos que se han ido repitiendo y normalizando con el paso de los años.

Si tuviéramos una mayor compresión sobre cómo es qué surgen estos patrones, es decir ¿Por qué una persona está haciendo lo que está haciendo? Podríamos sacar la información necesaria para generar un cambio. Ya que si solo analizamos los patrones de comportamiento pero no profundizamos en lo que los origina, por más que busquemos soluciones al problema, no lograremos erradicarlo de fondo.

Por ejemplo hay lugares en donde las tasas de suicidio son más grandes que las de otros lugares y los gobiernos se dan cuenta de ciertos patrones de comportamiento entre los individuos que se suicidan, y en base a eso deciden tomar ciertas medidas preventivas, sin embargo no estudian el origen real de los patrones, ¿Qué es lo que produjo un gran desbalance bioquímico en la sociedad que los orilla a suicidarse?

Hay lugares donde se dan altos patrones de consumismo en la sociedad que la llevan a entrar en quiebra, produciendo inestabilidad económica. Aunque se estudia de qué manera se ve afectada la economía, y qué se puede hacer para que la gente sea más consciente en la forma de gastar su dinero. No se profundiza en por qué la gente le nació un impulso de comprar a nivel bioquímico-psicológico. Es decir, qué está pasando en su cerebro que los orilla a producir gastos innecesarios ¿Es acaso que sus niveles de dopamina están bajos y necesitan comprar para sentir estímulos efímeros de placer?

Sé que a los políticos y empresas no les interesa eso, ya que ellos están metidos en sus asuntos y siempre pondrán por delante sus intereses. Sin embargo nosotros como sociedad podemos tomar cartas en el asunto ¿Cómo? Empezando a educarnos.

No hay mejor herramienta que la educación, por eso el gobierno nos quiere ignorantes, porque es más fácil controlar y engañar a alguien así.

Podemos empezar por informarnos sobre todo lo que pasa a nuestro alrededor. Entender de qué manera se relaciona todo. Si nos damos a la tarea de buscar relaciones, nos daremos cuenta que al final todo esta relacionado.

Dicen que lo imposible es imposible hasta que se hace. Creo en eso. Hace años era imposible que negros y blancos convivieran juntos, hace años era imposible la inseminación artificial de un ovulo fecundado. Hace años era imposible que un joven escribiera un libro y lo publicara de manera "sencilla" gracias a herramientas tecnológicas.

Para escribir este libro tuve que atenerme a la ciencia porque un libro escrito sin fundamento científico no puede ser un buen libro (dejando a un lado los libros de ficción). Cualquier cosa que hagamos debe tener un fundamento científico, para que así sepamos lo que estamos haciendo.

La ciencia ha confirmado que lo imposible se puede volver posible, entonces me encargaré de defenderla hasta que la mayoría sean conscientes que cada cosa que pasa en este mundo y cada situación a la que nos enfrentamos tiene un cómo y un por qué, que debe ser descubierto. Porque si no, viviremos en ignorancia a cuesta de otros, y a cuesta de otros jamás seremos libres.

El conocimiento es libertad. Adquiérelo.

El conocimiento es poder y un gran poder conlleva una gran responsabilidad.

Si sientes que eres lo suficientemente responsable para manejar el conocimiento como se debe adelante, sí solo lo utilizarás para lastimar y hacerle daño a una sociedad que cada vez está más rota, mejor quédate ignorante.

La ciencia es conocimiento y tú eres ciencia. Explota tu conocimiento al máximo al mismo tiempo que ayudas a otros a hacerlo, y el mundo por imposible que parezca será un lugar mejor.

RELACIONES

CONFLICTOS INTERNOS

¿QUIÉN SOY?

Una pregunta que hace años la gente ha buscado contestar.

Una pregunta que se podría clasificar de filosófica y difícil de responder, ya que su respuesta incluye muchos aspectos subjetivos.

La única manera de dar una respuesta objetiva es concentrándose en algún aspecto en concreto de la personalidad y en base a eso hacer una conclusión, sin embargo, no englobaría toda la esencia de una persona.

Lo mejor es empezar por distinguir los diferentes tipos de identidades que conforman al ser humano, para así entender quiénes somos en realidad, y si realmente nos sentimos a gusto con la persona que somos y no con la que aparentamos ser.

DESAPEGARSE SIN ANESTESIA / TRES TIPOS DE IDENTIDADES

En el libro "Desapegarse sin anestesia" Walter Riso llega a la conclusión que en la mente humana existen tres tipos de identidades que constantemente entran en conflicto, ya que tratan de imponerse una sobre la otra.

La primera es la real la cual define como lo que eres, la segunda es la ideal lo que te gustaría ser y la tercera es la obligatoria lo que crees que debes ser.

Cuando estos tres tipos de identidades entran en conflicto se nos dificulta identificarnos con lo que somos, y lo que se supone que debemos ser. Lo cual reduce nuestro rendimiento al querer lograr nuestras metas personales y profesionales.

Por ende, si buscamos una vida llena de felicidad, virtuosismo, placer y éxito, es sumamente importante que conozcamos a fondo cada una de nuestras personalidades, para que así estas no mermen nuestro progreso y nos permitan lograr cada uno de nuestros objetivos.

• **IDENTIDAD OBLIGADA**

"Lo que crees que debes ser"

Desde pequeños nuestros padres o la gente con la que crecemos, se encargan de inculcarnos valores e ideologías que van conforme a lo que creen como correcto o normal.

Nos enseñan qué es bueno y qué es malo, qué es correcto y qué es incorrecto, qué cosas son ideales para nuestro desarrollo y qué cosas debemos evitar a toda costa. Nos inculcan una religión, costumbres, prejuicios, formas de pensar y de vestir.

Si corriste con suerte, te desarrollaste en un ámbito óptimo donde te impulsaron de la mejor manera y con los mejores consejos, pero si no fue así, lo más seguro es que te encuentres en conflicto contigo mismo, por la discrepancia que existe entre lo que se te dijo que debes ser y lo que quieres ser.

CIRCUNSTANCIAS EN LAS QUE APARECE ESTE CONFLICTO

Existen distintas circunstancias en las que aparece este conflicto. Las más comunes son:

• Cuando quieres estudiar una carrera en específico, pero no te lo permiten y te obligan que estudies algo diferente, mermando así tus sueños.

• Cuando te encuentras en un ambiente donde los tatuajes y piercings son satanizados y ponerte uno significaría sufrir rechazo por parte de alguien que quieres.

• Cuando te encuentras en un ambiente donde nadie toma o fuma y te sientes obligado a no hacerlo aun cuando tu consumo sea responsable.

• Cuando te inculcan una religión y te obligan a practicarla, aun y cuando no estás de acuerdo con ella o no eres creyente.

• Cuando tienes ciertos gustos y pasiones, pero existen prejuicios hacia ellos y no te sientes cómodo evidenciándolos.

LIBRE DESARROLLO

Creo firmemente en que el libre desarrollo es la mejor manera de realizarnos, sin embargo soy consciente que cuando somos niños, somos una hoja en blanco, que de cierta forma hay que llenar, y generalmente nuestra familia es la que se encarga de hacerlo bajo su criterio, que puede o no ser el más adecuado.

DESARROLLO EN LA INFANCIA

Por eso es importante que durante los primeros años de desarrollo de un niño, se le enseñe lo mejor para él, ya que es en esta edad donde se formarán las bases de su personalidad, que de no ser una adecuada, de grande tendrá ciertos problemas, tanto personales como con la gente que lo rodeé.

Los patrones de pensamiento y conducta se heredan de una generación a otra. Si en una familia robar es una constante, lo más seguro es que los niños crezcan creyendo que hacerlo es normal y de adultos también lo hagan, porque en su realidad nunca se les enseñó que robar es malo. Aunque para la mayoría sea algo obvio.

Sí desde pequeños se les enseña a los niños que algo que no les pertenece, es propiedad de alguien más, crecerán sabiendo que no deben tomar lo que no es suyo y se volverá normal para ellos no hacerlo.

ANSIEDAD POR NO SER QUIEN TE PIDEN

La gente que constantemente está en conflicto con lo que le dijeron que debe ser y lo que es, vive con ansiedad, ya que están enfocados en satisfacer estándares que no quieren cumplir, para hacer feliz a gente que no los acepta como son.

• **IDENTIDAD REAL**

"Lo que eres"

Para comprender qué somos, primero hay que detenernos un momento a reflexionar qué consideramos qué somos, es decir cómo nos percibimos y qué tanto esa percepción está sujeta a la realidad.

En ocasiones podemos tener la idea que somos algo, pero al momento de analizar a fondo nuestra personalidad nos damos cuenta que no es así, porque lo que decimos que somos y lo que demostramos no es coherente.

Puede que ante nuestros ojos nos percibamos como una persona feliz, pero realmente en el fondo, nos sintamos tristes. O al contrario que ante nuestros ojos nos percibamos como una persona fracasada y tengamos muchos éxitos por detrás.

SOMOS LO QUE PENSAMOS QUE SOMOS

La forma en que nos percibimos va de acuerdo a nuestros pensamientos y muchas veces estos no son los más óptimos, sobre todo si sufres un trastorno o condición que interfiera en tu estado de ánimo y personalidad. Por ejemplo si sufres de ansiedad lo más seguro es que por momentos te percibas como una persona insegura, tímida o rara, cuando realmente tengas mucho que enseñarle al mundo.

Sí sufres de depresión puede que te consideres una persona fea, que nadie quiere ni le interesa, cuando realmente puede que mucha gente se interese por ti. Nuestra mente se encarga de intensificar cada uno de nuestros miedos haciéndolos parecer más grandes de lo que realmente son.

ELIMINA TUS MIEDOS

Si queremos averiguar quiénes somos en realidad, es necesario deshacernos de nuestros miedos. Verlos de frente y enfrentarlos.

Obviamente decirlo es mucho más fácil que hacerlo, pero no existe otra manera de averiguar quiénes somos, sí no es eliminando cada una de las cosas que nos limitan. Cada vez que superamos un miedo, nos volvemos más fuertes y en la vida necesitamos de mucha fuerza para convertirnos en la persona que queremos ser.

Porque si no lo hacemos, si no superamos nuestros miedos, viviremos siempre bajo la sombra de lo que pudimos ser y no fuimos, de lo que pudo ser y no fue.

AUTOCONOCIMIENTO

Cuando empezamos a hacer lo que realmente nos gusta, apasiona y hace sentir bien, empezamos un proceso de autoconocimiento que nos permite identificar de mejor manera, qué cosas queremos conservar y mantener en nuestra vida y a qué cosas preferimos decirles adiós, aunque sea temporalmente.

Cuando te conoces de verdad puedes brindar una mejor y más genuina compañía a las personas con las que convives, porque sabrán que sí estás con ellas es porque te sientes cómodo siendo quién eres a su lado, y no como mucha gente que tiene que aparentar ser algo frente a otras personas para encajar en ciertos grupos sociales.

Cada que traicionamos nuestros valores y hacemos algo que no queremos, con tal de complacer a un tercero, estamos cediendo un poco de lo que somos para convertimos en lo que quisieran que fuéramos.

EL AMOR ES PARTE DE CONOCERNOS

También te estas traicionando cuando no te das la oportunidad de experimentar el amor aún y cuando tu alma lo anhela.

Freud dijo:

"si amas sufres, si no enfermas"

Es real, quien diga que el amor no duele te está mintiendo, por supuesto que duele, pero hay dolores que te hacen sentir más vivo, porque te recuerdan que vale la pena vivir y que solo con dolor se aprende a valorar.

Si me dan a elegir entre sufrir de amor o enfermarme a falta de éste, prefiero sufrir de amor, aunque suene masoquista, de qué me sirve vivir si viviré enfermo, y de qué me sirve vivir si no es con amor.

El amor es una de las cosas más bellas de este mundo. Podemos amar a personas, animales, cosas, todo lo que nos saque una sonrisa y nos haga sentir bien es digno de ser amado, y de ser parte de lo que nos define como persona.

• **PERSONALIDAD IDEAL**

"Lo que te gustaría ser"

Convertirnos en la persona que queremos ser es de las cosas más difíciles de lograr en la vida, ya que más allá del gran esfuerzo que requiere lograrlo, la vida hará de todo para impedirlo, por ende no podemos ir por el mundo creyendo que las cosas siempre van a ser como queramos, ni que siempre nos sentiremos a gusto con la persona que somos.

Siempre habrán circunstancias donde por más que nos enfoquemos en sernos fieles, terminaremos por fallarnos y nos sentiremos frustrados con ello.

SUEÑOS Y ASPIRACIONES

Si bien es importante que tengamos sueños y aspiraciones, no podemos aferrarnos a que siempre las cosas irán conforme a lo que necesitamos, porque si no, estaríamos soñando con una utopía. Las metas y sueños deben servir como recordatorio de todo lo que se puede lograr si somos persistentes y dedicamos mucho esfuerzo y tiempo a las cosas.

Podemos hacer el 99% de lo que se necesita para lograr un objetivo, pero siempre existirá un 1% que no dependerá de nosotros. No podremos influir en él de ninguna manera. Estaremos sujetos a lo que el destino quiera. Y el destino a veces pone cara de perro si se le da la gana.

DEPRESIÓN POR NO SER QUIÉN QUIERES.

Por ello es importante tener en cuenta el desapego, ya que la mayoría no lo hace. Viven en depresión por lo que quisieron ser y no fueron. Viven lamentándose todo lo que pudieron lograr y no hicieron, todas las veces que la vida los hizo sentir insuficientes y hubieran preferido ser alguien más que la persona que eran.

Vivir en conflicto entre tú "yo real" (lo que eres en este momento) y tu "yo idealizado" (lo que te gustaría ser) genera depresión, una que no te deja avanzar en el proceso de convertirte en la persona que tanto anhelas ser.

Se crea un círculo vicioso, en el que no puedes convertirte en quien deseas por la depresión, y la depresión persiste porque no eres la persona que deseas.

Son muchas las áreas personales que se deben trabajar para lograr un cambio, algunas de las más importantes son el amor propio, la motivación y la autoestima.

Si no tienes amor propio, no podrás valorarte por lo que eres. Sin un motivo no podrás seguir adelante y te sentirás perdido. Sin una buena autoestima, siempre te echarás la culpa de todo lo malo que te suceda en la vida y nunca te darás la oportunidad de perdonarte y progresar.

Antes de empezar a idealizarnos y planear todo lo que hay que hacer para convertirnos en la persona que anhelamos, debemos concentrarnos en curar todo lo que en su momento nos hirió y se convirtió en un ancla que no nos deja zarpar.

Cuando empezamos a confiar en nosotros mismos y nos damos el tiempo para analizar dónde estamos parados, es cuando realmente vemos qué tan lejos estamos de lograr nuestros objetivos.

Cuando nos detenemos a reflexionar sobre algún aspecto de nuestra vida, es cuando podemos darnos cuenta qué es lo que nos falta para mejorar. La persona ideal, con la que tanto soñamos, está dentro de nosotros, ya existe en lo más profundo de nuestro ser y está esperando salir a la luz.

EL MEJOR CONSEJO QUE PUEDES TENER

Algo que aprendí en el club de las 5 de la mañana, de Alfonso Aguirre, es que el mejor consejo que te puedan dar, es el que te puedes dar tú, porque solo tú sabes que es lo que en verdad necesitas para mejorar.

La falta de motivación e inspiración existe en la mayoría de la sociedad, al igual que una gran falta de compromiso para lograr objetivos. La mayoría de la población se propone cosas y sueña mucho, pero no hacen nada para lograrlo, como si estuvieran esperando que el cielo les regalara eso que tanto llevan esperando.

Parte fundamental para convertirnos en la persona que deseamos ser, consiste en que tengamos un plan de acción bien elaborado detrás de cada sueño e ilusión que nos propongamos, porque sí no, por más que tengamos las mejores intenciones, no llevaremos a cabo nada, ya que no sabremos cómo lograrlo, ni tendremos las herramientas que se necesitan, cuando uno se siente perdido y desubicado, y no logra concentrarse.

SIEMPRE EXISTIRÁ UNA MEJOR VERSIÓN DE NOSOTROS

Siempre existirá una mejor versión de nosotros, razón por la cual, si realmente cada día nos enfocamos en ver de qué manera podemos tener una mejor personalidad y ser alguien de quien nos sintamos orgullosos, la encontraremos.

De lo que se trata es de no vivir con la idea de ser la persona ideal, sino de ser conscientes de nuestra realidad y en base a ella trabajar cada día en nuestra persona, para ser una mejor versión de ella. Si cada día trabajamos en nosotros, va a llegar un punto en que los días pasarán y definitivamente nos convertiremos en alguien mejor que cuando iniciamos. Si eres una persona motivada e inspirada a lograr muchas cosas, déjame decirte que eres muy afortunado, son pocos los que se sienten así, y si no lo eres, quiero invitarte de igual manera a que concentres toda tu energía en un proyecto u objetivo que tengas muchas ganas de lograr.

Enfocarte en un proyecto te da la ventaja de ser cada día mejor profesionalmente hablando y el desarrollo profesional, de una manera u otra, trae consigo un mejor desarrollo personal.

"Si quieres ser alguien especial, se tú mismo, los demás puestos ya están ocupados"

Nunca te sientas avergonzado de quién eres y mucho menos de lo que puedes llegar a ser. No seas de los que viven en base al "hubiera" o al "ojalá". Vive tu vida en base al "lo estoy haciendo" y "lo voy a lograr". Necesitamos más gente que se apasione con lo que le gusta. Que tengan ganas de cambiar al mundo y estén plenamente convencidos que la mejor manera de hacerlo es empezando a cambiar nosotros mismos.

Alcemos nuestra copa y brindemos por todo lo que fue y ya no es, por lo que pudo haber sido y no fue, pero sobre todo, por lo que es y va a ser. Dejemos a un lado el orgullo y los rencores que no nos permiten avanzar en el proceso de convertirnos en la persona que tanto anhelamos ser.

Cada que te sientas sin ánimos mira hacia atrás y reconócete cada una de tus batallas, date los créditos que te mereces por haber salido adelante, porque si hoy estás aquí con vida, es porque lograste sobrevivir y aprender de tus errores. Que tus errores sean el trampolín que te impulse a ser mejor persona y no el ancla que te mantenga aferrado a la miseria.

Cada que te sientas insuficiente echa un vistazo al pasado y ve todo lo que has logrado y progresado. Se trata de vivir agradecido con lo que tenemos y entender que lo que no tenemos es por algo. Empieza de una vez por todas a convertirte en la persona que tanto sueñas ser, y tu yo del presente, pasado y futuro te lo agradecerán.

CONFLICTOS FAMILIARES

"No existe familia perfecta"
LEY DE VIDA

Es normal que existan conflictos entre personas y más aún con familiares, ya que hay una interacción más cercana entre cada uno de sus integrantes, y por supuesto que también son más los intereses en común involucrados.

Dejando a un lado los intereses o factores externos que pueden llevar a que dos integrantes de una familia entren en conflicto, hay que recordar que somos personas y como individuos somos únicos.

Cada uno de nosotros tiene diferencias tanto de opiniones, formas de ver el mundo y actuar, así como características únicas que nos hacen ser ante los ojos de los demás, agradables o no.

Cuando existe un conflicto en la familia, es diferente a cómo funciona un conflicto con cualquier otra persona, puesto que con otra persona la situación solo repercute en ti y en tu estado de ánimo.

Si bien tu estado de ánimo puede influir en la relación con tu familia, la repercusión no se da de manera directa entre la persona ajena y tu familia.

Sin embargo cuando hay un conflicto entre dos familiares este sí afecta la relación que existe con los demás individuos que conforman el núcleo familiar. En ocasiones llevando a los integrantes a tener que tomar bando o a verse presionados entre la espada y la pared, puesto que si apoyan a uno, el otro se enojará o se sentirá mal al ver que alguien no lo está apoyando, aunque no sea así realmente.

Existen muchos factores que pueden llevar a que dos familiares peleen, y no busco hablar de cada uno de ellos puesto que cada familia y persona es diferente, y solo ellos saben el tipo de interacción que tienen.

¿QUIÉN ES MI FAMILIA?

Si bien ante la ley, familia es aquella que lleva tu sangre o en caso de tratarse de una adopción, aquella que la realizó, la realidad es muy distinta. Tengo otra definición, de hecho es una frase de la película Lilo y Stich: "Ohana es familia y la familia nunca te abandona o te olvida".

Para mí eso es familia, las personas que pese a cualquier circunstancia estarán ahí y nunca me olvidarán. Si bien puedo pelear o discutir con alguno de mis familiares sé que si me encuentro en una situación de peligro o si mi vida está en riesgo, cualquiera de ellos haría lo necesario para sacarme de esa situación, y eso incluye personas que no son de mi sangre, pero se han ganado el respeto y valor de pertenecer a mi definición de familia.

Soy de los que afirma que tener la misma sangre no nos hace familia. Tengo "familiares" que tienen mi sangre y no saben nada de mí. Ni siquiera saben mi nombre completo o cuántos años tengo ni mucho menos qué es de mi vida. También cuento con personas que pese a no tener mi sangre, han estado conmigo siempre demostrándome que realmente familia es aquella que nunca te abandona o te olvida.

La familia no son solo personas, también tus mascotas lo son. El amor que existe hacia ellos y el cariño que te brindan es incondicional. Hay una frase de Arjona que me gusta mucho "Me compré una novia, unos cuantos amigos y un perro, al final la novia y los amigos se fueron, solo me quedó el perro que no tiene prejuicios y me acepta como soy" Una mascota te quiere por lo que eres y por cómo la tratas y no por cuánto dinero tienes o qué tanto aparentas.

Los individuos que consideres dentro de tu familia deben ser aquellos que te brinden amor incondicional, porque si no es así, para qué los quieres dentro de ella. Te invito a que reflexiones y te plantees la siguiente pregunta ¿Quiénes son realmente las personas que quiero dentro de mi familia?

Si te encuentras en una circunstancia en la que te sientes mal porque uno de tus familiares no te quiere ni valora por lo que eres, ni mucho menos sabe lo que sucede en tu vida, tal vez deberías dejar de considerarlo como tal. El simple hecho de hacerlo te dará una liberación emocional y mental muy fuerte, puesto que ahora solo será un conflicto con alguien más, y no con una persona que considerabas diferente.

TOMAR CARTAS EN EL ASUNTO

Ahora que ya te planteaste y reflexionaste acerca de quién es tu familia, hay que aclarar lo que estábamos comentando al inicio, que el hecho de que existan problemas familiares es normal, pero hay que tomar cartas en el asunto y no dejarlo al ahí se va.

Si bien no busco englobar cada uno de los problemas que existen, si busco hablar de la importancia de no vivir peleando con la familia y mi principal argumento es este: La vida es muy corta.

La vida es muy corta para vivir peleando con la gente que amamos. Cuando menos sentimos la vida nos arrebata a esas personas y ni siquiera nos da tiempo de despedirnos. En ocasiones la familia hace cosas que nos molestan y lastiman y está bien enojarnos y que durante un tiempo no queramos saber nada de ellos y nos distanciemos un poco o incluso no tan poco, sin embargo no podemos vivir enganchados a los problemas.

También en ocasiones uno de los dos (en caso que el conflicto sea de dos), no ayuda a que las cosas mejoren, y si alguien no quiere apoyar, tampoco podemos obligarlo. No está bien que gastemos nuestra energía tratando de solucionar algo si una de las partes no quiere ayudar, pero si ves una oportunidad de mejorar las cosas, ¿Por qué no hacerlo?

No estoy diciendo que busquemos que todo sea color de rosa, pero a veces el simple hecho de no buscar perjudicar al otro es un buen comienzo o el simple hecho de darte la oportunidad de coexistir en el mismo lugar que esa persona es un gran avance.

Es común que si la persona con quien estamos molestos va estar en la misma cena, reunión, día de campo o fiesta que nosotros, decidamos no ir con tal de no coincidir. No tienes que hablarle, incluso si no la quieres saludar está bien, solo te pido que no vivas conflictuado con su existencia, ¿Por qué? Porque la vida es muy corta.

LA VIDA ES MUY CORTA

Nunca sabemos cuándo será la última vez que abrazaremos a una persona que amamos. Por eso, si alguien que amas te pide un abrazo, dáselo, aunque estés enojado. La vida es muy corta. Día tras día gente muere, se matan, las matan o simplemente les llega su momento. Todos los días caminamos en una línea delgada entre la vida y la muerte.

Cuando menos lo esperas algún estúpido conduce borracho y mata a alguien que amas, o aquella persona que veías tan feliz y alegre estaba pasando por un momento de mierda y decidió mejor quitarse la vida.

En un instante todo puede cambiar. Así de sencillo, de un día para otro la gente deja de existir y el último abrazo que les diste, literalmente se convierte en el último que pudiste haberles dado. La vida es muy frágil, por eso es importante valorarla y una buena forma de hacerlo es viviendo cada día de la mejor manera posible, al lado de la gente que amas.

Solucionar los problemas es más complicado que solo decirlo, sin embargo al final del día no importara aquel comentario tonto que te hizo enojar o el terreno en disputa que provoca que todos discutan por quién merece una mayor parte, o si alguien se metió en lo que no le correspondía, mucho menos si esa persona hace algo que no te agrada y te alejas. Nada de eso importará cuando te llamen para decirte que esa persona está muerta.

¿De qué sirvió ese terreno? o ¿Lo qué dijo o no dijo? Si ya no va a decir nada. ¿De qué sirvió tanto pleito si esa persona ya no está?, ¿De qué sirvió el orgullo y el rencor si ahora no te sirven de nada? y mucho peor ¿De qué sirvió callarte todo eso que siempre quisiste decirle, si ahora tienes que decírselo cuando se encuentre a 3 metros bajo el suelo y no pueda escucharte?, ¿Te digo de qué va a servir? De nada.

Dejemos de una vez por todas los rencores a un lado y el orgullo que existe dentro de nosotros, y démonos la oportunidad de perdonar y aceptar en nuestras vidas a la gente que amamos, porque te aseguro que cuando ya no estén y pienses en ellas, los únicos recuerdos que te vendrán a la mente serán los buenos, y querrás tenerlas de nuevo a tu lado, aunque sea una vez más para darles un último abrazo. Al final siempre queda lo bueno, y te aseguro que te dolerá más haber vivido con lo malo, que disfrutar lo bueno mientras esas personas estaban con vida.

Es absurdo creer que viviremos para siempre, así que ve y abraza a la gente que amas y si no puedes porque no están ahí, llámales, diles cuánto las quieres y qué tan importantes son para ti, y si no tienes o estás buscando un motivo o razón para hacerlo es esta: La vida es muy corta

RELACIÓNES TÓXICAS

"No te ofendas cuando digo que sospecho que el amor se hace más grande en la traición"
RICARDO ARJONA

HAY QUE DECIRLO: TODOS SOMOS DEPENDIENTES

Hablar de dependencia siempre ha sido una cuestión complicada. A las personas no les gusta aceptar que somos seres psicológicamente dependientes, que necesitamos de personas, sustancias, acciones, palabras, para sentirnos bien.

El no aceptar que somos dependientes a algo nos lleva a un modo de negación en el cual nos rehusamos a superar nuestra dependencia, ya que creemos que tenemos la situación bajo control y que somos capaces de desprendernos de estos estímulos de forma sencilla y sin que provoquen repercusiones graves en nuestra vida.

Muchas personas nos hacen daño, y aun así no las dejamos ir por una dependencia que existe hacia ellas, que nos produce miedo de tan solo pensar que podríamos perderlas.

Lo que asusta no es perder eso que queremos por miedo a que las cosas ya no sean iguales. Lo que en verdad nos aterra es aceptar que somos adictos a algo, esto es algo que al humano simplemente no le gusta concebir.

Muchas veces preferimos aferrarnos a la idea que podemos estar bien al lado de algo o alguien que nos daña y por resignación preferimos decir que tenemos todo bajo control, para justificar por qué seguimos siendo adictos. Nos acostumbramos a vivir de ilusiones esperando a que las cosas mejoren.

Todos hemos oído hablar de relaciones tóxicas, incluso puede que hayas estado o estés en una.

Las relaciones tóxicas son muy comunes y son inevitables en el humano. Una relación tóxica se considera una relación simbiótica no funcional.

RELACIÓNES TÓXICAS Y SIMBIÓTICAS

Realmente la única diferencia significativa entre estos tipos de coexistir con la otra persona de manera sana y productiva y los motivos por los cuales se decide persistir suelen ser muy grandes y justificados ya que valen la pena luchar por ellos. A diferencia de una relación relaciones, es que en la relación simbiótica existe la posibilidad de tóxica donde el principal motivo para permanecer juntos es una necesidad.

Científicamente una relación simbiótica se define como una interacción biológica, con una relación estrecha y persistente entre dos distintos organismos.

Algo muy peculiar de las relaciones tóxicas es que en la mayoría de estas, las personas son conscientes que se encuentran en una, y aun así deciden quedarse. Esto ocurre por distintos motivos, la mayoría provocados por una falta de conocimiento respecto a las consecuencias que puede traer a la salud el estar tanto tiempo en un ambiente inadecuado.

Las relaciones tóxicas se dan principalmente, porque en la relación existe una persona con un déficit en algún aspecto de su vida, como podría ser en su autoestima, confianza en sí mismo, seguridad, dependencia o miedo a estar solo.

MANIPULADOR Y VÍCTIMA

Es común que en estas relaciones exista una persona manipuladora y una víctima, generalmente las dos con problemas distintos, que de cierta manera se complementan, generando a corto plazo un alivio pero a mediano y largo plazo un problema.

Por ejemplo, una persona celosa tiende a ser controladora y dominante. Le gusta que su pareja obedezca todo el tiempo y se hagan las cosas como él quiere. Lo más seguro es que la víctima en este caso sea una persona con problemas de autoestima, que permite que le den órdenes y aunque ambos carecen de seguridad en sí mismos, una es dominante y la otra sumisa, por lo cual terminan complementándose muy bien.

CELOS

Me gustaría hacer un paréntesis aquí para explicar qué son los celos, ya que pocos lo entienden. "Los celos son mitad falta de sesos y mitad inseguridad" dice Arjona. No hay otra forma de verlo.

Una persona celosa siempre será una persona insegura, que buscará controlar todo a su alrededor, ya que tiene la necesidad de demostrarse que está al mando, y tiene las cosas bajo control. La falta de "sesos" se refiere a la actitud prepotente y negativa, característica de muchas personas celosas, que solo buscan problemas donde no los hay.

Hay que dejar de confundir los celos con amor. Celar no es amar. Dar libertad si lo es. Amarte a ti mismo es aprender que no debes cambiar por nada ni por nadie, a menos que ese cambio sea en beneficio tuyo, y si no es así, sí solo es para complacer a otra persona, entonces no debes permitirlo.

COMPLACENCIA

Uno de los principales problemas de las relaciones tóxicas es la complacencia que se hace. Constantemente se busca complacer a la otra persona haciendo todo lo posible y hasta lo imposible para que esté contenta y no tenga motivos para enojarse y crear conflictos.

En una relación buscamos que la otra persona esté bien y si es posible ayudarla en lo más que se pueda, pero el objetivo no debe ser complacer absolutamente en todo a la otra persona, porque una relación no puede funcionar sí solo una de las partes se siente complacida y la otra no.

Debe existir un equilibrio en la relación que haga que ambos se sientan cómodos, porque de otra manera las cosas no funcionarán, ya que se generarán reclamos por parte de la persona que complace al sentir que ya es tiempo que a ella también la complazcan y la persona que está acostumbrada, se molestará al ver que ya no es el complacido.

ES IMPORTANTE EMPEZAR CON EL PIE DERECHO

Es súper importante que desde el primer momento que detectamos una actitud negativa en la otra persona, se la hagamos ver, porque si no, empezaremos a solapar actitudes y se harán normales en la relación, y una vez que lo sean será más difícil cambiarlas.

Tampoco hay que creer que las cosas cambian por arte de magia. Hay una típica frase que dice: "Es que pensé que con el tiempo se le quitaría esa mala costumbre". Entendamos que si las cosas no empiezan bien, lo más seguro es que no terminaran bien "Si hay una probabilidad de que algo malo suceda, sucederá" Es la ley de Murphy.

VIVIR DE RECUERDOS

Algo muy común que pasa es que las parejas empiezan a vivir de recuerdos. Se imaginan los momentos bonitos que pasaron al lado de la otra persona y viven con la esperanza de que esos momentos vuelvan.

En ocasiones me han preguntado cómo saber qué momento es el indicado para separarte de tu pareja y lo que he contestado es que cuando empiezas a vivir de recuerdos y te das cuenta que la persona que tienes al lado, no es la misma de la que te enamoraste y que las cosas no están ni van a mejorar, es mejor irse.

Nadie merece vivir de recuerdos. Todos merecemos una relación donde cada día sea una aventura, donde pese a que existan los conflictos, no sea esta la principal característica de la relación. Merecemos que nos den más motivos para quedarnos que para irnos. Nuestros miedos e inseguridades no deben ser los motivos por lo que nos quedemos con alguien.

SE FELIZ SOLO

Hay personas que tienen miedo a la soledad y por eso deciden quedarse con alguien que no las hace feliz, con tal de no estar solas. Si ese es tu caso, lo mejor que puedes hacer es aprender a vivir feliz solo, así podrás compartir esa felicidad con alguien más. Si no eres feliz estando solo, nunca lo serás con alguien a tu lado.

La felicidad no es algo que te pueda entregar otra persona. Es algo que debes buscar en ti mismo, si no, le estarás entregando tu paz a alguien más, lo cual es muy peligroso.

Todos vivimos bajo nuestros intereses, y es importante que estos vayan conforme a los de nuestra pareja, ya que si no es así, empezaremos a ver comprometidos muchos proyectos e ilusiones que tenemos. Tu pareja debe servir como motor que te impulse a lograr todo lo que quieres y no como ancla que te mantenga atado a la miseria.

REPARTIR CULPAS ES NORMAL

Es normal que cuando tenemos problemas repartamos culpas. Creemos que alguien más es responsable de nuestro bienestar, y creemos que si no estamos bien es por culpa de esa persona.

Es importante analizar qué tanta responsabilidad tiene esa persona, porque en una relación funcional, cada uno resuelve sus problemas de manera independiente y si necesitan ayuda, la piden. Una relación nunca será funcional, si se le echa la culpa al otro por todos nuestros problemas. Esto aplica no solamente con nuestra pareja, si no con cualquier relación que tengamos.

Lo más importante al final del día es estar bien y ser feliz, y sí el lugar donde te encuentras no te proporciona eso, lo mejor es alejarte de ahí, aunque duela. Vale más utilizar el desapego, aunque sea difícil, a seguir viviendo un minuto más en un lugar que no hace otra cosa que chuparte la vida.

RELACIÓN SIMBIÓTICA

En la escuela nos enseñan qué es la simbiosis y como esta logra que distintos seres vivos interactúen entre si sacándose provecho uno del otro.

En biología existen 3 tipos de simbiosis.

MUTUALISMO

La primera es el mutualismo: en la cual ambas partes se ven beneficiadas con su interacción. Por ejemplo, en la naturaleza ocurre cuando existe un árbol que presenta un hongo en su corteza y este se alimenta de sus nutrientes al mismo tiempo que evita que ciertas plagas se lo coman.

Ambos sacan provecho del otro, pero a su vez se ven beneficiados, logrando vivir en completa armonía durante años.

Este tipo de relación simbiótica es en la que me enfocaré más adelante.

COMENSALISMO

La segunda es el comensalismo: en la que solo una de las partes se ve beneficiada, mientras que la otra ni se ve beneficiada ni perjudicada.

Como es el caso de los buitres que día a día conviven con depredadores salvajes, esperando que terminen de comer a su presa, para comer los restos.

Como podemos ver el buitre se ve beneficiado y al depredador ni le afecta ni le beneficia el hecho que alguien más se coma sus restos.

PARASITISMO

La tercera es el parasitismo: en la cual un organismo se aprovecha de otro, perjudicándolo. Existe un parásito y un hospedador que le da lo que necesita.

El parasitismo lo podemos comparar con una relación tóxica, donde una persona (parásito), se aprovecha de otra para su conveniencia (hospedador)

Por eso una relación tóxica es una relación simbiótica no funcional, al menos para ambas partes, ya que pese a que existe una simbiosis, uno o ambos se ven afectados con su interacción.

Lo ideal en la vida es que todos pudiéramos tener una relación mutualista, donde encontráramos un apoyo en la otra persona al mismo tiempo que servimos como soporte para ella.

¿ESTOY EN UNA RELACIÓN MUTUALISTA O PARASITARIA?

Todo se remonta al motivo por el cual se decide persistir con la relación.

Es decir, cuando el motivo es la inseguridad, manipulación, miedo a estar solos o cualquier otro factor que cree una relación dependiente, se puede determinar que el motivo real no es amor. Si no más bien la necesidad de suplir algo que nos falta y que muchas veces confundimos con amor, y termina convirtiéndose en parasitismo.

Si el motivo real no es amor no puede ser mutualismo, porque en el mutualismo ambas partes trabajan día tras día en mejorar la relación, para convertirla en una donde ambos se beneficien y se sientan cómodos. Cuando los problemas surgen, porque claro que lo harán, ambos buscan la manera de salir adelante, incluso si uno de ellos tiene que poner más de su parte para que se logre. No lo hacen por suplir necesidades personales. El amor que existe entre ellos es más grande que todo lo demás.

En la relación mutualista el amor es lo que hace que ambos trabajen en ello. Incluso cuando parece que ya no hay motivos para seguir intentándolo. El amor es esa guía y luz que los traerá de vuelta a donde pertenecen y no los dejará rendirse.

AMOR INCONDICIONAL

Una relación simbiótica que trabaja de manera correcta, que tiene aspiraciones y aparte un amor sincero, puede llegar a convertirse en un amor incondicional. Una vez que se convierte en un amor incondicional, se asciende a un nivel más profundo en la relación. Uno en el cual la simbiosis ya no se puede romper y en donde ambos tendrán que ser conscientes que para ser felices juntos deberán trabajar muy duro en la relación. La ventaja es que no habrá duda alguna de si vale o no la pena intentarlo, ya que el amor está ahí y es real.

Si tienes la oportunidad de luchar por algo que vale la pena ¿Por qué no hacerlo?

FAMILIA EN LA SIMBIOSIS

Las relaciones simbióticas más comunes se dan principalmente en la familia, con la madre o el padre, ya que existe un vínculo biológico que la fomenta, sin embargo, como en cualquier relación, es nuestro trabajo que se desarrolle de manera correcta y se convierta en una relación mutualista y no parasitaria.

La vida sería mejor si todos nos apoyáramos y encontráramos una persona que nos apoye, pero eso solo se va lograr si trabajamos cada día en nosotros, dando siempre lo mejor. Entendiendo que amar no es poseer, y que la felicidad no puede provenir de un lugar donde no hay libertad.

Afortunadamente puedo decir que cuento con varias relaciones mutualistas, sin embargo sigo trabajando en ellas día tras día. Y cuando veo progresos y resultados, me llena de alegría el alma. Quisiera que todos pudieran tener relaciones así. Les diría que les deseo que encuentren una, pero una relación mutualista no es algo que se encuentre, sino algo en lo que se trabaja cada día.

AMOR INCONDICIONAL

El amor incondicional es un concepto muy difícil de explicar. Ya que no se puede contar con la certeza de que todas las personas a lo largo de su vida lo experimenten y de no ser así, por más explicaciones que se den, no serán lo mismo que tener un conocimiento basado en la experiencia.

La única manera de saber si un amor incondicional se está dando entre dos personas, es que ellos mismos se den cuenta. No puedo afirmar que todas las personas tendrán un amor incondicional. Por ende no puedo decir que todos comprenderán a qué me refiero cuando hablo de él, sin embargo busco que si nunca llegan a experimentar algo tan bello, al menos tengan una idea al respecto.

¿QUÉ ES EL AMOR INCONDICIONAL?

Definirlo ha sido en el libro una de las tareas más difíciles porque me he empeñado en que la definición brindada sea precisa, y no la que en ocasiones nos vende la televisión haciéndonos creer que el amor incondicional no es más que estar dispuesto a hacer todo por otra persona, y aunque algo de eso es cierto, el fenómeno del amor incondicional es más complejo y difícil de explicar. Así que después de tanto analizar y recabar información, llegué a la siguiente conclusión:

El amor incondicional es aquel que es incondicional porque siempre va a estar ahí, no aquel que siempre estará ahí porque es incondicional. Puesto que cualquier acción que haga, no estará antepuesta al sentimiento de incondicionalidad. Es decir que cuando uno haga algo que pueda cuestionar la incondicionalidad, entenderá que realmente la incondicionalidad no es algo que se pueda cuestionar, sino algo a lo que se tiene que abstener.

PARTES DE LA DEFINICIÓN

Esta definición es ambigua por lo que explicaré cada uno de sus enunciados, parte por parte.

1.- El amor incondicional es aquel que es incondicional porque siempre va a estar ahí.

Lo que quiero dar a entender es que una de las bases sin las cuales la incondicionalidad no podría existir es que no desaparece, tampoco se busca y mucho menos se huye de él. Solo aparece, si es que lo hace, conforme pasa el tiempo.

Como dijo el padre de la química Antoine-Laurent Lavoisier, en la ley de la conservación de la energía. "la materia no se crea ni se destruye, solo se trasforma".

Lo mismo pasa con el amor incondicional, no es algo que decidamos sentir, simplemente lo hacemos. No se crea. No se destruye. No se esfuma. Si este desapareciera, concluiríamos que no era amor incondicional, si no simple amor o deseo.

2.- No aquel que siempre estará ahí porque es incondicional. Puesto que cualquier acción que haga no estará antepuesta al sentimiento de incondicionalidad.

La idea que nos han vendido sobre él no es precisa, ya que en las películas se usa cuando dos personas dicen amarse hasta el fin del mundo. Para la mayoría el amor incondicional es aquél que pese a tener muchas oportunidades de irse, no se va. Y no es así, no es que un amor sea incondicional porque ha tenido muchas oportunidades de irse y no se va. Es incondicional porque una de sus características es no desaparecer, sin importar si tiene o no oportunidad. No es que una cosa lleve a la otra.

No hay que ponerlo a prueba. Tampoco tener la intención de hacerlo. La cual surge de la tonta idea de comprobar qué tanto te quieren, haciendo algo y esperando que se queden. Si haces eso y no era amor incondicional terminarás por correrlo y si era, lo dañaras. El amor no se debe poner a prueba, las ocasiones para demostrarlo llegan solas.

El amor incondicional lo es por naturaleza. El amor no se convierte. Cuando amas incondicionalmente lo haces desde el primer momento que amas, no desde que descubres que es incondicional.

El amor incondicional es único, no importa que hagamos, nada se antepone a él. No podemos hacer nada para alejarlo. Esta es un arma de doble filo ya que cuando dos personas se aman incondicionalmente pueden hacer cosas que le duelan al otro, ya que saben que hagan lo que hagan, el amor no se irá. Saber que esa persona estará ahí, pase lo que pase, y que su amor no dejará de existir, te pone en una situación en la que puedes faltarle el respeto y poner en juego la fidelidad.

Ahora, es importante aclarar que un amor incondicional que no desaparece no es igual a un amor tóxico aferrado a seguir. Pese a tener similitudes, como que ambos insisten en permanecer juntos.

El amor tóxico es originado por una codependencia causada por un problema interno o factor externo, originando una disolución complicada, ya que ambas partes no saben sobrevivir sin la otra. Los problemas internos son la falta de amor propio o voluntad, miedo al cambio o inseguridad. Los factores externos pueden ser económicos, sociales o laborales.

Por su parte el amor incondicional no se origina por una codependencia. Aparece de manera natural. No decide quedarse. No puede irse. Es decir, cuando hacemos algo que pueda cuestionar la incondicionalidad, entenderemos que es algo que no puede cuestionarse, sino algo a qué abstenerse.

3.- Es decir que cuando uno haga algo que pueda cuestionar la incondicionalidad, entenderá que realmente la incondicionalidad no es algo que se pueda cuestionar, sino algo a lo que se tiene que abstener.

Por momentos, cuando experimentas un amor incondicional, es normal que te replantees si realmente estás en uno. A raíz de engaños, infidelidades, ruptura de promesas, aburrimiento, falta de libertad, etcétera. Cualquiera de ellas pondrá en juego tu criterio sobre la existencia de este. Lo curioso es que también sirven para fortalecerlo. No importa si eres tú o la otra persona la que cometió el error, ambos sentirán duda respecto a la incondicionalidad.

El amor incondicional no se esfuma. Arjona en su canción "Realmente no estoy tan solo", hace referencia al amor incondicional, en la frase "Uno no está donde el cuerpo, sino donde más se le extraña". Esa frase engloba algo muy importante sobre él, y es que no necesariamente se tiene que estar físicamente al lado de alguien para sentir amor.

El humano tiende a creer, que si una persona no está a su lado, el amor empieza a desaparecer. Lo que sucede es que en muchas parejas no es incondicional, ya que separarte no hace que desaparezca. No distingue distancias ni tiempos. Traspasa cualquier situación. Sin importar qué tanto se alejen.

"El amor es lo único que somos capaces de percibir que trasciende las dimensiones del tiempo y espacio".

La frase es de la película Interestelar, en donde se recalca la importancia del amor, desde una perspectiva donde el amor no está sujeto a leyes físicas para manifestarse. Algo que escapa de la comprensión del humano.

Una vez que encuentras un amor incondicional nunca más serás libre. Una parte de ti ya no te pertenece. Si comprendes eso, no tienes que luchar más contra la corriente. Es omnipresente.

Existen distintos entornos donde se manifiesta el amor incondicional. Principalmente en 4: Con la familia, amigos, pareja y mascotas.

AMOR INCONDICIONAL EN LA FAMILIA

He decidido enfocarme principalmente en los padres. Es la manera más sencilla de ejemplificarlo. Cuando un individuo nace, se crea un vínculo madre – hijo, y en ocasiones también padre - hijo, los cuales, en un ambiente óptimo y bajo ciertas condiciones, puede convertirse en un amor incondicional. La adopción también es una forma en la que puede surgir.

Es muy complicado entender el amor de los padres a sus hijos. Si cuentas con al menos un padre o tutor que se interese por ti, entenderás a qué me refiero, y si no, aprenderás algo sobre el futuro amor que puedes llegar a experimentar por tus hijos. Ese amor que probablemente anhelas.

El amor incondicional de los padres es el más común, ya que generalmente harán cualquier cosa por su hijo, incluso dar la vida, si es necesario.

Las madres se identifican de mejor manera con sus hijos, ya que literalmente son una extensión de ellas, haciendo que se desarrolle un sentido materno, el cual lleva miles de años evolucionando y que por lo menos, por ahora es muy eficaz.

Sin embargo, la forma en que este amor es expresado no siempre es la mejor. Puede ser que tus padres o familia te amen incondicionalmente, pero sientas que no, ya que la manera en que lo demuestran no es la más adecuada.

El hecho de sentir amor incondicional no significa que sabemos expresarlo de la mejor manera. Cada uno tiene una historia de vida completamente diferente. Algunos con más traumas u obsesiones que otros o más resentimientos y angustias, que la mayoría.

Todos tenemos nuestros demonios. Algunos más grandes o pequeños que otros, pero siempre imposibilitando que el amor incondicional sea expresado de la mejor manera.

Cuando un padre trae una historia de vida complicada, ya sea por traumas infantiles o algún acontecimiento en concreto, puede ser que no sepa expresar sus emociones de la mejor forma, pero eso no significa que no nos amen incondicionalmente.

Aunque muchos padres día a día hagan la vida difícil, la mayoría darían la vida por sus hijos. El problema no radica en la calidad del amor, sino en las carencias de aspectos importantes de la vida.

Es impresionante la forma en que reaccionan algunos padres, cuando sus hijos se encuentran en peligro. Hay un video que me sorprendió mucho, en el cual se observa a un niño siendo aplastado por un auto, y a su mamá correr hacia él, quien con una fuerza inexplicable, sobrehumana, me atreviera a decir, levanta el auto y saca a su hijo, que se encontraba debajo de la llanta.

Su cerebro en ese momento envió grandes cantidades de sangre a sus piernas y brazos, liberó una gran cantidad de adrenalina que ayudó a llevar a cabo semejante acto sobrehumano. El video es un ejemplo de que el amor incondicional no es solo un concepto que suene bonito, sino que traspasa los límites biológicos del ser humano.

Nadie debe tratarte de manera inadecuada, y cada uno debe hacerse responsable de sus demonios y los problemas que estos ocasionen. Lo escribo porque ningún padre que te ame incondicionalmente, queda eximido de la responsabilidad de lo que puedan provocar. No porque estén dispuestos a dar la vida significa que tienen derecho a complicarla.

En cualquier relación se debe buscar sustentabilidad, para que ambas partes se beneficien, sin importar quién tiene más autoridad sobre el otro. Si tus padres te aman, pero no logran escucharte, mínimamente mereces un trato digno y con respeto, si no te lo pueden dar, por más que el amor sea incondicional, lo mejor es alejarse.

AMOR INCONDICIONAL EN LOS AMIGOS

La familia no necesariamente es de sangre. Hay gente que en ocasiones te apoya más que tu familia. Desarrollar un amor incondicional lleva tiempo, ya que éste determina si alguien estará siempre, y son las circunstancias las que lo reafirman.

Es bonito contar con alguien que te apoye en todo lo que te propones. Que siempre esté ahí para darte un buen consejo y de ser necesario enseñarte tus errores, para que no te perjudiquen. No todos tienen a una persona así, pero muchos lo hacen, y no se dan cuenta o no valoran a esa persona como deberían.

Te invito a hacer memoria de las personas que siempre han estado a tu lado sin importar el tiempo o los cambios que hayas tenido. Ahora que las tienes en mente, mantenlas ahí.

A veces creemos que el amor incondicional es tan grande que puede tolerar cualquier cosa. Es normal que existan discusiones o que le hagamos daño a quien amamos. Sin embargo, eso no hace que el amor incondicional desaparezca o valga menos, simplemente daña la relación.

Una relación en la cual vale la pena trabajar, ya que si alguien ha estado a tu lado en las buenas y malas o siempre te ha dado la motivación que has necesitado, vale la pena conservarla. Personas como esas se presentan pocas veces en la vida.

La relación no necesita estar mal para buscar mejorar, basta con que trabajen cada día en su persona, siendo una mejor versión de sí mismos. Siempre digo que en las buenas todos, en las malas pocos y en las peores casi nadie.

Así que, si cuentas con una persona que ha estado contigo en las peores, lo mejor que puedes hacer es atesorar esa relación. Relaciones como esas valen más que el oro. Son más difíciles de encontrar que el rodio, y pulidas brillan más que un diamante.

AMOR INCONDICIONAL DE PAREJA

El peor error que puedes cometer es creer que una relación se trata de dar el 50% tú y el 50% la otra persona. Eso no funciona y es absurdo creer que sí. Nada en la vida puede ser 50/50, siempre un lado de la balanza estará más inclinado.

En mi vida he tenido la suerte de haber encontrado una persona que me enseñó que el amor incondicional es real y que no solo existe en la familia. Gracias a ella aprendí lo expuesto en este tema, y una de las mejores lecciones que me han enseñado, la cual es, que las cosas en una relación nunca van a ser parejas.

La idea de que una relación debe ser 50/50 en teoría se escucha bien, ya que ambas partes trabajan y ponen el mismo esfuerzo para que funcione. Sin embargo en la práctica no resulta así, a causa de muchos factores externos e internos que influyen en la estabilidad de una persona.

Puede ser que tengas una relación buena, estable y próspera, y que aun así no te sientas bien con ella, por el motivo que sea (falta de amor propio, algún trastorno psíquico, depresión, ansiedad, la muerte de alguien, el ambiente en el que vives, bullyng, etcétera.) ocasionando que tu participación sea cada vez menor.

Nunca vamos a tener una relación estable, sino estamos estables nosotros. Muchos amores tóxicos surgen para llenar algún vacío interno, que no permite estar bien con uno mismo y que al mismo tiempo no permite estar bien con otra persona.

Un amor incondicional puede pasar por etapas tóxicas, en las que ambos no se sientan bien consigo mismos y desearían distanciarse un tiempo, sin embargo no lo hacen, porque sus ganas de no matar la relación son más grandes que sus ganas de irse.

Si ambos deciden trabajar en su persona y la relación, buscando cada día mejoras internas y externas para darle a la otra persona la relación que se merece, es bueno quedarse. Las ganas y el esfuerzo por salir adelante en un amor incondicional, a diferencia de en un amor tóxico son genuinas.

AMOR INCONDICIONAL	AMOR TÓXICO
BUSCAN MEJORAR COMO INDIVIDUOS, EN COMPAÑIA	BUSCAN MEJORAR COMO PAREJA SIN ANTES MEJORAR COMO INDIVIDUOS

Por más que nos esforcemos en estar bien todo el tiempo, nunca lo conseguiremos. Es imposible. El dolor es inevitable. Siempre habrán momentos o circunstancias que nos orillarán a un estado en el cual no vamos a fluir como quisiéramos. En momentos como esos nuestra pareja tendrá que dar más del 50% para que la relación no se rompa.

Si amas a alguien y está pasando por un mal momento, lo mejor que puedes hacer es ponerte en su lugar y aceptar que durante un tiempo te tocará dar más a ti, por ejemplo un 80/20.

Cuando amas y quieres demostrarlo tienes que tener mucha convicción y decisión, ya que si a mitad del proceso de sanación de tu pareja, decides rendirte y reclamarle que has estado poniendo más tú que ella, las cosas no harán más que empeorar.

Si dos personas no se encuentran bien y quieren tener una relación es mejor reconsiderarlo, ya que no podrán dar más de sí mismos para que funcione, de ser necesario. Si aun así deciden estar juntos, es importante que busquen ayuda para salir adelante como individuos y como equipo, la terapia en pareja siempre es una buena opción.

Una relación necesita compromiso, pero un amor incondicional necesita coraje, perseverancia, insistencia, persistencia, fuerza de voluntad, resiliencia, inteligencia emocional, amor propio y de ser necesario sangre, sudor y lágrimas.

Si tienes una relación por la que vale la pena luchar, ya que sientes que es incondicional, replantéate qué tanto estás dispuesto a ceder para conservarla. Si en verdad estás dispuesto a dar un 70% cuando la otra persona sólo pueda dar un 30%.

No es fácil, pero luchar por un amor incondicional siempre, en serio, siempre, valdrá la pena. Eso lo aprendí de la persona que me enseñó todo sobre la incondicionalidad.

AMOR INCONDICIONAL HACIA LAS MASCOTAS

El cariño que se le da a una mascota es peculiarmente lindo. Es diferente al que se le da a una persona, sin embargo en términos de incondicionalidad no lo es. Cada una demuestra su cariño de distinta forma. Los perros son los mejores haciéndolo.

Los animales crean una vinculación afectiva con nosotros porque satisfacemos sus necesidades primarias (alimentación, hidratación y salud), no porque exista una conexión previa. Sin embargo eso no quita que el perro sea el mejor amigo del hombre.

Los perros han servido de ayuda para el humano desde hace cientos de años, ya que nos brindan seguridad al cuidar de nosotros o nuestro hogar, también son una pieza fundamental en la estabilidad emocional de miles de personas.

Hay ocasiones donde nos sentimos tristes y sin motivación, pero el ver a nuestras mascotas nos saca una sonrisa, que usamos de impulso para sentirnos mejor, porque hay alguien que nos quiere, y le importamos.

El amor de una mascota no tiene precio. Es incondicional, ya que sin importar nuestra forma de ser, la manera que vistamos o la forma en que nos expresemos, siempre estará ahí recordándonos que no le importa nada de eso.

Hay personas dispuestas a hacer todo por ver bien a sus mascotas. Un amor noble, porque cada cosa que se hace por ellas, se hace porque nos nace y no porque nos las pidan.

CONCLUSIÓN DEL AMOR INCONDICIONAL

El amor incondicional transciende más allá del tiempo y el espacio. No discrimina especies. Cualquiera puede experimentar amor incondicional y aunque no puedes elegir sentirlo, cuando te llega, lo sabes.

Entender la importancia de la forma en que interactuamos con la gente que amamos, sacar el mayor provecho posible y dirigir tu vida hacia la estabilidad, es lo que necesitamos para conseguir una calidad de vida óptima, y estar agradecidos con la oportunidad que tenemos para ser felices.

Si no tienes un propósito de vida, dedícate a tus relaciones incondicionales y a gozar los beneficios que estas te traen. Nada mejor que amar y ser amados.

Cuando estaba terminado el libro, supe que no podía concluir este tema sin preguntarle a la persona que me enseñó todo esto, qué es para ella el amor incondicional y qué pensaba de ser el mío. Esto fue lo que respondió:

"Es algo intangible que se siente. Un apoyo omnipresente. Parte de la incondicionalidad se basa en siempre querer lo mejor para la otra persona. Convirtiéndonos en una. Te enseña que uno no está donde el cuerpo, sino donde más se le extraña, incluso donde uno menos lo espera. Las ganas de vivir al lado de la persona que amas incondicionalmente siempre irán en aumento. Se crea una conexión incomprendida por cualquiera ajeno a ella, pero los que la sienten están seguros que es real, que está ahí y que no se irá a ninguna parte."

LO MISMO PERO DIFERENTE

"El área que divide el cerebro y el alma se ve afectada en muchos sentidos por la experiencia. Hay quienes pierden la mente por completo y pasan a ser alma: Locos. Hay quienes pierden el alma por completo y pasan a ser mente: Intelectuales. Hay quienes pierden ambos y pasan a ser: Aceptados"

LA DANZA DE LA VIDA

PERDONAR - OLVIDAR

"Recordar es el mejor modo de olvidar"
SIGMON FREUD

La habilidad de perdonar es una de las mayores virtudes que el ser humano puede adquirir. Perdonar libera muchas emociones y sentimientos que tenemos acumulados y que con el tiempo no hacen más que volver nuestra vida miserable.

PERDONAR NO ES OLVIDAR

El principal conflicto que mucha gente tiene es que cree que perdonar es lo mismo que olvidar, piensan que perdonar a alguien es como decir "okay, no pasa nada, todo sigue como antes", pero no. Pensar eso está muy alejado de la realidad.

Si alguien viene a decirte que perdonar se trata de olvidar, te está mintiendo, porque recordar algo no depende de nosotros, aun cuando podemos trabajar en que el recuerdo sea menos dañino y por consiguiente menos frecuente, no podemos elegir recordar o no. Y más aún cuando es algo que nos hizo daño ya que lo más seguro es que nunca lo olvidemos. A nuestro cerebro le fascina recordar ese tipo de cosas.

El objetivo de perdonar es que cada vez que recuerdes sea menos doloroso, llegando al punto en que lo hagas sin tristeza y con la mirada en alto diciendo "todo pasa por algo y por algo a veces no pasa"

LÍBRATE DE LA CULPA

Para perdonar, lo único que necesitas es liberarte de esa culpa que acarreamos todos. Como cuando una persona sufre una infidelidad y se culpa preguntándose ¿Qué fue lo que hice mal? O cuando alguien confía en un amigo y este lo traiciona y ahora se pasa repitiéndose a sí mismo "Qué tonto fui por creer que era mi amigo"

Desprenderse de la culpa, implica entender que no podemos conocer el futuro, y en consecuencia no podemos saber si alguien nos hará o no daño, si bien podemos ser cuidadosos con las personas que les brindamos confianza y cariño, la vida siempre será una ruleta rusa, donde puede que ganes o pierdas.

Pero no tenemos la culpa de ello, nosotros no decidimos las acciones de los demás, por lo tanto no debemos sentirnos culpables por ellas. Cuando perdonas a alguien no estás perdonando únicamente a esa persona, también te estas perdonando a ti por todo lo que creíste haber hecho mal y todo lo que te reprochas.

Te sentirás mejor una vez que comprendas que no tienes nada porque sentirte mal, y que al final las cosas son como son y no podemos cambiarlas.

PERDONAR NO ES UN ACTO DE COBARDÍA

Cuando aprendemos a librarnos de la culpa, podemos seguir con el siguiente paso: comprender que perdonar no es un acto de cobardía, al contrario, es un acto de valentía, porque pocos, en serio pocos, son capaces de dejar a un lado cosas tan pesadas como el orgullo, ego y rencor para darse la oportunidad de perdonar. Muchos prefieren acarrear con cosas del pasado, y cuando lo hacen, su vida poco a poco se hace miserable.

LAS EMOCIONES DE NO SER EXPRESADAS NO SE DISIPAN

Mucha gente cree que evitar hablar de las emociones, hace que desaparezcan. Algo que todos deben entender es que las emociones, de no ser expresadas, no se disipan, al contrario, se acumulan dentro de nosotros esperando a salir un día todas de golpe, siendo incluso algo muy pequeño, la gota que derrame el vaso y cuando eso pasa, buscamos venganza, o entramos en crisis. Cualquiera de las dos no te ayudarán a cumplir tus objetivos de vida.

PERDONAR NO ES PERDER

Perdonar nunca significará perder, al contrario siempre va ser un ganar – ganar. Cuando entendemos que la libertad mental que nos da perdonar a alguien, nos brinda la oportunidad de enfocar todo ese espacio que estaba ocupando en nuestra cabeza, en otra cosa mejor, empezamos a vivir con una mejor calidad de vida.

Sin importar lo que te hayan hecho, siempre puedes darte la oportunidad de perdonarte a ti, si no quieres perdonar a la otra persona.

NO DEBES OLVIDAR TAMPOCO LO BUENO

Una de las mejores maneras de lograr el perdón, cuando las condiciones se dan, es recordar todo lo bueno que esa persona te brindó, porque lo bueno no debe desaparecer. Si en su momento una persona te hizo bien y te ayudó, debes tomarlo en consideración; no para que las cosas vuelvan a ser iguales, si no para que te sea más fácil perdonar a alguien, que en su momento fue digno de un perdón.

A fin de cuentas, antes de una traición, todo lo que te dio esa persona es real e incluso si la mentira ya estaba en curso, se sintió así. El sentimiento de bienestar que te proporcionó, en su momento nadie ni nada te lo quita, ni siquiera ella misma.

PERDONAR A ALGUIEN QUE EXTRAÑAMOS

En ocasiones extrañamos a una persona que nos hizo daño y quisiéramos volver a tener una interacción con ella, pero no nos damos la oportunidad de hacerlo, porque nuestro orgullo nos dice que si la perdonamos, estaríamos demostrando que esa persona ganó, que fuimos los débiles, o peor, que tenemos una necesidad hacia ella.

Pero si en verdad queremos a esa persona y esa persona también nos quiere y tiene ganas de hacer las cosas bien, entonces perdonarla es una muy buena opción. La gente cambia y se arrepiente. No debemos ser juzgados toda una vida por nuestros errores, si estamos dispuestos a enmendarlos, porque al final todos nos vamos a morir y si no disfrutamos al máximo a la gente que queremos, o vivimos toda nuestra vida enojados y frustrados, nos arrepentiremos cuando ya no estén. Vida solo hay una y debemos vivirla de la mejor manera.

Creo en las segundas oportunidades. Todos cometemos errores y a todos se nos debería dar la oportunidad de enmendarlos y de demostrar que podemos ser mejores personas de lo que fuimos ayer, que al fin de cuentas de eso se trata la vida, de cada día ser una mejor versión de ti mismo.

Si sientes la necesidad de perdonar a alguien, perdónate a ti primero y después perdóna. Vive tu vida de la mejor manera, al lado de la gente que amas y con una calidad de vida mejor que la tendrías si no te das la oportunidad de perdonar a los demás.

El perdón no debiera ser tan difícil cuando sus beneficios son tan grandes.

PERDONAR ES...	PERDONAR NO ES...
• LIBRARTE DE CULPAS	• OLVIDAR
• ENTENDER QUE NO PODEMOS SABER EL FUTURO O SI NOS LASTIMARAN	• UN ACTO DE COBARDÍA
• PERDONARTE A TI	• PERDER
• UN ACTO DE VALENTIA	• SER DEBIL
• DEJAR EL ORGULLO, RENCOR Y EGO	• TENER UNA NECESIDAD HACIA UNA PERSONA

ENTENDER - COMPRENDER

"¿Cómo puedes saber lo que yo quiero, si ni siquiera sabes lo que tú quieres?"
DIEGO RUZZARIN

Estas dos palabras han sido por mucho tiempo mis favoritas de explicar. Lo que busco es que al adoptar las dos definiciones que te daré tengas una perspectiva totalmente diferente sobre la manera en que analizamos y decodificamos la información, y que eso te ayude a tener una mejor interacción con los demás, lo cual se verá reflejado en una mejor calidad de vida.

¿CUÁL ES LA DIFERENCIA?

La palabra entender podemos definirla como tener una idea clara sobre algo. La diferencia entre la palabra entender y comprender, radica en el prefijo "com", el cual es una variante del prefijo "co", de origen latino, que significa "en unión" o "en compañía". Por lo que comprender involucra cierto grado de vivencia. Participar en el hecho y ser parte del conocimiento.

Se hace en compañía, no necesariamente tiene que ser otra persona, puede ser un sentimiento, una imagen, sonido o cualquier otra cosa que haga que tu comprensión de la situación, esté acompañada de un plus que te permita entender mejor las cosas. Más adelante pondré algunos ejemplos.

NADIE HA VIVIDO LO MISMO

Las experiencias que tenemos y lo que cada uno ha vivido a lo largo de su vida, hace que no haya dos mentes iguales. Somos únicos y es simplemente imposible que alguien haya vivido exactamente las mismas experiencias que nosotros, por ende, nadie tiene una perspectiva de la realidad igual a la nuestra.

Los sentidos nos dan una perspectiva diferente a la de cualquier otro individuo, incluso encontrándonos en el mismo lugar, a escasos treinta centímetros de alguien, no percibiríamos las mismas cosas de la misma manera que ella. Cada uno huele, escucha, degusta, ve, y siente cosas distintas.

CUESTIONES SUBJETIVAS SIN RESPUESTA

No existe una respuesta correcta a las cuestiones subjetivas.

Lo subjetivo es todo aquello que sentimos de manera personal y tomamos en consideración a la hora de realizar un juicio. Como cuando comes un postre y a ti no te gusta, pero a tu compañero sí, ¿Quién tiene la razón respecto al sabor? Evidentemente ninguno de los dos, ya que estando en la misma situación dos personas pueden sentir y experimentar cosas diferentes ante el mismo estimulo, por ello las dos respuestas son válidas y ninguna es mejor o se antepone a la otra.

Si en cosas tan sencillas las personas tienen puntos de vista tan distintos, por qué no los tendrían en aspectos más importantes como el suicidio, aborto, religión, política, etcétera. Tener puntos de vista diferentes no está mal. Lo que está mal es buscar imponer el nuestro y no respetar el de los demás.

MAPA DE VIDA

Cada uno vive según su mapa de vida y genera sus pensamientos a partir de los criterios que ha ido formulando a lo largo del tiempo. Algunos de manera empírica y otros impuestos por padres, escuela y/o amigos.

Tenemos que empezar a hacer conciencia que si no hemos vivido las experiencias de otras personas, no podemos juzgarlas, ya que no tenemos y nunca tendremos una comprensión adecuada de cómo es su realidad, y qué es lo que las ha llevado a tomar sus decisiones.

¿Cómo podría alguien comprender qué es tener ganas de quitarse la vida, si nunca ha padecido de depresión?

¿Cómo podría alguien entender el valor del dinero, si nunca ha tenido que mover un dedo para obtener todo lo que quiere?

¿Cómo sabría una persona de qué es capaz por amor, si nunca se ha dado la oportunidad de sentirlo?

¿Cómo podría alguien saber qué es una crisis nerviosa, si nunca ha golpeado una pared al grado de romperse un dedo?

¿Cómo podría alguien comprender qué es perder a un ser querido, si nunca le ha tocado experimentar ese dolor?

¿Cómo saber de lo qué es capaz una madre por sus hijos, si nunca has sido o tenido una?

¿Cómo comprender por qué alguien es sociópata, si la sociedad nunca te ha tratado tan mal, al grado de que quieras matar a todos?

Hay tantas realidades y tantos puntos de vista que si nos ponemos del lado de cada uno, todos son válidos.

SÍ NO LO HAS VIVIDO NO LO PUEDES COMPRENDER

No importa cuánta información tengamos, o qué tanto hayamos leído, ni cuántos videos hayamos visto al respecto, nunca sabremos realmente lo que significa algo hasta que nos encontremos en esa situación.

Podemos entender muy bien todo, pero si no hemos sido parte de ello, nunca lo comprenderemos. No importa cuántas opiniones o argumentos bien fundamentados tengamos, nunca serán superiores a los de alguien que ya vivió la experiencia.

Porque hay conocimientos más allá de los que brindan los libros. Hay conocimientos que necesitan ser vividos para ser entendidos, ya que es la única manera de comprender qué significa estar en esa situación.

NUESTRA REALIDAD NO ES LA MISMA QUE LA DE LOS DEMÁS

Siempre nuestra idea sobre la realidad va ser diferente a la realidad intrínseca de la sociedad, ya que esta no involucra sentidos, sentimientos y reflexiones, más bien se guía por pensamientos e ideales pre establecidos.

Mucha gente se considera con la autoridad de afirmar que su conocimiento y forma de ver la vida es la adecuada, sin tomar en cuenta las vivencias de los demás, o incluso sin analizar si su propia forma de ver el mundo es auténtica o forjada por la sociedad.

Cuando juzgamos a alguien por robar comida, lo hacemos desde nuestra realidad, la cual es, para la mayoría que puede pagar un libro, una en la que al menos un plato de comida al día es seguro, tal vez si nos encontráramos en la situación de no tener eso; que hubieran días en los que no tuviésemos nada para comer y tuviéramos que vivir al día, alimentándonos con sobras de los demás, entenderíamos mejor a la gente que roba comida, pero hasta que eso suceda, seguiremos juzgando.

Incluso desde el punto de vista de la persona que le robaron, tampoco es justo lo que le sucedió, ya que puede que llevará tiempo esperando obtener un poco de dinero y así pagar sus deudas, sin embargo, ahora que le han robado, tendrá que vender más de lo contemplado, y las deudas no harán más que crecer.

Aquí no hay buenos o malos, simplemente cada uno vive su vida en los términos de su realidad.

EXPERIMENTO: EL CUARTO DE MARY

En 1982 el psicólogo Frank Jackson planteó un experimento llamado "El Cuarto de Mary", en el que emplea el concepto "Qualia", que en filosofía y psicología se usa para designar las experiencias subjetivas de un sujeto, diferentes a las de otro. El experimento es el siguiente:

Mary es una persona que ha estado confinada toda su vida en una habitación en blanco y negro, todo lo que ve, lee y aprende está en esa escala de colores. Incluso ella se ve a sí misma en estas tonalidades. Mary es una persona muy inteligente y con una capacidad de comprensión inigualable. Durante toda su vida se ha dedicado a aprender todo lo relacionado con física, química y neurofisiología. Por ende conoce todo lo que tiene que ver con colores. Conoce su composición, lo qué los origina, el efecto que producen a nivel neurológico, así como que el color rojo inspira calidez y que el azul es frío.

También sabe que las hojas son verdes y que el cielo es azul. Conoce la clasificación de los colores mejor que cualquier otro. No hay nada respecto a ellos que se haya descubierto y que ella no sepa. Los colores le apasionan demasiado aunque nunca los haya visto, más allá del blanco y el negro.

Un día Mary decide salir de su cuarto y ver por primera vez los colores. La cuestión es la siguiente: Al salir de su cuarto y ver por primera vez los colores ¿Aprenderá algo nuevo Mary?

Para Frank Jackson la "Qualia" son sensaciones corporales y experiencias perceptivas que no están presentes dentro de la información netamente física, por lo que para él, Mary pese a todo el conocimiento que tiene, si aprenderá algo nuevo de su experiencia.

¿Qué opinas tú? ¿Aprenderá algo nuevo Mary?

Cada uno de nuestros sentidos son determinantes para llegar a una conclusión. Nos ayudan a reorganizar la información de cada una de nuestras vivencias para después determinar si una experiencia fue desagradable o bonita, reconfortante o excitante, correcta o incorrecta, justificada o errónea, buena o mala, estúpida o inteligente.

Está bien no comprender todo, no podemos compartir ni ser parte de cada una de las experiencias de los demás. Lo que está mal es creer que, porque entendemos algo ya lo comprendemos.

AMOR - COMPAÑÍA

"Dicen que solo amas una vez y el resto de las veces buscas sentir lo mismo"

Puede ser que estemos con una pareja que aparentemente tenga todo lo que queremos y aun así no nos sintamos cómodos.

Aprender las diferencias entre estos dos conceptos, te ayudará a dejar de hacerle daño a la gente, con tal de llenar un vacío afectivo y/o psicológico que tengas, y te ayudará a darte cuenta que a veces no somos conscientes de lo que hacemos.

La premisa de este tema se desprende de una canción de Arjona, que explica por completo lo que significa ser amado y ser una compañía.

La canción se llama "No te enamoraste de mi"

En la canción hay una frase que debe ser explicada para comprender a qué se refiere Arjona respecto amar y acompañar, la frase es: "No te enamoraste de mí, sino de ti, cuando estás conmigo"

En ocasiones podemos llegar a estar con alguien más por despecho, porque queremos llenar un vacío emocional que nos dejó otra persona. En relaciones que llevan mucho tiempo a veces alguno de los dos necesita libertad y terminan.

Sin embargo, en un corto tiempo es probable que la persona que quería libertad esté consiguiendo otra pareja. Al terminar por falta de está uno podría pensar que lo que menos buscaría de nuevo es un compromiso, sin embargo no es así.

Generalmente cuando una persona anhela libertad, es porque en la relación no se está satisfaciendo alguna otra necesidad. Al no encontrarla el cerebro aplica uno de sus mecanismos de defensa primitivos, el cual es huir. Huye de la relación y una vez que es libre, busca alguien más que le supla sus carencias.

De encontrarla se estaría comenzando una relación en base a una necesidad y no por amor. Cuando eso sucede lo más probable es que después de un tiempo, cuando la persona ya no la tenga, termine por abandonar a su pareja y busque otra que le proporcione lo que la anterior no pudo.

NECESIDADES QUE REQUIEREN SER ATENDIDAS

Lo que mantiene juntos a muchas personas, no es más que una simple necesidad, que requiere ser atendida. El problema es que durante el tiempo en que deja de ser necesaria la otra persona. Está se encariña y empieza a sentir amor o enamoramiento hacia la otra persona, pensando que lo que tiene es real porque incluso su pareja también lo piensa.

Llegan a creer que estuvieron enamorados y que simplemente su enamoramiento pasó rápido, cuando la realidad es que nunca lo estuvieron. Únicamente estaban supliendo una necesidad, a cambio de cariño y palabras bonitas.

Por eso la frase hace mención a que no se enamoró de él, sino de ella misma, cuando esta con él. O sea, la persona encontró una necesidad y creyó que era real, pero la realidad es que se la pasaba bien, no porque estuviera enamorada, sino porque sus necesidades estaban siendo atendidas.

¿QUÉ PROVOCA QUE ALGUIEN TENGA UNA NECESIDAD QUE DEBA SER ATENDIDA?

Muchas veces se debe a la falta de compromiso con nosotros mismos para buscar una solución a nuestros problemas. Conozco personalmente a varias personas, que tienen muchas dependencias psicológicas, y dicen estar enamoradas de sus parejas, cuando la realidad es que no se sienten enamoradas, únicamente se sienten bien de estar acompañadas de alguien que comprende su situación.

Si existiera un poco más de autorreflexión y compromiso para darnos el tiempo de meditar sobre nuestras carencias psicológicas, podríamos ver que hay muchas áreas en nuestra vida que necesitan ser atendidas. Debemos analizar cuántas de ellas lo están siendo gracias a nuestra pareja, y evaluar si realmente estamos con ella porque la amamos o porque nos trae beneficios.

UN CASO COMÚN

El caso más común donde se confunde amor y compañía, es cuando acabas de terminar con alguien y buscas una nueva pareja, pero extrañas a tu ex y decides volver con ella.

Aquí hay de dos, o usaste a la otra persona para suplir tus necesidades al momento de la ruptura y una vez satisfechas, te aburriste y decidiste volver a intentarlo con tu ex, o la persona con la que regresaste es una necesidad aún más grande, de lo que te habías dado cuenta. Lo cual puede resultar peligroso ya que al convertirse en una necesidad, la relación se convierte en tóxica, ya que ambos dependen del otro para estar bien.

TENEMOS RESPONSABILIDAD POR LOS TRASTORNOS AFECTIVOS DE LOS DEMAS

Es importante como ser humano que vive en sociedad, que empecemos a sensibilizarnos por los demás y sobre todo que empecemos a tomar responsabilidad por las acciones que cometemos a causa de nuestros trastornos afectivos.

Debemos tomar en consideración que si le hacemos daño físicamente a una persona, cometemos un delito y seremos sancionados por ello, sin embargo, cuando uno decide ilusionar a una persona, jugar con sus sentimientos y destrozarla emocionalmente, también le hacemos un daño a su salud mental y no existe una sanción para la persona que lo hace.

Al no existir una sanción por daños emocionales, hay quienes van por ahí, creando ilusiones con tal de suplir una necesidad, sin importarles el daño y dolor que puedan causar. Lo menos que podemos hacer, es concientizarnos del posible daño que le hacemos a toda la gente que ilusionamos, por no saber distinguir entre amor y compañía.

Basta de esa prisa absurda por encontrar pareja

"Ese miedo absurdo de verte viejo y sin pareja, te hace escoger con la cabeza lo que es del corazón" (Arjona). La cabeza siempre nos dirá que una persona es la indicada, pero eso solo lo sabe el corazón.

EL AMOR TE ELIGE A TI

A veces buscamos a alguien que tenga muchas cosas que nos gustan: que sean cariñosos, que nos escuchen, que nos apoyen, etcétera, pero el amor no se trata de elegir a alguien que tenga todo lo que nos gusta, el amor nos elige a nosotros.

Muchas personas se casan y logran tener vidas bonitas, pero por momentos sienten que están viviendo una vida que no quieren vivir, o desearían estar solteros para estar con alguien más.

No digas "Te amo" solo por decirlo, aprende a cuidar lo que dices y demuestras con otras personas, no seas de los que dicen cosas bonitas solo para que suene bien y no porque realmente lo sientas.

No seas de los que hacen promesas que no pueden o no pretenden cumplir, solo para amarrar a una persona que terminarás abandonando. No seas de los que dicen amar a alguien por un mes que te brindaron cariño. Mientras más reserves tus "te amo" más valor tendrán, porque estarás convencido que solo los dirás, cuando en verdad lo sientas.

NO PODEMOS AMAR A ALGUIEN SI NO NOS AMAMOS A NOSOTROS MISMOS

No tienes que fingir estar enamorado cuando no lo estás. El amor no se debe forzar. Es importante que si no queremos lastimar a más personas, practiquemos el desapego, porque hasta que tengamos la habilidad de desapegarnos de todo eso que nos tiene mal y que no nos beneficia, no podremos estar con alguien sin tener que depender de ella. No podemos amar a alguien si no nos amamos a nosotros mismos.

Basta de hacerles daño a las personas, empecemos de una vez por todas a tomar conciencia de nuestras acciones y sentimientos. Solo así lograremos un mundo más sincero y auténtico, donde no tendremos miedo a entregarnos a alguien y que nos falle; donde seremos libres sin tener que depender de otros; donde sabremos que la compañía no es mala, lo que está mal es confundir amor con compañía.

LO CORRECTO – LO BUENO

"Soy malo y eso es bueno. Yo jamás seré bueno y eso no es malo. No hay nadie quien quiera ser además de mí."
RALPH EL DEMOLEDOR

Hablar sobre la diferencia entre algo bueno y algo malo, o entre algo correcto y algo incorrecto, es un tema complicado, ya que involucra muchas cuestiones subjetivas.

Es decir, lo que yo puedo considerar como correcto, puede ser que tú no lo consideres así, y que ambos tengamos argumentos convincentes y válidos, por lo cual definir quién tiene la razón, se vuelve una elección subjetiva y por ende no se puede tomar como una decisión valida.

Es subjetivo porque ¿Quién define lo bueno y lo malo?, ¿Quién define qué es correcto e incorrecto? Si bien existen estándares en la sociedad sobre lo que se considera adecuado y lo que no, estos criterios de igual manera se han ido formando conforme al paso del tiempo, hasta volverse algo intersubjetivo (cuando algo subjetivo se vuelve tan aceptado por una sociedad, pasa a ser parte de la realidad que todos comparten, es decir, su conciencia ante una situación es la misma, aunque esta sea subjetiva).

CUESTIONES INTERSUBJETIVAS

Ejemplos claros de posturas intersubjetivas que existen dentro de la mayoría de las sociedades son: el hecho que matar es malo, que ayudar es bueno, que robar es malo, que hacer trampa es incorrecto, que estafar es malo.

La mayoría de las realidades intersubjetivas negativas que tenemos en la sociedad están relacionadas con el dolor o la pérdida, ya que el humano las relaciona con algo malo, como cuando matan a alguien que queríamos, lo relacionamos con algo malo porque nos duele; cuando nos asaltan y nos roban nuestros ahorros, lo relacionamos con algo malo porque hemos perdido algo; cuando un hijo se revela a sus papás, lo relacionamos con algo malo por la falta de respeto que existe hacia ellos.

Por ende, como humanos nos es fácil, en muchas ocasiones, determinar si cierta conducta es buena o no, o si hemos hecho lo correcto o no, porque son situaciones que se han repetido y hemos visto en tantas ocasiones, que ya existe un estándar pre establecido y aceptado por la sociedad.

Sin embargo, en situaciones donde las consecuencias no son tan evidentes y cualquier opción que elijamos generará repercusiones en nosotros o en alguien más, elegir la opción correcta se vuelve más difícil.

Por lo cual he decidido darte algunos consejos e información que posiblemente te ayudarán a elegir la opción más conveniente para ti, sin que tengas que entrar en conflicto por haberla elegido.

Como ya he comentado antes, definir qué es bueno y malo, no está en mis manos, ni en la de ningún otro, por lo cual me he reservado mejor a definir la diferencia entre elegir lo correcto y lo bueno.

La sociedad funciona bajo ciertos estándares y lineamientos que debemos cumplir, que muchas veces nos hacen sentir incómodos o no estamos de acuerdo con lo que se nos está pidiendo hacer. Y cuando dentro de nuestro papel de ciudadano tenemos que hacer algo que no queremos, nos es difícil empatizar con ello, más aun si va en contra de nuestros principios.

DEFINICIONES DE BUENO Y CORRECTO

En sociedad hacer lo correcto o hacer lo bueno se definiría de esta manera:

Hacer lo correcto: Es hacer lo necesario para que algo funcione de manera colectiva y productiva.

Hacer lo bueno: Es hacer más de lo que a cada uno le concierne para que algo funcione de mejor manera.

HACER LO CORRECTO

Es decir hacer lo correcto, significa hacer lo necesario para que cumplas con el papel que se te ha asignado como ciudadano, estudiante, trabajador, hijo y/o persona.

Por ejemplo, hacer lo correcto sería dejarle propina al empleado que te atendió muy bien en el restaurante. Si bien no estás obligado a dársela, lo correcto sería que su trabajo sea reconocido como se debe.

En el momento en que dejas propina estás haciendo lo correcto, porque estás haciendo lo necesario para que esa persona siga trabajando de igual manera, y no se desaliente, lo cual provocaría un problema para el restaurante, creando una situación no funcional, que es lo principal que lo correcto quiere evitar.

Así, con simplemente dar una propina, estás cumpliendo con tu papel en la sociedad de hacer lo necesario para que las cosas funcionen de manera colectiva y productiva.

HACER ALGO BUENO

Ahora, si la situación que se te presenta, es aquella en la que una persona de la calle se te acerca a pedirte limosna y tú no sabes qué hacer, porque de cierta manera no quieres darle dinero, pero también te sentirás mal si no lo haces, se te está presentando una situación donde debes elegir entre hacer lo bueno o no hacer nada.

La diferencia aquí con la situación anterior, donde tenías que elegir entre lo correcto y no hacer nada, es que ahora realmente no tienes ninguna obligación de dar ese dinero, la persona que te lo está pidiendo no te ha brindado ningún servicio o algo por lo cual le deberías remunerar, como en el caso anterior.

Si decides darle el dinero, lo más seguro es que la ayudarás a tener un mejor día ya que posiblemente no tenga dinero para comer, y con lo que le des, lo ayudarías por lo menos a comprar unas cuantas tortillas y a que su día termine diferente a lo que esperaba.

Al final, si decidimos ayudar a alguien sin tener obligación alguna de hacerlo, habremos elegido hacer lo bueno, ya que hicimos más de lo que nos concierne, para que algo funciones de mejor manera.

NO SIEMPRE DEBEMOS HACER LO BUENO O LO CORRECTO

Sin embargo, hay que quitarnos la idea que todo el tiempo tenemos que hacer lo bueno o incluso lo correcto, porque, repito, lo correcto y lo bueno son cuestiones subjetivas.

Podemos buscar siempre hacer el mayor bien posible y evitar la mayor cantidad de conflictos o situaciones desagradables que se nos puedan presentar.

Pero no estamos obligados a hacer cosas que realmente no queremos hacer, únicamente porque la sociedad considera que eso es lo correcto o bueno.

Al final del día lo que importa es cómo nos sentimos después de lo que hacemos, ya sea que nos sintamos bien o mal y cómo repercute en los demás. Sí lo que haces y consideras correcto no está afectando a nadie de manera directa, ni está ocasionando un mal, entonces no tienes que preocuparte que para los ojos de alguien más, no sea correcto.

Está bien tener puntos de vista diferentes, y que cada uno tenga perspectivas distintas, siempre y cuando respeten las nuestras y respetemos las de ellos.

Bien decía Benito Juárez que "El respeto al derecho ajeno es la paz."

Mientras que no estés haciendo algo que perjudique de manera directa a una persona, debes sentirte libre de hacer lo que te parezca a ti correcto o bueno. Y de igual manera debemos comprender que, porque no estemos de acuerdo con algo, ya sea que vaya en contra de nuestros principios o nuestra moral, no significa que sea malo o incorrecto.

Por ejemplo, si a tus papás no les gustan los tatuajes y tienes muchas ganas de hacerte uno y ya decidiste hacértelo, lo mejor que puedes hacer y lo correcto, sería avisarles antes que te lo hagas. Porque un tatuaje no le hace daño a nadie, si tus padres no logran comprenderlo, no es tu culpa, si no del sistema de creencias que se les inculcó toda su vida, que no les permite abrir sus ojos a panoramas más amplios, con perspectivas más completas.

BASTA DE ARREPENTIRNOS

Tampoco podemos vivir lamentándonos cuando le hacemos daño a la demás gente con nuestras acciones, si nuestra intención no era lastimarlos. Podemos ofrecer disculpas, pero no podemos vivir atados a la idea que siempre aprobarán nuestra manera de vivir.

Sí estamos convencidos de tomar una decisión, debemos estar dispuestos a luchar por ella, si es lo que realmente queremos.

Cuando tomemos una decisión personal, debemos evaluar si es lo mejor para nosotros, y cuando tomemos una decisión enfocada en la sociedad, debemos procurar que todos, incluyéndote, se vean beneficiados.

Hay que analizar de qué manera nuestras decisiones pueden repercutir en nuestra vida. Si la decisión que estás tomando no te brinda todo lo que quieres, pero te da lo necesario para seguir con una calidad de vida digna, puedes estar seguro que tomaste la decisión correcta.

ES CUESTIÓN DE PERSPECTIVA

Basta de juzgar a la gente a través de nuestros ojos y mediante lo que nosotros consideramos como correcto.

En muchas partes del mundo, sobre todo en occidente, la poligamia no está bien vista, y se cree que atenta contra la integridad de las personas. Sin embargo, en muchos países de oriente las culturas la siguen practicando. Cuando se les pregunta a las personas si se sienten cómodos u ofendidos con la poligamia ellos contestan que realmente no tienen ningún problema con éste tipo de relación, ya que para ellos es normal.

Lo que para nosotros puede ser una situación desagradable en la que no nos gustaría participar, puede que para otra persona sea algo que les encantaría experimentar, y eso no quiere decir que sea bueno o malo o que nosotros estemos en lo correcto y ellos no, simplemente son formas distintas de ver la vida que debemos respetar.

FALTA DE CONSCIENCIA EN LA MAYORÍA

En temas que ocasionan conflictos como lo son la religión, política o futbol, la mayoría de las veces no se puede llegar a una conclusión benéfica para ambas partes, ya que no existe la conciencia necesaria para aceptar que está bien que no todos piensen ni actúen de la misma manera que nosotros.

Si en el mundo todos fuéramos iguales y todos hiciéramos las mismas cosas, no existiría el progreso. Porque el progreso no se da en las mentes que siguen haciendo lo mismo año tras año. El progreso surge en aquellas personas que se dieron cuenta que las cosas pueden ser diferentes y decidieron hacerlas así, sin importarles si estaban haciendo o no lo correcto.

Por último algo que debes tener en cuenta, es que mientras te sientas contento y orgulloso con la decisión que acabas de tomar, no importa si los demás están o no de acuerdo contigo o si te critican.

Al final la sociedad te va a criticar por todo, y buscará exponer a los que son diferentes o están haciendo cosas diferentes, para que se sientan intimidados y dejen de hacerlas. Al rebaño no le gusta una oveja negra que no siga los lineamientos y que los desafíe.

Demuéstrale al mundo entero que tú no eres de aquellos que se dejan frustrar por mentes frustradas.

Steve Jobs decía:

"No dejes que el ruido de las voces exteriores apaguen tu voz interior"

Elige siempre hacer el bien sin mirar a quien o elige si puedes la mejor opción: la buena y si no, al menos la correcta y en caso que definitivamente no puedas elegir ninguna de las dos, siéntete convencido que la decisión que estás tomando es la mejor que pudiste haber elegido, bajo las circunstancias en las que te encontrabas. A fin de cuentas eso es lo que importa. No vivir arrepintiéndonos por lo que pudo ser y no fue.

Si sientes que lo que estás haciendo es realmente lo que debes hacer ni yo, ni tus padres, ni tus amigos, ni nadie somos quién para decirte lo contrario.

FÁCIL - SENCILLO

"No digo que vaya a ser fácil, digo que va a valer la pena"
ART WILLIAMS.

Es común no conocer la diferencia entre estas dos palabras ya que usualmente se utilizan de manera inadecuada, según el contexto en que se empleen.

Es incorrecto pensar que cuando algo es sencillo tiene que ser fácil. Definir a la palabra sencillo como algo fácil hace que limitemos la palabra al mismo tiempo que le quitamos valor, sin embargo, cuando algo es fácil puede ser sencillo.

SENCILLO NO ES FÁCIL Y FÁCIL PUEDE SER SENCILLO

Para entenderlo pondré un ejemplo que nos enseñan en la escuela. Los diferentes reinos de la naturaleza: Fungi, animal, monera, protista y vegetal.

El reino plantae es aquel que comprende todas las plantas, como rosas, girasoles, tulipanes, etcétera. En base a esa información podemos determinar que un girasol es un miembro del reino plantae, pero un miembro del reino plantae, no necesariamente es un girasol. Algo sencillo no es fácil, pero algo fácil puede ser sencillo. Como más adelante demostraré.

SENCILLO
NO
NECESARIA
MENTE
ES FACIL

FACIL
PUEDE
SER ALGO
SENCILLO

SENCILLO NO FUE FACIL

Cuando alguien dice que cierta actividad es sencilla para él, puede que haga referencia a que realizarla no le requiere de gran esfuerzo para su persona, como cuando Cristiano o Messi tiran un penal y la mayoría de veces anotan. Es sencillo para ellos, pero detrás de esa sencillez, hubo días enteros de entrenamiento, horas y horas bajo el sol, sudor, lagrimas, sangre, noches de desvelo, una buena alimentación, cancelar compromisos por quedarse a entrenar, practicar su agilidad mental e inteligencia emocional y un sinfín de cosas más que hicieron para llegar al lugar donde están.

Nada fácil para ser concretos. Pareciera que para ellos es sencillo tirar un penal, pero podemos ver que el proceso que han llevado para que sea sencillo, no ha sido nada fácil.

Para que algo se vuelva sencillo, debe llevar implícito una serie de procesos, aprendizajes, lecciones, vivencias o conocimientos que hicieron que la complejidad disminuyera hasta ser considerado como sencillo.

Podríamos decir que la palabra fácil, es la forma de hacer las cosas que carece de dificultad y se usa de manera más subjetiva. La palabra sencillo es una palabra que cuantifica el grado de complejidad de la acción y esta complejidad es objetiva. Cuando nos dicen que hagamos algo de la manera más fácil, nos están diciendo que busquemos la manera más eficiente, que sea menos tardada y que nos lleve un menor esfuerzo, ya sea físico, mental, emocional o espiritual para lograrlo.

ALGO APARENTEMENTE FÁCIL PUEDE NO SER SENCILLO

Como cuando de niños nos enseñan a sostener el lápiz de manera correcta; la cual es haciendo una pinza con el dedo pulgar e índice, mientras que el medio sirve de apoyo, para que nos sea más fácil escribir.

Es cierto que aprenderlo de esta manera hará que sea menos complicado escribir después, sin embargo, acostumbrarnos a tomar el lápiz así no es algo sencillo, ya que tenemos que practicar varias veces, una y otra vez, hasta que se nos vuelva un hábito. Pese a que agarrar el lápiz de manera correcta hace más fácil escribir, aprender a hacerlo no es sencillo, y menos si ya estamos acostumbrados a agarrarlo de otra manera.

ALGO QUE ES SENCILLO EN ESENCIA PUEDE NO SER FÁCIL PARA NOSOTROS

Como cuando nos invitan a comer a una casa ajena y nos dan de comer algo que no nos gusta y decidimos comerlo por educación, cada mordida o cucharada que demos será una mini tortura para nosotros y alguien podría decirnos exagerados, ya que es muy sencillo, solo tomas y te metes la comida a la boca sin mayor complejidad, pero para nosotros no es fácil, ya que implica un grado de dificultad, al no gustarnos.

SENCILLO	FACIL
CARECE DE	CARECE DE
COMPLEJIDAD	DIFICULTAD

Otro ejemplo claro es cuando un maestro está explicando un tema y no lo hace de la mejor manera, y deja ejercicios. Cuando un alumno no entiende, el docente se jacta de decir que es muy sencillo, qué cómo es posible que no pueda entender. Claro, es sencillo para él porque lleva años enseñando lo mismo. Es sencillo porque solo saca de su cabeza todos los conocimientos que lleva ahí dentro, pero muchos maestros olvidan que en un inicio cuando ellos también fueron aprendices, no fue tan fácil aprender todas las cosas que ahora saben, les tomó un proceso largo de aprendizaje, con muchas horas de estudio y dedicación, hasta que se convirtió en algo sencillo.

No olvidemos que lo que puede ser sencillo para nosotros, para otra persona puede que no sea nada fácil y debemos ser empáticos con la gente a quien les lleva más esfuerzo lograr algo, porque en su momento, todos hemos sido aprendices.

EL CAMINO AL ÉXITO

Es impresionante la forma en que la gente se limita cuando ve a una persona que admiran y les gustaría hacer lo mismo que ella, usando frases como "Debió haber nacido con esa habilidad", "Yo no puedo ser como él" y otras similares.

En muchas ocasiones vemos a la gente que ha triunfado y que han dejado una huella en la historia, y tendemos a creer que para ellos siempre fue fácil hacer todo lo que hicieron, que en todo momento su vida fue sencilla ya que contaban con aptitudes y habilidades que hacían que no fuera complicado lograr sus objetivos.

Aunque la mayoría reconoce que detrás de sus grandes logros, hubo un gran esfuerzo, muchos siguen creyendo que para ellos fue sencillo el camino al éxito, porque venían predispuestos de nacimiento a lograrlo y si bien es cierto que hay personas que nacen con IQ más grande o con piernas que permiten correr más rápido, o que son más atractivos que el promedio, lo que los llevo a destacar, no fueron las actitudes o aptitudes con las que nacieron, fue lo que decidieron hacer con ellas.

¿De qué te sirve en una guerra tener una mejor arma si no sabes usarla?, ¿De qué te sirve nacer con dinero si no sabes administrarlo y terminas en bancarrota?, ¿De qué sirve ser guapo si te despedirán por ser una escoria de persona?

Hay algo que tienen en común todas las personas que triunfaron y que hoy admiramos: ellos sabían que no iba ser fácil lograr todo lo que querían, que por momentos iba a ser difícil salir adelante, que iba a requerir esfuerzo, ganas de hacer las cosas, fuerza de voluntad, fe, persistencia, constancia, disciplina, liderazgo, inteligencia emocional, virtuosismo y sobre todo que para realizar cosas tan complicadas e impresionantes y que parecieran sencillas, no iba a ser nada fácil.

La manera en que despidieron a Steve Jobs de su propia empresa (Apple) fue sencilla; La manera en que la recuperó no fue fácil. Negarle publicar su libro a J.K Rowling (Harry Potter), fue sencillo; la manera en que consiguió hacerlo no fue fácil. Cuando el productor de Queen dijo que no iba a publicar Bohemian Rhapsody, porque era muy larga y nadie querría escucharla, fue sencillo; Fredy Mercury sabía que no había sido facil crear esa canción, así que para él fue facil y sencillo decirle adiós y romper su contrato.

SI FUERA FÁCIL TODOS LO HARÍAN

La gente que ha triunfado definitivamente ha tenido que hacer muchas cosas para llegar a la sencillez, si solo hubieran hecho cosas fáciles, como las que cualquiera de nosotros puede hacer, seriamos ellos.

Te invito lector a que analices qué cosas de tu vida estas dejando pasar por miedo al esfuerzo que conllevan lograrlas, por el que dirán o por el motivo que tengas. Sé que no es fácil ni mucho menos sencillo, pero lucha por tus sueños, por lo que en verdad quieres, por lo que siempre has soñado y no has logrado. Luchar por nuestros sueños siempre va a valer la pena; recuerda siempre que si fuera fácil todos lo harían.

Espero un día te animes a hacer todo eso que siempre has querido y que cuando mires hacia atrás y alguien te diga "oye lo haces ver muy sencillo" puedas contestarle con orgullo en la mirada, "ahora es sencillo, pero créeme no fue fácil".

Deja de tenerle miedo al éxito. Ármate de valor. Solo tenemos una vida así que o la vivimos bien y al máximo aunque no sea fácil ni sencillo o vivamos una vida sin sentido y desaprovechada, que no vale la pena recordar ¿Cuál prefieres? Espero que la primera.

¿Cuánto tiempo más vas a postergar tus sueños por no ser sencillos?

DISCIPLINA - CONSTANCIA

"No siempre estarás motivado, debes aprender a ser disciplinado"

Cuando busqué en internet las palabras disciplina y constancia me aparecieron algunos artículos explicando de dónde provenía cada palabra, sin embargo no encontré uno que explicara cómo saber cuál se acomoda más a tu tipo de personalidad.

DOS FORMAS DISTINTAS PARA TRABAJAR

Disciplina y constancia son dos palabras que parecen sinónimos, ya que tienen el mismo objetivo, el cual es alcanzar una meta, sin embargo no significan lo mismo.

En este capítulo brindaré dos definiciones que si bien no están en un diccionario, te ayudarán a tener una idea más clara de qué forma de trabajar es la que más se te acomoda, para que sientas un alivio que estás logrando tus objetivos.

EXPERIENCIA CON LA DISCIPLINA

Desde pequeño mi madre me decía que tenía que ser disciplinado. Que tenía que cumplir con mis obligaciones de la casa, tarea, estudiar, arreglar mi cuarto etc. Nunca fui bueno para establecer horarios. Me costaba y hasta la fecha me cuesta, soy más de hacer las cosas cuando encuentro el momento, tiempo y actitud para hacerlo y no cuando una fecha u horario impuesto me dice que tengo que hacerlo.

Durante mis primeros años de secundaria veía como algunos de mis amigos dedicaban largas horas a estudiar. Lo hacían con horarios fijos para aprobar un examen, sin embargo también veía que deseaban estar haciendo otra cosa en lugar de estar estudiando, pero no podían, eran disciplinados. Sabían lo que tenían que hacer y sabían que si no lo hacían habría consecuencias. Así que aunque no quisieran se marcaban horarios.

En algunas ocasiones intenté aplicar la misma estrategia de establecer horas específicas y me di cuenta que no me funcionaba, así que opté por no hacerlo de esa manera. Eso no quiere decir que no estudiaba, sino que lo hacía a diferentes horas y de diferentes maneras, sin seguir un lineamiento preestablecido, y aunque no lo tuviera lograba aprobar. Era constante.

DISCIPLINA

Cuando una persona es disciplinada, hará las cosas aunque no quiera, porque está ejerciendo una disciplina, valga la redundancia. Una disciplina se entiende como una obligación donde se cumplen reglas, cláusulas, tiempos, procesos y acuerdos previamente establecidos, y el no cumplirlos representa una falta de esta, por lo tanto se podría reflejar como un fracaso personal.

El hecho de que sea una obligación no significa que sea mala o que por eso no nos tiene que gustar. En ocasiones tenemos obligaciones que cumplir y que aparte nos gusta hacer, incluso si no nos gustan, la idea de lo que lograremos cuando hayamos culminado el proceso, es suficiente motivación para no dejar de hacer las cosas.

En la vida no siempre nos toca hacer lo que nos gusta. Debemos cumplir obligaciones que nos imponen, ya sea en la casa, como cuando nuestra madre nos ordena limpiar el cuarto, o cuando hacemos cualquier actividad que de antemano a ningún joven o no tan joven podría gustarle.

La escuela también nos llena de obligaciones constantemente y se nos imponen reglas, independientemente si están justificadas o no. Algunas de estas obligaciones incluyen horarios fijos y rigurosos, tareas sin sentido, estudiar para exámenes, proyectos individuales o en equipo, etc.

Cuando creces y te gradúas, crees que eres libre de las obligaciones de la escuela, pero entonces empiezan las del trabajo, que te exigirán un ritmo que debes cumplir y si a eso le sumas la paternidad o maternidad, bueno... Cualquier padre puede explicar mejor que yo lo que implica tener un hijo. Pero no estoy aquí para decirte todas las cosas desagradables que haces que te amargan la vida y que no te gustan hacer. Estoy aquí para explicarte por qué la disciplina es tu solución (o la constancia).

Líneas atrás comentaba que no soy partidario de la disciplina; De tener que hacer las cosas por obligación, porque no hay de otra. Soy más fan de la constancia, de hacer las cosas con gusto y sin un sistema por detrás. Aun así soy realista y reconozco la importancia de cumplir con nuestras obligaciones, las cuales nos torturarán si no aprendemos a ser disciplinados.

CONSTANCIA

Una persona constante hará las cosas de la manera que pueda, tal vez con cierta desorganización e incertidumbre de cómo llevar acabo su objetivo, pero siempre avanzando, nunca renunciando a la idea de cumplirlo y siempre poniendo por delante la voluntad de hacer las cosas.

¿CÓMO APLICAR AMBAS AL MISMO TIEMPO?

Un ejemplo donde aplico la constancia y disciplina para lograr un objetivo es mientras escribo estas líneas. Es algo que me llena de placer de forma constante. Pero para escribir, antes debo realizar mis tareas que en lo absoluto no me gustan hacer y que lo más seguro es que no me dejen nada bueno, más que una ampolla por ser disciplinado.

Es ahí donde reside la importancia de saber aplicar la disciplina y/o constancia, ya que si me preguntaran ¿Qué prefiero hacer entre mi libro y la tarea? Obviamente elegiría mi libro y dedicarle todo el tiempo que pierdo haciendo tareas, sin embargo, si hubiera hecho eso, no hubiera aplicado la disciplina, ya que, aunque de manera subjetiva (a mi sentir), esas tareas no son tan importantes como mi libro, sé que de manera objetiva lo son, porque de no entregarlas obtendría una mala nota y eso afectaría mi promedio.

Tuve que anteponer la disciplina a la constancia, aunque no acostumbro eso. Deje a un lado lo que me gusta hacer, para hacer lo que no me gusta y tengo que hacer. Aun así una vez terminada la tarea, aunque me encontraba cansado y frustrado, decidí ser constante con mi libro. Porque me gusta.

DAR PRIORIDAD A LA DISCIPLINA

Es importante que aprendamos a darle prioridad a la disciplina aunque en ocasiones no queramos. Sé que el pensamiento de "podría estar haciendo algo mejor" o "¿Para qué hago esto?" siempre va estar ahí.

Siempre desearemos estar en otro lugar, y el que tu mente sea constante con ese pensamiento, te quita la energía que podrías utilizar para las actividades que si te gusta hacer constantemente. Claro, una vez que hayas acabado con las que no te gustan, por ser disciplinado. La disciplina no es mala. Malas podríamos decir que son las acciones que nos obligan a hacer.

La disciplina es solo una herramienta que te ayudará de manera más fácil y con menos frustración a hacer todo lo que quieres. Te dará las bases, lineamientos y reglas para no tirar la toalla y lograr todo lo que sueñas. Sin embargo, si no eres constante con lo que te gusta, no servirá que seas disciplinado, ya que todo lo harás por obligación y eso no te dará la libertad que necesitas para triunfar en la vida.

¿CÓMO CREAR UN HÁBITO?

Es fundamental combinar la disciplina con la constancia para lograr un hábito, "todo cambio al principio es difícil, desordenado en el medio, pero preciso al final". Una frase de Robien Sharma autor del best seller "El monje que vendió su Ferrari" y "El club de las 5 de la mañana".

Muchas veces querremos tirar la toalla. Nuestra constancia desaparecerá y lo único que quedará es ser disciplinados sí queremos lograr nuestro objetivo. En otras ocasiones la disciplina matará nuestras ganas de seguir y tendremos que ser constantes si no queremos fallar.

La importancia de diferenciar la disciplina de la constancia, reside en saber cuándo aplicar una y cuándo aplicar otra.

Cuando ya no podamos más, seamos disciplinados, aunque no nos guste y los resultados se encargarán de recompensarlo.

Cuando ya no sepamos cómo continuar, seamos constantes, hagamos las cosas a nuestra manera y a nuestro ritmo. De esta forma cualquier avance por pequeño que sea, será un paso más cerca del éxito.

Si quieres crear un hábito debes ser disciplinado para que se forme, sin embargo, no siempre podrás cumplir de la manera que te gustaría o debiera, es ahí cuando debes ser constante. Al final del día, lo importante es seguir avanzando.

LO IMPORTANTE ES AVANZAR Y HACERLO CON AMOR

No importa si eres disciplinado o constante, lo que importa es qué tantas ganas y qué tanto amor le pones a las cosas, porque un disciplinado sin amor ni pasión, solo es un borrego más siguiendo lineamientos.

Una persona constante pero sin amor y pasión, solo es una persona caminando sin rumbo alguno que lo acerque al éxito.

En conclusión, tú decides qué forma de trabajar y ser productivo se te acomoda más. Si sientes que alguna forma no te funciona, cámbiala.

El objetivo es cumplir tus metas y eso se logra siendo constante o disciplinado, pero sobre todo yendo siempre hacia adelante, que es a donde nos lleva cualquiera de estos dos estilos de vida.

Elige el que más se te acomode y no olvides las dos reglas del éxito:

Nunca tirar la toalla y Siempre seguir hacia adelante.

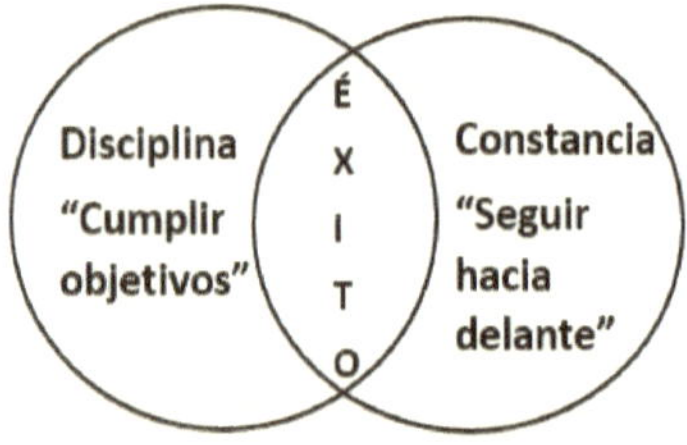

INTELIGENCIA EMOCIONAL

"La grandeza de un hombre no está en cuánta riqueza adquiere, sino en su integridad y su capacidad para afectar positivamente a los que lo rodean"
BOB MARLEY

CONÓCETE

"Tal vez las enfermedades mentales son la respuesta natural a una sociedad desquiciada"
SIGMUND FREUD

Existen actualmente cientos de formas distintas de combatir la depresión y ansiedad, y muchas de ellas son muy efectivas, pero para llevar a cabo cualquiera de ellas, se requiere que la persona se conozca así misma.

Conocernos a nosotros mismos podría parecer una idea algo absurda, por el hecho de que asumimos que es obvio que nos conocemos, si somos nosotros mismos los que llevamos las riendas de nuestra vida. Sin embargo, es demasiada la gente que no se conoce a fondo, porque nunca se han dado el tiempo necesario para hacerlo. Nunca se han puesto a analizar por qué es que actúan de la manera en que lo hacen, y sí es que su comportamiento está dentro de lo ideal, para ser sustentable.

Puede ser que nos conozcamos y sepamos qué es lo que nos gusta y disgusta, pero no sabemos realmente por qué es que nos gusta o por qué nos disgusta. Sabemos qué cosas nos irritan y qué cosas no lo hacen, pero no sabemos qué es lo que provoca esa diferencia. No sabemos por qué es que en algunas situaciones nos ponemos más nerviosos que los demás y por qué en otras demostramos un mayor control de la situación que la mayoría.

El problema principal de que no nos conozcamos, es que no hacerlo provoca que sigamos creyendo que ciertos comportamientos que tenemos son *normales*, cuando puede ser que no lo sean y estén provocándonos problemas sin que seamos conscientes de ello o viceversa. Puede ser que creamos que ciertas actitudes que tenemos no son normales y puede ser que sí lo sean, y tengan una buena explicación por detrás.

Mucha gente sabe que es nerviosa, pero no sabe que padece de ansiedad y mucho menos sabe que esa ansiedad puede estar siendo provocada por un trastorno mental. También puede ser que una persona sea consciente que constantemente se siente triste, pero no sepa que realmente está sufriendo de depresión y eso es lo que hace que permanezca todo el tiempo cabizbaja.

No es tan difícil identificar si una persona presenta un trastorno, basta con detenernos un rato a analizar su comportamiento y darnos cuenta de ciertos patrones que están fuera de lo común, y una vez que los hayamos identificado, el siguiente paso es buscar el origen de estos, para así comprender por qué es que esa persona está actuando de esa manera.

Es necesario siempre buscar más allá de lo obvio, es decir, si una persona se pone nerviosa cuando está hablando frente a un grupo, es fácil deducir que es porque tiene miedo a hablar en público, y claro que lo tiene, pero lo importante aquí es identificar realmente por qué es que tiene miedo a hablar en público.

Si no lo hacemos así, nos quedaremos con la idea de que fue simplemente una actitud aislada, algo que le sucedió en ese momento, cuando puede ser el síntoma de algún trastorno, condición o trauma que no haya sido identificado. La gente en general sabe muy poco sobre su propia mente y los procesos, trastornos y peculiaridades que ésta tiene.

Cada uno de nosotros es diferente y cada uno de nosotros cuenta con ciertas particularidades que nos hacen únicos. En ocasiones estas particularidades no son de nuestro agrado, ya que pueden hacernos una persona menos eficiente y por ende sean una desventaja para nuestro desarrollo. Sin embargo, muchos de los trastornos o déficits que existen, cuando se aprenden a controlar y a sacarles el mayor provecho, pueden dar grandes frutos.

TOC - TOC

Una persona que sufre de ansiedad puede ser que piense que su vida es más difícil que la de los demás, ya que hay muchas cosas que para otros son fáciles y para él no. La gente con ansiedad tiende a desarrollar algún TOC (Trastorno Obsesivo-Compulsivo).

El típico caso de un TOC, es el de la gente que es obsesiva con la limpieza y que todo el tiempo se la pasa limpiando las cosas. Otro TOC muy común, es el de aquella persona que pese a que ya se cercioró que la puerta de su casa quedó cerrada, regresa a checar una vez más para verificar de nuevo que así haya sido.

Las personas que padecen de un TOC llevan una vida más complicada desde el punto de vista que su vida siempre es una batalla, en la que, a menos que hagan lo que su TOC les ordena hacer, no se sentirán bien ni cómodos consigo mismos.

Sin embargo mucha gente con TOC ha sabido aprovechar su situación para lograr algo bueno, como trabajar en una empresa donde le paguen por organizar cosas; en el caso que sea una persona que le encanta tener todo ordenado, y como su trabajo le apasiona, lo hará bien.

TDA

Las personas con TDA (Trastorno de Déficit de Atención), son personas a las que les cuesta mucho concentrarse. Son las típicas personas a las que se les está hablando y de la nada se distraen y te dejan hablando sólo, o no te ponen la atención necesaria cuando les hablas, y no es porque ellos no quieran ponerte atención, sino que su cerebro no se los permite.

Sin embargo, el cerebro de una persona con TDA funciona de una manera muy peculiar, en la que si encuentra algo que le apasione, su cerebro segregará los químicos necesarios para concentrarse, y hacerlo incluso de mejor manera que el cerebro de una persona común.

Leo Messi, la leyenda del fútbol, padece de un síndrome llamado Asperger, que está muy relacionado con el TDA, el cual hace que las personas que lo padecen, cuando encuentran algo que les gusta mucho, profundicen en ello al máximo, ocasionando que se vuelvan cada vez mejores. Leo Messi en lugar de resignarse a su síndrome, decidió sacarle el mayor provecho posible, al igual que muchos gamers que sufren de TDA, y que cuando se encuentran frente a una pantalla se convierten en los mejores. Cuando el cerebro encuentra algo que le gusta, siempre potencializará sus habilidades.

A mí personalmente me causa mucho conflicto padecer ansiedad, ya que la considero una limitante y una condición que me frena para hacer muchas cosas. Sin embargo leí en un libro que muchas de las personas que han cambiado al mundo, y que han sido considerados genios en lo que hacían, sufrían de ansiedad, y era esa misma lo que los motivó a lograr todo lo que hicieron.

Si no tuviera ansiedad de compartir todo este conocimiento con los demás, no hubiera empezado a escribir este libro y si no sufriera de ansiedad, no hubiera leído todos los libros que me apuré a leer, para obtener más rápido el conocimiento. Algo que he aprendido a lo largo de mi vida, es que la ansiedad, si se aprende a controlar y redirigir, puede ser algo que te brinde muchos beneficios a mediano o largo plazo. Sólo no hay que caer en extremos.

PERFECCIONISMO

Uno de los más comunes en las personas que padecen de ansiedad es el perfeccionismo. Muchas de las personas que conocemos a lo largo de nuestra vida son perfeccionistas, y eso no es más que un reflejo que sufren ansiedad.

Una ansiedad que no les permite dejar algo, hasta que sienten que es lo suficientemente bueno para ser considerado como "perfecto". El problema del perfeccionismo es que siempre genera más ansiedad, ya que nunca algo va a ser perfecto, por lo que viven frustrados bajo la idea de que lo que hacen no lo es, y tienen que seguir mejorándolo constantemente, hasta el punto en el que ya se vuelve un problema y deja de ser saludable.

Este tipo de comportamientos aparecen desde pequeños en niños que en las escuelas se vuelven "mataditos" o al menos así le llamábamos en mi escuela a los niños que buscaban hacer todo perfecto con tal de conseguir un 10 en la calificación. Para ellos, el no conseguir una buena nota era como cometer un delito.

Gran parte de la ansiedad que se vive en las escuelas, se genera en parte por los padres que presionan a sus hijos con sus calificaciones como si eso los definiera. La gente perfeccionista hace las cosas incluso si no quieren hacerlas, ya que ese es su modus operandi.

Sí eres perfeccionista, lo que tienes que hacer es tratar la ansiedad desde la raíz, que generalmente es un síntoma de la falta de seguridad en uno mismo. Todos debemos aprender a sentirnos seguros de lo que estamos haciendo desde el inicio, y no buscar lo perfecto, ya que de ser así se estaría buscando un imposible.

TODOS TENEMOS LÍMITES

Todos tenemos límites y es importante conocerlos. Debemos aprender qué tanto podemos apretar y qué tanto podemos soltar, porque si no nos damos a la tarea de conocer y definir nuestros límites constantemente los estaremos evadiendo o sobrepasando. Hay que aprender a identificar qué tanto toleramos las actitudes de la gente y qué tanto estamos dispuestos a regalar nuestra paz mental y tranquilidad, a cambio de cosas que no valen la pena, como discutir con alguien sobre un tema que no tiene caso hablar, si sabemos que no obtendremos nada y que además terminaremos alterados.

Una vez que tus límites estén bien definidos, es importante que también le dejes claro a la gente cuáles son y qué tanto estas dispuesto a ceder, y qué cosas definitivamente no soportas. Es muy importante que hagas valer tus límites, para que puedas tener la vida y estabilidad que tanto necesitas, quieres y mereces.

Si la gente no quiere entender que por ejemplo, a ti te pone mal que te griten, no tienes la obligación de seguir escuchándolos, o si alguien sabe que cierto tema te lastima y sin embargo decide hablar sobre él, no tienes por qué quedarte ahí. Siempre debemos conocernos para poder decirles a los demás cómo es que somos, y que ellos valoren si están dispuestos a estar con nosotros tal y como somos, o sí mejor prefieren retirarse.

"Está bien estar mal"

Cuando comprendí el significado de esa frase pude hacer un cambio de 180 grados en mi vida, porque tuve una nueva perspectiva respecto a los déficits y trastornos que la mayoría tenemos. Muchas veces nos sentimos mal con nuestra forma de ser, o con algún aspecto de nuestra personalidad a causa de algún trastorno que tengamos. Nos sentimos mal como si tuviéramos la culpa de padecerlo.

Es curioso que la gente tiende a pedir disculpas cuando sufre un ataque de ansiedad y tiene que ser atendida por alguien más, es como si les diera vergüenza el hecho de padecer algo, y tener que pedir ayuda.

La gente sólo considera normal los aspectos físicos, como una fractura o enfermedad visible, ya que por falta de información e ignorancia no entienden que estar mal de la mente, también es normal.

Casi todos en su vida sufrirán algún trastorno mental, lo que pasa es que muy pocos lo identificarán, por eso cuando alguien dice que tiene uno, la gente lo ve raro, como si fuera algo descomunal. Y no es así. Si sufres algún trastorno mental, estoy aquí para decirte que está bien estar mal.

Está bien que estés enfermo y que lo aceptes, está bien que sufras de un trastorno y no lo ocultes, está bien que sufras de ansiedad y lo digas, está bien que tengas depresión y busques ayuda. Lo que no está bien, es que la gente tenga que vivir ocultando sus trastornos o tenga que vivir sin saber que tiene uno, sólo porque el apoyo a los problemas mentales es muy escaso, y la gente sigue teniendo tabús y prejuicios hacia ellos.

Hay que empezar por ser más empáticos, demostrarle a la gente que puede sentirse segura de ser quién es y que esa seguridad sirva de motivación para aprender de qué manera, pueden usar su trastorno o condición a su favor.

Sueño con un mundo en el que todas las personas que sufran de algún trastorno mental, puedan ser tratadas y aceptadas por los demás. Que un día una persona pueda gritar "sufro de depresión", sin ser criticado ni insultado y que una persona que tenga miedo a hablar en público, pueda pararse frente al escenario y decirse asimismo "todo está bien, es normal sentir ansiedad", sin sentirse extraño.

El día que nos demos cuenta que no tenemos nada que esconder, y que siempre podemos buscar una mejor calidad de vida, empezando por conocernos y conocer a las demás personas, será el día que se pueda lograr un cambio de verdad.

TODOS TENEMOS PNA (PENSAMIENTOS NEGATIVOS AUTOMÁTICOS)

"Cuida tus pensamientos, porque se convertirán en tus palabras. Cuida tus palabras, porque se convertirán en tus actos. Cuida tus actos, porque se convertirán en tus hábitos. Y cuida tus hábitos, porque se convertirán en tu destino"
ROBIN SHARMA

Una de mis frases favoritas, dicha por la actriz Margaret Thatcher en la película "La dama de hierro", aunque realmente la leí en el libro "Imposible hasta que se hace", de Alfonso Aguirre.

Desde el primer momento me hizo cuestionarme muchas cosas, sobre todo algo en particular. ¿Cuánto tiempo de nuestra vida desperdiciamos pensando cosas negativas?

Alguna vez te has cuestionado qué tanto produces pensamientos negativos, y qué tanto los dejas persistir en tu cabeza. La mayoría no es consciente de la mala calidad de pensamientos que tiene. Tendemos a creer que están en nuestra cabeza sin mayor importancia.

No reflexionamos que son estos los que se vuelven nuestras acciones. Nos creemos dueños al 100% de ellas, cuando no es así. Mucho de lo que hacemos es debido a nuestro subconsciente, algo que pese a pertenecernos, no podemos controlar.

Tu *yo consciente* es quien está leyendo esto, y tu *yo subconsciente*, es el que decide qué guardar y qué desechar de la lectura en tu memoria, para después aplicar los conocimientos adquiridos, muchas veces sin que seas consciente de ello.

¿Realmente nos importa cuidar nuestros pensamientos? Creo que a la mayoría no. Es más, pareciera que a la gente le encanta llenarse de pensamientos basura, que no hacen más que frenarlos, hacerlos ignorantes y desgraciarles la vida. No hay esfuerzo alguno por contrarrestar la gran oleada de negatividad que se vive cada día.

Te invito a que un día analices lo siguiente: De 10 cosas que diga una persona, cuántas llevan una connotación negativa o peor aún, cuántas realmente son positivas. Te aseguro que el resultado no será muy satisfactorio.

PRINCIPALES ENEMIGOS DE LA CALIDAD DE PENSAMIENTOS

El amarillismo, el morbo, comentarios estúpidos que agravan situaciones, hablar de lo malo o de las desgracias que le ocurren a la gente son algunos de los peores y más comunes enemigos para tener una buena calidad de pensamientos.

Por ejemplo, mucha gente se emociona cuando el tema de conversación es la compañera de clases que acaban de violar "De seguro llevaba ropa provocativa" o la señora que vendía tacos que mataron ayer "Seguramente tenía algo que ver con ellos" o con cuántas balas acribillaron a una persona "Para qué gastar tantas, si con una queda" o si ya nos enteramos que la secretaria se está acostando con su jefe casado "Haber si no le contagia alguna enfermedad a su esposa" o en tiempos de pandemia sobre una persona que murió por Covid "Seguramente no se cuidaba".

No es que no se deba hablar estas cosas, porque algunas son temas serios, y como tales se deben comunicar para evitar desinformación y ayudar a erradicarlos. El problema es el contexto en el que se hace. Hay quienes por la forma en que lo dicen y lo que su lenguaje corporal expresa, pareciera que les da gusto contar esas cosas, como si fuera un chisme cualquiera.

Siento que el hecho de contar algo con el único fin de querer decirlo, sin ninguna intención buena por detrás, es decir, por puro chisme y morbo o para saber qué opinan los demás, le quita el valor intrínseco al mensaje.

No se comunica para ayudar a la gente afectada o evitar desinformación. Se hace únicamente para saber qué piensan las demás personas al respecto. Para criticar en vez de ponerse en su lugar. La gente es morbosa y le encanta llenarse la cabeza de pensamientos así. Pensamientos negativos.

COHERENCIA EN LO QUE HACEMOS

Algo que me sorprende mucho, es cómo pueden existir personas que digan que no les gusta algo o alguien y aun así pasen horas viéndolo o escuchándolo, ya sea en Internet a través de actualizaciones en redes sociales o vídeos de YouTube, en artículos periodísticos o en la televisión.

Si les preguntas te dirán y asegurarán que odian eso que les quita tranquilidad, pero ¿Por qué si algo no te gusta desperdicias tanto tiempo y energía en ello?, ¿Por qué si odias algo, no puedes perderte ninguna actualización al respecto?, es decir ¿Qué te deja de bueno? Sí te hace sentir más enojado o irritado, ¿No sería mejor ver algo que te motive en lugar de algo que te desmotive?, ¿O te gusta sentirte enojado?

TEN CUIDADO CON QUIÉN TE JUNTAS

Es importante cuidar con qué gente te juntas o qué tanto tiempo pasas con ellos, ya que es normal que en ciertos grupos de amigos, trabajo o incluso en la familia, la negatividad sea una constante.

¿Cómo lograrás sentirte bien, si te juntas con personas que te ponen o están mal?

A todas las personas que te quiten energía con comentarios negativos, diles adiós. Si no te puedes alejar de ellos, entonces procura cuidar qué tanto tiempo permaneces a su lado y qué tanto los escuchas, porque esa gente no hará más que quitarte las ganas de vivir.

Son los típicos que si les pides una opinión te dan una crítica. Si les planteas una oportunidad te dan cientos de motivos para no hacerlo. Si les planteas tus sueños te dan mil y una razones para no intentarlo, y de por qué no es posible lograrlos. Si les preguntas por qué son negativos, te dirán que sólo son realistas (esta es su excusa favorita).

De ser así Steve Jobs, Nelson Mandela, Elon Musk y miles de personas más que han cambiado el mundo, no fueron "realistas", si lo hubieran sido, no hubieran logrado nada, porque siempre habría una buena razón para no intentarlo.

"para todos los motivos para cerrar los ojos, están todos aquellos para abrirlos".

Si sientes que alguien o algo te está quitando energía ¿Para qué lo quieres a tu lado? Si hay alguna razón por la que su convivencia te favorece, entonces mide qué tanto permites que influya en tus pensamientos. Cuídate mucho de la gente negativa, créeme que esa gente tampoco es feliz viviendo así, aunque no lo admitan.

CORONAVIRUS: FUENTE DE NEGATIVIDAD

En la actualidad el aumento de pensamientos negativos es inevitable debido al coronavirus, y el miedo que éste ocasiona (un miedo justificado).

No es que no debamos cuidarnos o que debamos darle menos importancia, pero ¿Por qué hablar todo el tiempo de él?, ¿Eso hará que desaparezca? Por supuesto que no, muchos checan todos los días el número de muertos, como si eso fuera a hacer que disminuyera. Argumentan que es para saber si la situación ha mejorado o empeorado y no está mal hacerlo, de vez en cuando todos lo hacemos, pero ¿Por qué todos los días? ¿Por qué checar las cifras como si de eso dependieran?

Los contagios dependen y disminuyen únicamente con el cumplimiento de normas de seguridad recomendadas. Es la única manera que bajen las estadísticas de muertos, es decir que no vayas a lugares concurridos, que te vacunes, que uses cubrebocas, que tengas sana distancia, etcétera, no que te la pases comentando con tus amigos y familiares de cómo la situación es una mierda y la gente no deja de morir.

Objetivamente hablando si te dedicas a hablar solo del coronavirus, harás que tus niveles de cortisol aumenten (hormona encargada del miedo y estrés), si tu niveles de cortisol aumentan, tu sistema inmune disminuye, y si tu sistema inmune disminuye, serás más propenso a contraer enfermedades como el Covid. Si el Covid te sorprende con un sistema inmune bajo, tus probabilidades de morir aumentan y puedes pasar a ser uno más de los que tanto habla la gente.

Por eso es tan importante no hablar todo el tiempo del coronavirus. Reitero, es bueno informarnos y conocer las medidas de seguridad, pero eso no significa que deba ser nuestro único tema de conversación, ni mucho menos que no podamos olvidarnos de él ni por un instante.

AL FINAL QUEDA EN TI

Es importante cuidarse de lo que dicen las demás personas, pero es aún más importante cuidarte de lo que tú mismo te dices; es decir, que dejes de llenarte de pensamientos negativos y empieces a creer en ti, al mismo tiempo que te das el amor propio que te mereces.

Es necesario que pongas manos a la obra. Sé que hacer esas dos cosas: Darse amor propio y creer en uno mismo, son más difíciles que solo decirlo (por eso les dedicó todo un apartado en otros capítulos), pero si empiezas a hacerlo desde ahora, te aseguro que los beneficios serán muchos.

Cada que hagas algo bien y de la nada se derrumbe, no llenes tu cabeza con pensamientos negativos que sólo te dicen que las cosas serán iguales siempre. Déjame decirte que no es así, puede ser que lleve tiempo, pero con tiempo y dedicación se pueden lograr grandes cambios.

Deja de una vez por todas de decirte a ti mismo que no puedes, y mejor plantéate ¿Qué estoy haciendo ahora mismo para lograr todo eso que tanto quiero?

No importa cuáles sean tus objetivos o qué distantes los veas, lo importante es lo que estás haciendo para lograrlos. Puedes empezar ahora mismo. Elimina cualquier excusa que se te venga a la mente para no hacerlo. Tengo la teoría de que cuando tenemos ganas de hacer algo y de inmediato nos ponemos excusas, es porque la idea es buena, porque si no lo fuese, no le tuviéramos tanto miedo a realizarla. De hecho es un miedo muy común que aparece siempre que surge una nueva oportunidad: Le llaman miedo al éxito. A creer que tus sueños no se pueden lograr.

Repito, buscar motivos o justificaciones para no hacerlo es fácil, pero eso no te sacará de tu zona de confort ni te hará sentir mejor, mucho menos te ayudará a superarte. Empieza por analizar tus pensamientos, si en verdad quieres lograr algo.

LA MAÑANA COMO SIEMPRE ES MUY IMPORTANTE

Uno de los mejores consejos que te puedo dar y que puedes empezar a practicar de manera inmediata, es que cada día despiertes dejando atrás todo lo negativo.

En la mañana cuando despertamos nuestro cerebro está como nuevo, ha descansado y se ha reanimado del día anterior. No importa si tuviste un mal día, al despertar el cerebro se ha renovado aunque sea un poco, así que no lo llenes de cosas negativas desde el primer momento que estás despierto.

No sé si lo has notado pero cuando algo malo nos pasa en la mañana, define en gran parte la actitud con la que veremos el resto del día; Es decir, si desde la mañana peleas con alguien, lo más seguro es que a lo largo del día te sientas enojado o frustrado, o si desde la mañana revisas recuerdos de alguien o algo que extrañas, te sentirás desanimado durante el resto del día.

Es importante que las primeras horas las llenes de la mejor y más positiva manera, por ejemplo si un día tienes mil y una tareas que hacer, no pienses en ello desde que despiertas. Primero desayuna, ve un vídeo de risa, muévete un poco, medita, haz yoga o si no tienes mucho tiempo por lo mismo que tienes que hacer muchas cosas, al menos durante los primeros 20 minutos has algo positivo.

Lo importante es cómo llevas a cabo los primeros minutos del día, después de ello cuando sientas que tu mañana ya está tomando forma, puedes empezar a pensar y hacer todo lo que tienes pendiente.

Tampoco despiertes y vayas inmediatamente a checar tus redes sociales. Las redes sociales en muchas ocasiones no hacen más que drenarnos energía, sobre todo cuando seguimos a personas que nos caen mal o que sus publicaciones no son de nuestro agrado, como sería el caso de un ex que no puedes superar ¿Para qué lo sigues? ¿Es acaso que no puedes vivir sin saber de esa persona al menos por un día? ¿Lo que te da, es mayor a lo que te quita?

Hubo un momento en mi vida, después de mi cumpleaños número 18, donde decidí alejarme de las redes sociales por un tiempo, sentía que no me dejaban nada bueno. Cuando volví a utilizarlas, lo primero que hice fue eliminar a toda la gente, que al ver sus publicaciones me quitaban energía. El alivio que sentí fue inigualable, lo mejor es que después de hacerlo no me enteraba de lo que los demás hacían, por lo mismo que no podía ver sus actualizaciones. Bien dicen que ojos que no ven, corazón que no siente.

Si estás pasando por un momento en el que necesitas distanciarte de una persona y sacarla de tu mente, te aseguro que esto te ayudará muchísimo, ya que te regresará toda la energía que la ausencia de esa persona te estaba quitando. En fin, si quieres tener un día bonito, empieza por tener una bonita mañana, no vayas por ahí contando tus penas a todo el mundo desde las primeras horas del día, que a los demás también les afecta.

"Controla tus mañanas, impulsa tu vida" dice Robin Sharma en su libro "El club de las 5 de la mañana."

Por último, quiero terminar por explicar la frase de al inicio.

"Cuida tus pensamientos, porque se convertirán en tus palabras. Cuida tus palabras, porque se convertirán en tus actos. Cuida tus actos, porque se convertirán en tus hábitos. Y cuida tus hábitos, porque se convertirán en tu destino".

Si cuidas tus pensamientos y no los llenas de cosas negativas, cuando hables tendrás la capacidad de dar un buen consejo, de llenar de energía y motivación. Esas mismas que en algún momento te hacían falta. Lo mejor es que las palabras que te dirás ahora no serán las típicas "No puedo" "No soy bueno para esto" "Nadie me quiere" "Odio mi vida" En lugar de eso, serán unas que te llenarán de vitalidad y energía, para lo que venga.

Tus acciones encaminadas por una buena actitud y pensamientos, no harán más que darte buenos resultados. Si en tu mente estás convencido que puedes, entonces tendrás la vitalidad de hacer las cosas que siempre has querido y postergado por tanto tiempo.

A través de tus acciones, crearas hábitos que se basarán en mantener constantemente una buena vibra. Pasarás de tener hábitos que te hacen sentir fracasado y sin vida, a hábitos que te llenarán el alma de energía, cómo convertir críticas negativas en críticas constructivas, alejarte de la gente que no te hace bien para dedicarle más tiempo a las que te aportan algo bueno, o empezar tu día de la mejor manera, recordándote lo mucho que te amas y lo capaz que eres de lograr todo lo que siempre has querido.

"Si cuidas tus pensamientos te convertirás en el dueño de tu destino".

¿Cuánto tiempo más vas a dejar que tus malos pensamientos definan tu mala calidad de vida? Espero que no mucho. Quiérete.

APRENDE A CONTROLAR TUS IMPULSOS

"Esas personas autodenominadas directas tienen que entender que la sinceridad sin empatía, es crueldad"

¿Realmente somos conscientes de nuestros impulsos? La mayor parte del tiempo aunque no nos demos cuenta los humanos interactuamos y convivimos con los demás en base a impulsos.

Los impulsos son esas acciones que hacemos de manera precipitada, sin racionalizar tanto e incluso muchas veces, sin ser conscientes de ellas. La misma precipitación del impulso es lo que ocasiona que no analicemos los posibles desenlaces y consecuencias de la acción que estamos por realizar.

Un caso muy común es cuando nos encontramos muy enojados con alguien, discutimos y terminamos diciéndole cosas muy feas e hirientes que si hubiésemos estado más tranquilos, jamás le hubiésemos dicho, cosas como "Desearía no haberte conocido", "Ojalá te mueras", "Nadie te quiere", "Eres un estorbo en mi vida", etcétera.

El problema radica en la falta de comprensión hacia los impulsos. No se nos enseña que no es nuestro yo consciente quien lo hace, simplemente son manifestaciones que se dan en un momento por alguna emoción o pensamiento que se quedó clavado en nuestro subconsciente.

Por ejemplo, cuando le decimos a alguien que queremos, que desearíamos que muriera, nuestro yo consciente realmente no quiere eso, sino que en nuestro subconsciente se generó la idea de "Desearía que desaparecieras un momento de mi vista", pero por el impulso del enojo se convirtió en un "Desearía que te murieras".

Cuando comprendemos que una persona enojada puede llegar a decir cosas muy hirientes a causa de sus impulsos, de los cuales no es consciente, aprendemos a no tomarnos tan a pecho sus palabras, e intentamos descifrar qué es realmente lo que nos quería decir o cuál era su intención detrás de todo lo que dijo.

FLEXIBILIDAD COGNITIVA ¿QUÉ ES?

Hay que tener en cuenta que existen trastornos muy comunes que provocan que una persona sea más propensa a no poder controlar sus impulsos que la mayoría.

En nuestro cerebro hay una parte llamada giro cingulado, la cual se encarga de la flexibilidad cognitiva.

La definición de flexibilidad cognitiva que más me gusta, es la que aporta el libro "Cambia tu cerebro, cambia tu vida" del Dr. Daniel G. Amen, el cual la define como "La capacidad de una persona por dejarse llevar, adaptarse al cambio y abordar con éxito los problemas nuevos; los cuales son necesarios en muchas situaciones que se plantean en la vida".

Es decir, una persona con un giro cingulado no funcional, es la típica persona a quien si se le plantea una nueva situación tiende a decir inmediatamente que no, o la típica persona que se queda clavada en algo muy pequeño y no lo deja ir, convirtiéndolo en algo más grande.

Cuando se quedan clavadas en cosas del pasado y discuten con alguien, recuerdan cosas aunque no tengan nada que ver con el motivo del conflicto y estén fuera de contexto.

Si conoces a alguien con estas características lo más seguro es que sufra de esta afección, ya que es muy común, llegando al punto en que considero que cada uno de nosotros conoce a alguien así.

Cuando nos toca interactuar con una persona con poca flexibilidad cognitiva, tenemos que tener en cuenta que tanto tú como ella tienen responsabilidades al momento de su interacción.

RESPONSABILIDADES DE UNA PERSONA CON POCA FLEXIBILIDAD COGNITIVA

Cuando alguien sufre de una afección, no puede decidir no tenerla de un día para otro. Tiene que vivir en muchas ocasiones el resto de su vida con ello, lo cual provoca que desarrolle muchos problemas sociales, sin embargo el afectado tiene responsabilidades de las cuales no se puede excusar bajo el argumento "Ya que tengo una afección que no puedo controlar, no tengo obligaciones ni responsabilidades en lo que pueda llegar a hacer".

En mi caso sufro de ansiedad desde pequeño, pero he tenido que aprender a no escudarme en ello para todo lo que hago. Tengo que tener responsabilidad de mis actos y sus consecuencias, sin importar cuáles sean.

Si alguien detona mi ansiedad y reacciono de mala manera, podría llegar a pensar que no tengo la culpa, ya que no la controlo, y aunque uno no puede controlar sus impulsos, la realidad es que existe todo un trabajo por detrás para lograr que el punto de no retorno sea cada vez más distante.

Uno debe ser consciente de su situación, por ejemplo, si soy una persona que se estresa o se enoja rápido, debo evitar a toda costa situaciones que podrían ponerme en un estado de riesgo a perder el control.

No siempre vamos a poder frenar nuestros impulsos, pero son muchas las opciones que podemos llevar a cabo para tener un mejor control de la situación. Algunas de ellas son: Practicar meditación, reflexionar al menos cada día 20 minutos sobre ¿Cómo me siento? y ¿Por qué me siento así?, practicar ejercicios de relajación y respiración, como yoga.

Cada uno de nosotros tiene demonios internos, pero el hecho de no analizar lo que los origina para hacer algo al respecto, es lo que provoca que haya un conflicto tan constante entre individuos que intentan convivir.

RESPONSABILIDADES DEL RECEPTOR

Es la persona que se encuentra del otro lado de la moneda, es la que recibe todos los insultos y acciones por parte del afectado.

Para ser un buen receptor debemos ser conscientes del grado de afectación que tiene la otra persona. No para justificar lo que haga. De hecho, siempre he dicho y lo reitero ahora mismo, que todos, por más afectados que estemos, debemos hacernos responsables de nuestras acciones.

El objetivo de conocer el grado de afectación de la persona es para comprender por qué está actuando de cierta manera, ya que si no somos conscientes que se trata de una persona que por ejemplo sufre de ansiedad, no entenderemos por qué cosas tan irrelevantes le afectan tanto, o si no somos conscientes que sufre depresión, tampoco entenderemos por qué lo que dice y hace siempre tiene una connotación negativa o incluso suicida.

Cuando comprendemos por qué una persona es cómo es y por qué hace lo que hace, cualquier cosa que nos diga, por más hiriente que sea, no nos afectará de igual manera que si no lo comprendiéramos, ya que entendemos que todo su enojo y furia, tienen un origen más allá del que a simple vista parece.

¿EXISTEN IMPULSOS BUENOS?

No todos los impulsos son malos, también hay impulsos buenos, como cuando tenemos miedo a hacer algo y nos animamos por lo que sentimos. O el típico impulso que llevó a alguien a robarle un beso a su futura prometida, o ese impulso que te llevó a escoger la carrera qué tanto querías y tenías miedo de elegir.

Un impulso también puede ser una corazonada, es decir una energía que te dice que lo que estas apunto de hacer es una buena idea. Aun así tenemos que aprender a controlarlos como a los malos, ya que siempre tomar una decisión, conllevará un riesgo y una tan poco premeditada, puede traer verdaderas consecuencias a tu vida.

Mientras mejor control tengamos sobre nuestras emociones, mejor será nuestro control sobre nuestros impulsos, y mientras mejor sea nuestro control sobre nuestros impulsos, mejores serán las decisiones que tomemos.

Te quiero invitar lector a darte el tiempo de analizar tu vida por un momento, de cuestionarte si en verdad estás haciendo lo que te gusta, o si estás viviendo una vida que no quieres basada en impulsos y no en razonamientos.

También quiero invitarte a que cada ocasión que sientas que debes hacer o decir algo, te cuestiones si lo que estás a punto de hacer o decir, es realmente necesario y cómo podría afectar en la vida de los demás.

Hay ocasiones en las que queremos hablar con alguien para solucionar las cosas y decidimos hacerlo en un momento de impulsividad. Cuando es así lo más seguro es que las cosas salgan mal, en cambio cuando uno se toma el tiempo necesario para tomar decisiones, las probabilidades de éxito aumentan demasiado.

ENCONTRAR EL PUNTO MEDIO

Hay una frase que me gusta mucho que dice *"Hay cosas que deben ser dichas, pero no escuchadas".*

Se refiere a que en ocasiones queremos decirle algo a alguien y nos apresuramos a decírselo sin analizar realmente si esa persona está lista para escucharlo, o si en verdad se encuentra en la mejor disposición para escucharnos.

No se trata de ir por el mundo sin planear antes lo que vamos hacer y decir, tampoco que si tenemos algo que decir o hacer no lo hagamos. Únicamente se trata que aprendamos a controlar los impulsos que nos hacen querer hacer todo al momento y de manera precipitada.

Si aprendiéramos a controlar nuestros impulsos cada ocasión que discutimos con alguien las cosas serían muy diferentes. Hay quienes cuando discuten no se callan ni por un momento, dicen todo lo que se les viene a la cabeza sin medir las consecuencias de sus palabras.

No debe ser así, independientemente si tenemos o no la razón, debemos analizar lo que decimos, porque al final del día lo que decimos nos representa y puede ser que terminemos diciendo algo que no va de acuerdo a lo que consideramos que somos y sentimos, y terminemos por arrepentirnos.

Sé que cuando uno está enojado es muy difícil llevar a cabo todo lo antes mencionado, pero podemos empezar por repetirnos constantemente la idea de controlar nuestros impulsos, para que poco a poco el cerebro se vaya acostumbrando a tomarse el tiempo necesario para actuar.

Si vas hacer o decir algo que no ayuda y que sólo va a perjudicar, mejor no lo hagas, ya hay demasiada gente haciendo eso, mejor sé una persona que sabe escuchar a los demás, sin importar lo que tengan que decir. Sé una persona que siempre busca una solución y que si siente que no puede aportar nada bueno, porque cualquier cosa que diga o haga puede empeorar la situación, mejor se aleja o queda callada.

Una de las mejores formas de controlar nuestros impulsos es alejarnos cuando sentimos que no podemos más, incluso si la otra persona insiste que nos quedemos, debemos tener el coraje para hacerlo, porque quedándonos no solucionamos nada.

Los impulsos al final del día son instintos y los instintos no se pueden controlar, lo que sí podemos controlar es qué tanto dejamos que influyan en nosotros los factores externos e internos que los detonan. No les miento, pese a que durante años me he dedicado a desarrollar el control de mis impulsos, hay situaciones en las que definitivamente me salgo de mis casillas.

La clave reside no en que tan impulsivo eres, sino en qué tanta probabilidad hay de que explotes. Es decir, qué tanto haces para evitarlo. Esa es la clave, para ir en contra de la corriente. Ser consciente que no puedes vencerla, pero sí puedes retrasar la velocidad con la que te lleve, llegando a un punto en que la probabilidad de que te hunda sea casi nula.

Tenemos que llegar al punto en que seamos conscientes de nuestras acciones y no dejemos que los impulsos gobiernen nuestra vida. Cuando lleguemos a ese punto, te aseguro que te sentirás más libre y dispuesto a seguir mejorando, te convertirás en un verdadero líder, uno que no se deja gobernar por nada ni nadie y que tiene bien claro lo que quiere y cómo lo va a lograr.

ROMA NO SE HIZO EN UN DIA

"Soy insignificante, pero también soy esencial; soy mancha en la piel del jaguar, soy pluma en el ala del quetzal. Soy polvo en la montaña y rayo de sol en cada mañana. Soy solo un pedacito de cielo, pero sin mí, el universo estaría incompleto"
LOS CUENTOS DEL VIENTO DEL SUR

¿QUÉ SE PUEDE HACER PARA DESARROLLAR INTELIGENCIA EMOCIONAL?

Si bien existen consejos o estrategias como lo son el control de impulsos, seguimiento de patrones de conducta, terapia cognitiva y conductual, entre otras, gran parte del conocimiento de alguien con inteligencia emocional bien desarrollada, lo ha adquirido de manera empírica, y como tal, aunque se explique al oyente, no podrá aplicarlo a su vida de igual manera, ya que cada persona ha pasado por una historia o mapa de vida completamente diferente.

Lo que sí se puede hacer es escuchar lo que ésta persona más desarrollada que nosotros nos puede decir al respecto, y ver de qué manera lo podemos aplicar a nuestra vida y a nuestras circunstancias.

Hay ciertas cosas que a lo largo de mi vida he ido aprendiendo y considero que son necesarias que todos sepamos, para que en caso de que se puedan aplicar en tu vida, te ayuden a tener una mejor calidad en esta, basada en el buen uso de la inteligencia emocional.

Lo primero que debes tener en cuenta es que si bien es cierto que gran parte de nuestros impulsos no los podemos controlar, ya que son muy primitivos o están asociados a algún trastorno o enfermedad que tengamos. Es importante saber qué parte de esa falta de inteligencia emocional está asociada a nuestro trastorno o forma de ser, y qué tanto tiene que ver con una falta de compromiso.

Es decir, la mayoría de las personas que se encuentran en una situación que les impide o dificulta el desarrollo de su inteligencia emocional, es por falta de fuerza de voluntad y compromiso.

NO LO ELEGIMOS PERO LO PERMITIMOS

El problema de la falta de compromiso es uno que hemos manejado en varias ocasiones en este libro y que tiene que ver principalmente con la falta de conocimientos y curación de las áreas emocionales de nuestra vida que nos estancan en el conformismo o la miseria. Si bien muchas cosas son naturales y no tenemos un control directo sobre ellas, muchas permitimos que sucedan cuando las fomentamos. Un ejemplo claro de ello es el amor.

En la actualidad aún hay mucha gente preguntándose si el amor existe, cuando eso es una obviedad. Tal vez no el que te venden en la televisión o el que has estado esperando toda tu vida, pero el amor en definitiva es real y es un proceso biológico en el cual se libera dopamina, adrenalina, oxitocina, endorfinas, serotonina, entre muchas sustancias más.

Así que más allá de la idea que te han vendido o que tengas sobre el amor, que puede o no ser cierta, lo que sí es seguro es que el amor existe y que es un proceso bioquímico que lleva a los humanos a procrear.

Sí bien no tenemos el control de la liberación de estas sustancias, lo que si tenemos es la capacidad de decidir si seguimos fomentando o no los comportamientos que las liberan. Como contestarle los mensajes a una persona, verla todos los días, hablarle a los demás sobre ella, comprarle cosas, dejar que te hablen bonito, entre muchas más.

De una forma u otra, si permites todo eso estarás ayudando a que el sentimiento permanezca por más tiempo y de forma más intensa, y por ende tendrás responsabilidad de la forma en que te sientas. "No elegimos enamorarnos, pero lo permitimos".

Lo mismo sucede con la inteligencia emocional y los impulsos que no podemos controlar, si bien no somos dueños de todo lo que hacemos, somos capaces de ver, observar y analizar qué conductas o actitudes tenemos que están fomentando que el problema persista. La más común es la falta de interés por trabajar en nuestra fuerza de voluntad y mejor calidad de vida.

El humano hasta que se siente comprometido con una situación decide cambiar. Es decir hasta que observa las consecuencias reales de su comportamiento o que sus intereses se están viendo afectados hace algo al respecto.

Normalmente la gente no escucha consejos de nadie ni pretende cambiar su forma de ser, aunque se le demuestre que lo que está haciendo no es correcto y que las cosas podrían ser diferentes en beneficio de todos.

Muchos usan su problema como excusa, es decir se escudan en que sufren de alguna enfermedad, condición o trastorno que les impide ser como deberían para no asumir la responsabilidad que tienen como pilotos de su propia vida. No reconocen la falta de compromiso y ganas de hacer lo necesario para generar un cambio en su calidad de vida.

Es importante aplicar las estrategias que un especialista nos puede dar para que sirvan de complemento al esfuerzo que requiere trabajar en la falta de voluntad y compromiso. Una buena idea para empezar es adoptar una actitud más positiva ante la vida.

POSITIVIDAD Y REALISMO

Estoy cansado de la gente que cree que tener una actitud positiva ante las cosas, no sirve de nada, dicen que al final eso no cambiará el resultado y es cierto. Pero lo que si cambia son las repercusiones que tienen las cosas sobre nosotros.

Si no mantenemos una actitud positiva, nos desanimaremos, si nos desanimamos, dejaremos de hacer las cosas que se supone que debemos de hacer si queremos tener una mejor calidad de vida, si dejamos de hacer esas cosas entonces ya no habrán resultados benéficos en nuestra vida personal, y de no haberlos nuestros problemas persistirán y harán que no funcionemos bien como persona, lo cual provocará que volvamos a meternos en una situación desagradable como la que nos hizo perder la positividad al inicio.

La mejor forma de romper un ciclo vicioso es con positividad y siendo realistas.

Tampoco estoy de acuerdo con la gente que busca vendernos la idea de que con buenas vibras y positividad todo se puede lograr, porque obviamente no es así. De hecho esa es la gente que se ha encargado de denigrar y quitarle credibilidad a la positividad ante los ojos de la sociedad, por ofrecerles una utopía.

La positividad debe ser tomada únicamente como herramienta que nos haga salir adelante y que nos ayude a lograr nuestros objetivos de manera más fácil y rápida, no como solución a todos nuestros problemas.

De hecho es fácil aplicarla, cuando estés discutiendo con alguien analiza dentro de lo negativo que dijo, qué intenciones positivas habían y decide quedarte con eso, o cuando alguien te dé un consejo que no te gustó, tómalo desde el lado positivo de que esa persona quiere ayudarte y no desde el lado negativo como si fuera una crítica directa a tu persona.

La próxima vez que te des cuenta de una actitud que no te gustó de una persona ve el lado positivo, el cual es que estás a tiempo de decirle algo al respecto y no quedarte sin haberle dicho nada. Cuando pierdas algo, piensa en todo lo que has ganado. Cuando alguien te lastime piensa en todas las veces que te hizo sentir bien. La próxima vez que tengas la razón, elige quedarte con eso y no con demostrarle a todos que la tienes, fomentando más discusiones o conflictos.

El chiste al final del día es ser conscientes de la mayoría de nuestras decisiones para que podamos elegir siempre la que nos resulte más benéfica a nosotros y a los demás. Eso solo se va lograr si eliges la opción positiva, y te desprendas de la negativa, aun así existan mil justificaciones para no hacerlo.

Hay que reconocer también el hecho de que como humanos nos es difícil adaptarnos al cambio e implementar uno por voluntad propia, por eso es necesario que constantemente nos estemos llenando de estímulos positivos y nos alejemos de los negativos.

Por ejemplo si queremos dejar de vivir estresados y enojados con la vida, sería bueno que dejáramos por un tiempo a un lado las noticias, ya que éstas solo nos informan de desgracias y motivos para enojarnos, o si queremos tener una vida más plena y sin tristeza, podemos empezar por eliminar esa lista de música sad (triste) que tenemos y mejor buscar una que incluya canciones más positivas que nos llenen de energía.

Si queremos tener una vida más independiente y productiva es bueno empezar por desprendernos de todo lo que nos hace dependientes, como las redes sociales y el teléfono. Si queremos ser más auténticos y desarrollar aún más nuestro amor propio, debemos dejar de asistir a lugares donde no nos sintamos cómodos y donde hablemos sólo por compromiso.

Existen mil y una maneras en las que podemos estimular una actitud más positiva, que nos ayude a conseguir nuestros objetivos más fácilmente y que promueva nuestras ganas de cambiar y vivir mejor, para que nuestras ganas de vivir mejor no sólo se queden en ideas, se conviertan en procesos. Porque una idea que no se lleva acabo, no sirve de nada.

LEY DE MURPHY Y EFECTO MARIPOSA

La ley de Murphy establece que si hay probabilidades de que algo malo suceda, sucederá, que se puede traducir como "Si puede pasar, pasará".

La teoría del efecto mariposa plantea que de situaciones muy pequeñas y banales, pueden desencadenarse grandes consecuencias, inimaginables y poco predictivas "Se dice que algo tan insignificante como el aleteo de una mariposa, puede terminar ocasionando un tifón al otro lado del mundo".

Teniendo en cuenta estos dos enunciados podemos deducir que si hacemos algo malo, lo más probable es que nos pasen cosas malas (ley de Murphy) y que una cosa mala, por pequeña que sea, puede terminar en algo muy malo (efecto mariposa).

Sin embargo ante esta lógica, también podemos deducir que si hacemos algo bueno, lo más probable es que nos pasen cosas buenas y que incluso una pequeña acción buena, puede desencadenar en una fortuna.

Yo elijo vivir mi vida de la segunda manera.

Si bien la ley de Murphy y el efecto mariposa no se estudiaron con fines de superación personal o algo por el estilo, se pueden implementar de manera perfecta como un estímulo más para llevar acabo nuestros objetivos, uno que trae un respaldo científico por detrás, que aumenta su credibilidad.

Creo que si hacemos cosas buenas, nos esforzamos, intentamos superarnos, dejamos a un lado todo lo malo para acercarnos a lo bueno, las probabilidades de que nos pasen cosas buenas aumentarán, claro, como en cualquier situación que depende de la probabilidad puede que al final no resulte así, pero mientras más probabilidades hayan es más posible que pase. Si a eso le agregamos que mientras más acciones pequeñas positivas hagamos, hay más probabilidades que algo grande y bueno nos pase ¿Por qué no vivir nuestra vida de esa manera?

Para los escépticos a la positividad ya tienen dos respaldos científicos que pueden tomar como impulso cuando sientan que ya no tienen motivos para continuar, y dejen de creer que el cambio es real y se puede lograr. Hacer las cosas bien y buscar lo mejor siempre te llevará a una mejor calidad de vida y aumentará las probabilidades de que la vida te lo regrese al doble.

La inteligencia emocional empieza con nosotros y nuestras ganas de vivir mejor.

SUPERACION PERSONAL

"Aun no eres quién vas a llegar a ser"
CARLOS MUÑOZ

SUPERACION PERSONAL

"Aun no eres quién vas a llegar a ser"
CARLOS MUÑOZ

PROCRASTINACIÓN

"No hay fecha que no llegue, ni plazo que no se cumpla"

Antes de leer el libro "Imposible hasta que se hace" de Alfonso Aguirre, no sabía que era así como se le conoce al arte de dejar las cosas para después. También pensaba que los que hacían eso eran mentes frustradas, holgazanes y sin objetivos claros, ahora sé que no solo ellos lo hacen, también las mayores mentes del mundo, las más centradas y las más evolucionadas.

Por eso he decidido llamarle el arte de procrastinar, puesto que aprenderlo de manera adecuada lleva tiempo y dedicación. Pero de manera objetiva ¿Qué es procrastinar?

Procrastinar es la acción de dejar para después las cosas que tenemos que hacer para ponernos hacer otras no tan relevantes o que sirven únicamente como distracción.

Algo a lo que la mayoría de la sociedad está acostumbrada, por lo cual nunca consiguen sus objetivos ni concretan nada o si lo hacen es después de mucho tiempo. Sin embargo los psicólogos han determinado que existen dos tipos de procrastinación: la activa y la pasiva.

PROCRASTINACIÓN ACTIVA Y PASIVA

La procrastinación activa es cuando postergas una tarea para realizar otra, de mayor, igual o menor importancia.

La procrastinación pasiva es cuando postergas una tarea abandonándola por un tiempo o para siempre y no realizas ninguna otra en su lugar.

Antes pensaba que si procrastinábamos algo, solo conducía a que lo abandonáramos y decidiéramos mejor enfocarnos en otra cosa, dejando a lo largo del camino una gran cantidad de proyectos botados, algunos iniciados, otros a punto de culminar y otros que se quedaron solo en ideas.

Ahora mi idea acerca de la procrastinación ha cambiado demasiado. Me encuentro en el camino de desarrollar cada vez más la habilidad de llevar una buena procrastinación activa.

Han sido dos cosas las que me han ayudado a entender mejor cómo funciona una buena procrastinación. La primera es que no se trata de que toda nuestra vida sea trabajo y que nunca haya espacios para el descanso y ocio.

Este punto va muy relacionado con en el tema de la fuerza de voluntad. Si realizamos una actividad hasta el límite, por no querer postergarla no nos daremos el tiempo de descansar o hacer otras cosas que nos gustan, provocando que terminemos agotados y abandonemos el proyecto.

APRENDE A ESTAR OCUPADO

La segunda cosa es que tampoco se trata de estar ocupados todo el tiempo, si no que más bien hay que aprender a estar ocupado.

En muchas ocasiones llenamos nuestro día y agenda de muchas cosas que a la larga no nos darán ningún beneficio, y que además nos consumen tiempo valioso que podríamos aprovechar en otras actividades más productivas.

Es muy común que cuando le haces este comentario a una persona que no está haciendo algo de su vida "Oye siento que no haces nada productivo" te conteste "¿Cómo qué no hago nada productivo? Si todo el día estoy ocupado".

Esto sucede porque tenemos la falsa creencia que por el simple hecho de estar ocupados ya estamos siendo productivos y la realidad es que no es así, podemos estar llenos de pendientes y tareas que realmente no nos dejan nada bueno y que a la larga no nos servirán en nuestro desarrollo personal y/o profesional.

Por eso es importante suprender a determinar en qué nos ocuparemos como dijo el filósofo Henry Thoreu "No es suficiente estar ocupado, también lo están las hormigas. La pregunta es ¿en qué te estas ocupando?"

Todo radica en eso, en aprender a diferenciar a qué cosas le tenemos que invertir más tiempo del que le damos y a cuáles le estamos dando más tiempo del que deberíamos.

Una buena forma de aprender a distinguir a qué cosas en verdad vale la pena dedicarle tiempo, es ponernos a pensar cuáles se verán reflejadas en nuestra persona como una mejora. Es decir cuáles son las que en verdad ayudarán a que seas mejor, a que tengas un conocimiento más amplio, un propósito de vida, una sustentabilidad económica, un panorama más amplio del mundo, y por consecuencia te sientas más realizado y feliz.

A esas cosas hay que dedicarles más tiempo y esfuerzo. Las demás son solo pendientes y tareas del hogar que igual son importantes pero que su procrastinación no repercutirá de manera directa en tu vida, y de hacerlo habría que realizarlas cuando encontremos un tiempo aunque no queramos. Porque tampoco podemos vivir en una utopía donde hagamos únicamente lo que nos gusta y dejamos a un lado las demás cosas.

El escritor Paul Graham definió muy bien lo anterior al decir "La procrastinación buena es evitar los pendientes para hacer el trabajo real y tú decides cuál es el trabajo real".

Es así. Uno tiene que aprender a definir qué cosas en verdad son importantes, y valen la pena dedicarles tiempo, incluso cada día y cuáles son solo pendientes, que como su mismo nombre lo dice están pendientes porque se tiene que realizar, pero no en seguida.

EXPERIMENTO CON TRES GRUPOS

Hay que sacarnos de una vez por todas de la cabeza que la procrastinación es algo malo. Experimentos como el siguiente han demostrado que no lo es

Se dividió a un grupo de jóvenes en tres equipos, a cada uno de ellos se le dio una tarea distinta. A los primeros se les entregó una hoja donde debían anotar una idea para un proyecto y tenían que empezar a trabajar desde ya. Al segundo grupo se les entregó la misma hoja solo que se les pidió que dejaran pasar un rato antes de comenzar a trabajar. Y a los terceros se les pidió que no trabajaran hasta instantes antes de la entrega para que el tiempo de realización fuera corto.

Al final ¿Quién creen que tuvo mejores resultados, los que tuvieron más tiempo para trabajar en la idea o los que la dejaron para después?

Este experimento se ha realizado en múltiples ocasiones y con temáticas distintas y en la mayoría de los casos siempre arroja el mismo resultado: Los últimos. Demostrando que la procrastinación en ocasiones es buena para la realización optima de distintas actividades pero ¿A qué se debe esto?

Se ha demostrado que la mente en ocasiones trabaja mejor su lado creativo cuando es menor el tiempo disponible para llevar a cabo una actividad, obligándola a generar nuevas y mejores ideas en la búsqueda de un buen resultado en el escaso tiempo disponible.

También se demostró que cuando se procrastina una actividad, pero no se deja de pensar en ella, hay más oportunidades para que el cerebro divague en la búsqueda de mejores resultados, en cambio cuando el cerebro se encuentra plenamente concentrado en una actividad, tiende a estresarse y bloquearse por lo mismo que lleva mucho tiempo pensando y dándole vueltas al mismo asunto.

DARTE UN BREAK

De ahí la importancia de darnos un break (descanso) durante la realización de una tarea, para que la mente se relaje un poco y se esclarezcan las ideas. De hecho Robin Sharma recomienda usar su técnica "60/10" que consiste en durante 60 minutos enfocarse completamente en una tarea u objetivo y después descansar plenamente durante 10 minutos para de nuevo empezar con los siguientes 60 minutos, así hasta que la actividad se complete.

De esta manera durante 60 min nos comprometemos a darlo todo por avanzar en la realización de la tarea, y contamos con 10 min para relajarnos y serenarnos.

HAZ UNA COSA A LA VEZ

Algo que también recomienda Robien, y una gran cantidad de líderes en todos los ámbitos, y que se considera como una regla para conseguir un buen resultado, es realizar un proyecto a la vez.

El humano tiende a llenarse de proyectos, provocando que no les pueda dedicar el tiempo que se merecen a cada uno de ellos, haciendo que el estrés y el desorden gobiernen su vida al no ver claro ninguno de sus proyectos, orillándolo a tener que declinar algunos.

La clave consiste en que si hay muchos proyectos importantes que quieres realizar, te concentres primero en uno, en el que tú consideres que es más óptimo llevar acabo primero y te enfoques durante los siguientes meses, días u horas, en su realización. De esta manera podrás concentrarte al máximo e irás viendo como progresa, al mismo tiempo que te llenará de energía verlo.

Recordemos que esfuerzos parciales dan resultados parciales, si no le dedicamos toda nuestra energía y potencial a un solo proyecto, y decidimos repartirlo en más cosas, nuestros resultados no serán claros ni mucho menos concretos. Lo mejor es que una vez que acabas con el proyecto que decidiste primero, te sentirás con la energía y motivación para comenzar con el siguiente.

La clave para llevar una buena procrastinación consiste en aprender a determinar prioridades, darnos el tiempo de conocernos y analizar qué es realmente lo importante para nosotros, no solo en el ámbito profesional como podría ser un emprendimiento, también en el lado mental, espiritual y afectivo, aprender a identificar con que personas queremos pasar más tiempo y que actividades nos ayudan a vivir en paz y a desarrollar una mejor estabilidad emocional mientras reforzamos nuestra inteligencia emocional.

DESCANSAR ES VITAL

Una vez que identifiques qué quieres hacer, durante cuánto tiempo y qué tanto le dedicarás al día, es hora de que sepas que en ocasiones es bueno dejar todo a un lado, incluso eso que ya decidiste, para descansar.

Si por momentos sientes que tu vida no está funcionando como debería y que no puedes encajar lo que quieres hacer de tal manera que fluya, es bueno que te tomes un tiempo para descansar y reflexionar al respecto.

Este tiempo pueden ser horas, días, o semanas, lo que tu cuerpo, mente y alma necesiten para sentirse aliviadas de nuevo. No veas el descanso como una pérdida de tiempo, recuerda que a veces es en este donde surgen las mejores ideas.

Los músculos para crecer necesitan obligatoriamente descansar, de otra forma revientan. La ciencia ha demostrado que la mente funciona más como un músculo de lo que creíamos, así que es importante darle el tiempo que se merece para regenerarse y crecer.

Incluso durante el tiempo que descanses para que no lo veas como un tiempo perdido, puedes aprovecharlo para hacer otras cosas de menor impacto que tenías tiempo sin hacer, como leer un libro, pasar tiempo con tu familia, aprender a tocar un instrumento, ver ese documental que siempre has querido etc. Cualquier cosa que te haga sentir bien te ayudará a desarrollar una procrastinación activa.

Recuerda que lo importante no es estar ocupado si no en qué lo estás, y si en cierta ocasión no hacer nada te brinda la tranquilidad y estabilidad que necesitas, entonces hacer nada se convierte en todo.

 Una vez que lleves a cabo lo antes mencionado no te volverás a sentir culpable de procrastinar de vez en cuando tus proyectos y cuando lo hagas sabrás que cuando retomes tu actividad, regresarás con todo, con más inspiración y motivación de lograr todo lo que estabas posponiendo, por haberte dado el tiempo de descansar y encontrar de nuevo tu propósito.

Aprendamos a darnos tiempo para todo y todo lo que queramos tendrá su tiempo.

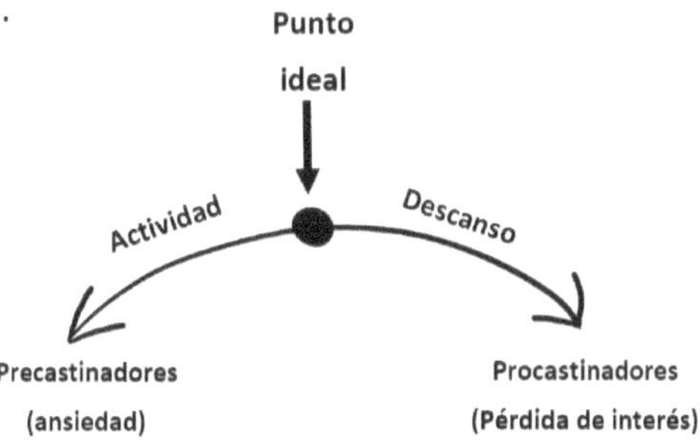

FUERZA DE VOLUNTAD

"Cada día tu tiempo vale más porque te queda menos"

¿Cuántas veces te has sentido frustrado o deprimido porque dijiste que harías algo y terminaste por no hacerlo? En ocasiones posponemos tanto las cosas que terminamos por no hacerlas y el sentimiento de que pudimos haber hecho algo y no lo hicimos nos inunda la cabeza.

Es normal que llegue la fecha donde se supone que ya hubiéramos acabado un proyecto si lo hubiéramos empezado y es triste darnos cuenta que no lo hicimos.

Como cuando alguien se propone bajar de peso en 3 meses y al pasar ese tiempo sigue igual o con un peso mayor por su falta de dedicación y compromiso "Si tan solo me hubiera dedicado 3 meses con esfuerzo a mi propósito, hoy estaría como deseo y no como estoy".

Es fácil arrepentirnos de este tipo de situaciones. Lo difícil es empezar a tomar acción. En muchas ocasiones existen ganas reales de hacer algo pero no se sabe cómo llevarlo a cabo y la falta de organización, sumada a una falta de educación y entrenamiento en la fuerza de voluntad, hace que optemos por mejor declinar o procrastinar el proyecto.

De niño mi mamá siempre me decía la frase "El que en verdad quiere hacer algo lo hace", y en su mayoría tiene razón, cuando en verdad quieres hacer algo, harás todo lo que esté en tus manos para convertirlo en un hecho, pero no es tan sencillo como eso, la realidad como siempre es mucho más compleja.

En muchas ocasiones damos todo lo que tenemos para lograr algo, hasta el punto de fatigarnos a tal grado que nos damos cuenta que esa meta o propósito nos está robando más paz mental que la que nos está brindando. Incluso en ocasiones puedes llegar a sentir que no tiene sentido lo que estás haciendo o no le encuentras gracia al proceso.

Es súper importante que si le vas a dedicar tiempo y esfuerzo a un proyecto sea algo que te llene por dentro, que te haga sentir vivo, porque de otra manera, el proceso se tornará aburrido y pesado, en cambio si en verdad es algo que te motiva, el simple hecho de ver como tu proyecto crece, te dará la energía necesaria para continuar con él.

¿DE QUÉ MANERA PUEDO EJERCITAR MI FUERZA DE VOLUNTAD?

La ciencia ha descubierto que la fuerza de voluntad es más como un músculo, que algo que existe solo en nuestra cabeza, y como todo músculo se debe entrenar y dejar descansar para que pueda recuperarse, y una vez recuperado crezca.

¿Qué pasa si entrenas un músculo tanto que supera su propio límite? Lo más seguro es que se desgarre, si tienes suerte después de un par de días se recuperará, pero si la lesión fue muy grave tal vez no puedas seguir ejercitándolo y tengas que renunciar a su entrenamiento. Lo mismo pasa con la fuerza de voluntad. Existe una línea muy delgada entre lo que debemos hacer para entrenarla y lo que debemos hacer para dejarla descansar.

Si un día decides descansar y no hacer nada de lo que te propusiste hacer o rompes alguno de tus hábitos, lo más seguro es que te sientas mal y sientas que estas fallando por no tener fuerza de voluntad, pero déjame decirte que no es así. Si bien el no decidir hacer algo puede ser perjudicial para tu progreso personal o profesional en ocasiones es todo lo contrario.

En ocasiones lo que el cuerpo en realidad necesita es un descanso, un reinicio por completo de toda actividad que esté llevando acabo. Los humanos traemos un chip en el cerebro que la sociedad se ha encargado de programarnos, que nos hace creer que si no estamos haciendo algo productivo siempre, estamos desperdiciando nuestro tiempo y no es así, no somos máquinas que pueden estar horas y horas trabajando sin descanso alguno. Incluso las máquinas se sobrecalientan y requieren descansos ¿Por qué no los necesitaríamos nosotros?

Sin embargo, tampoco hay que caer en el otro extremo, donde sea más el tiempo que dedicamos a descansar que el que dedicamos a hacer algo, porque de esa manera está claro que no lograremos nuestros objetivos.

LA BALANZA MÁGICA

Cuando te encuentres ejercitando tu fuerza de voluntad es imprescindible que te hagas el siguiente cuestionamiento: ¿Hasta qué punto estoy haciendo lo que hago porque me siento a gusto con ello y hasta qué punto empiezo a sentir que solo lo hago para no fallarle a mi fuerza de voluntad?

Supongamos que te propusiste en los siguientes días levantarte temprano y lo has estado cumpliendo, pero de repente un día te enfermas y al día siguiente suena tu alarma y tienes ganas de no levantarte pero sabes que si no lo haces te estarías fallando a ti mismo y a tu fuerza de voluntad. Ese es el momento perfecto para que te imagines una balanza en tu cabeza, y de un lado pongas el propósito que quieres lograr y del otro eso que te impide lograrlo y te hagas el siguiente cuestionamiento ¿Qué es más importante, no levantarme un día o quedarme a descansar y recuperar mis fuerzas?

Evidentemente la segunda opción suena más prometedora y es la que deberías elegir ¿De qué sirve cumplir con un propósito a cuestas de tu salud? Incluso si decidieras levantarte no te sentirás bien al hacerlo por lo mismo que no descansaste ni te recuperaste.

Ahora, si lo que está del lado de la balanza donde van los impedimentos es algo como: Pereza, falta de ganas, falta de inspiración o cualquier pretexto o excusa que se te pueda ocurrir para no hacerlo, es importante que le des más peso a ese propósito que quieres lograr que a las mil y una excusas para no hacerlo.

Reitero, esta balanza es una línea muy delgada entre considerar si algo es lo suficientemente importante para impedir que ese día lleves acabo tu cometido o no, pero en el caso de sea así es súper importante que no te sientas mal por no haberlo hecho, al contrario siéntete bien de que te diste la oportunidad de recuperarte y darte ese amor que tanto te mereces, que eventualmente te hará mejorar como persona.

Porque de otra manera te aseguro que si lo único que haces es forzar tu fuerza de voluntad, por creer que estas siendo "más productivo" lo único que harás es desgastar ese músculo hasta el punto que se te hará más fácil renunciar que seguir intentando.

Es muy importante que tampoco busques justificar a cada rato por qué no hiciste algo, la mente es muy traviesa y le gusta justificar todo, si empiezas a fallar a cada rato justificándote, diciéndote que el motivo por el que decidiste no hacer algo era lo suficientemente importante para no hacerlo, la mente se acostumbrará a buscar razones.

Tienes que ser 100% honesto contigo y aprender a distinguir cuándo estas autosaboteándote y cuándo en verdad lo necesitas, solo así podrás lograr todo lo que te propones, y solo así podrás cambiar tu vida, la los demás y empezar a crear ese mundo que tanto deseas.

SITUACIONES INCÓMODAS

Incluso la ciencia ha demostrado que el ponernos nosotros mismos en situaciones que consideramos incómodas ayuda a fortalecer nuestra fuerza de voluntad, un ejemplo muy claro, sería que si tienes miedo a hablar en público aproveches cualquier situación que se te presente para hacerlo, o si un día no quieres hacer ejercicio porque está haciendo frio, no vayas por un suéter, sal y hazlo sin él, eso te obligará a entrar en calor más rápido, y a tener una motivación objetiva por la cual hacerlo.

Lo importante es que aprendas a ponerte en situaciones desagradables o que normalmente evitarías, para que de este modo cuando la vida te dé una sorpresa, y te ponga en una de ellas, sepas como afrontarla, y tengas la confianza de saber que lo harás bien y que saldrás adelante.

Este ejercicio sirve para que la mente entienda de una vez por todas que no siempre vamos a poder hacer todo como queramos. Que no siempre habrá agua caliente para bañarnos, ¿Qué tendría de malo un día hacerlo voluntariamente con agua fría? ¿No crees que la siguiente vez que se acabe el agua caliente, no representará un gran problema porque sabrás cómo manejar la situación?

A veces lo aplico controlando mis impulsos mientras medito, ya sea que mi mente me diga que me rasque o mueva, y no lo hago. Intento no ceder a esos estímulos que me dicen que haga algo que va en contra de lo que se supone que debería hacer cuando medito, que es guardar silencio (para darte la oportunidad de escuchar) y permanecer quieto (para darte la oportunidad de sentir)

Pese a que en ocasiones es difícil controlar estos impulsos, el truco esta en aprender a distinguir cuándo es que la intención o el pensamiento surge y a partir de ahí, hacer todo para erradicarlo y concentrarte en lo que en verdad deberías estar haciendo.

Si hiciéramos eso cada vez que tenemos ganas de tirar la toalla o de hacer cosas que no van conforme a lo que queremos lograr , tendríamos una fuerza de voluntad muy desarrollada, lo suficiente para empezar a cambiar nuestras vidas y posteriormente el mundo.

Recuerda, sé fuerte, pero tampoco sobrepases tus límites, conoce tus emociones y podrás dominarlo todo.

RESILIENCIA

"El niño que no sea abrazado por su tribu, cuando sea adulto, quemará la aldea para poder sentir su calor"
PROVERBIO AFRICANO

Nunca nada va a ser como nos lo imaginamos, ni nada nunca va a ser como lo esperamos. Entender eso te hará crecer como persona a un nivel exponencial.

La resiliencia es la habilidad que tiene el humano para superar tragedias o circunstancias negativas, como podría ser la muerte de un ser querido, la pérdida de un empleo, la no realización de un sueño etc. Sacando lo mejor de cada acontecimiento.

Considero que la resiliencia es una de las mayores virtudes con las que puede contar una persona, una que lo convierte en una mejor versión de sí mismo, que no se deja vencer ni derrotar por nada ni nadie, hasta lograr sus sueños.

El ser resilientes va más allá de su comprensión, tiene que ver con maduración. No se trata de qué tanto entiendes la idea, sino qué tanto eres capaz de llevarla a cabo.

DESAPEGO Y RESILIENCIA

Considero que el proceso de superar y dejar a un lado las cosas que nos afectan está dividido principalmente en dos habilidades: El desapego y la resiliencia.

Se necesita una gran habilidad de desapego para poder comprender que el aferrarnos a la idea de que todo será siempre como lo planeamos y que la vida no pondrá cara de perro si se le da la gana, es simplemente absurdo. La vida no funciona así y al universo no le importa para nada tu existencia.

Si en verdad quieres aprender a ser resiliente primero tienes que aprender a desapegarte, por eso le dedico todo un capitulo al desapego, para que todos podamos saber de qué manera llevarlo a cabo.

Una vez que desarrollamos la habilidad de desapegarnos viene la parte de la resiliencia, que se podría deducir como: ¿Ahora qué sigue? Porque no solo se trata de superar las cosas si no ver de qué manera sacar algo bueno de cada circunstancia.

Cada dolor, error, miseria, o arrepentimiento que sintamos debe servirnos siempre como un trampolín que nos impulse a llegar más arriba y no como un ancla que nos deje varados en el suelo.

EL FRACASO NO ES MALO

El fracaso no es malo, el estigma social que existe hacia él si lo es. Desde siempre se nos ha enseñado que el fracaso no es bueno, que si fracasas es porque no pusiste el empeño ni la dedicación necesaria, cuando puede que haya sido así y simplemente algo salió mal.

Todas las personas exitosas han fracasado, ninguna llegó hasta donde está sin antes haber acarreado con situaciones complicadas. Pero son estas situaciones las que les sirvieron para convertirse en las personas que son y admiramos.

El truco es ser resiliente y nunca dejar de persistir ni insistir.

Como J.K Rowling escritora de Harry Potter, antes de publicar su libro fue rechazada por 12 editoriales. Nunca se rindió, pese a las críticas y malas circunstancias, sabía que su libro merecía ser publicado.

Como Steve Jobs que después de haber creado la empresa de sus sueños fue despedido y humillado por la misma, pero eso no lo derrotó, sabía lo que valía y sabía que al final ellos necesitarían más de él que él de ellos, porque Apple era lo que era gracias a él, así que siguió trabajando hasta que recuperó su empleo y liderazgo dentro de la empresa.

O como Oprah Winfrey considerada una de las mujeres más influyentes de la actualidad, gracias a su programa televisivo, que también fue rechazada en varias ocasiones y sabía que el mundo merecía escucharla y nunca se rindió.

Ejemplos como estos hay muchos, y sé que podemos llegar a pensar que las personas antes mencionadas eran especiales, que nacieron con alguna habilidad, pero déjame decirte que nadie se las regaló, tuvieron que luchar por todo lo que quisieron y nunca darse por vencidos.

MINIMIZAR NUESTROS PROBLEMAS

Una de las grandes bases de la resiliencia aparte de la comprensión de que nada va ser como lo esperamos, es el hecho de aprender a minimizar nuestros problemas a comparación con los de otros.

Tendemos a creer que nuestros problemas son los más grandes y nunca pensamos que hay gente que está pasando por situaciones más difíciles y sin embargo se quejan menos y sonríen más.

Como cuando se nos poncha una llanta y creemos que es el fin del mundo porque tenemos que llamar a una grúa o a un mecánico, pero no valoramos el hecho de que tenemos un carro y de que hay gente que no lo tiene y debe caminar kilómetros todos los días de su casa a su trabajo.

O Cuando nos quejamos porque tenemos que comprar una medicina cara, pero no nos ponemos a pensar que tal vez hay gente en el hospital enferma de algo que no tiene cura ni medicamentos que ayuden a evitar su muerte.

O cuando los problemas económicos nos asechan y sentimos que toda nuestra realidad se desmorona, y no pensamos que hay gente que muere de hambre y vive al día, comiendo basura y restos que dejamos.

Cuando analizamos este tipo de cosas, nuestros problemas ya no parecen tan grandes. Sé que el reflexionar sobre esto, no soluciona nuestros problemas, pero si ayuda a que te des cuenta de dónde estás parado, y que hay más cosas por las que estar agradecidos que por las que no.

Al final del día no podemos controlar todas las cosas que nos pasan, pero si podemos decidir con qué actitud recibirlas. Siempre podemos decidir ver el lado bueno a las cosas y ser los más resilientes posibles. Al final si vas a tener un problema qué mejor que no complicarte más tú mismo con pensamientos y actitudes negativas que no harán nada más que agravarlo.

¿SIRVEN LAS FRASES MOTIVADORAS?

La vida es difícil. Van a haber días en los que digas no puedo más. Que simplemente nada esté funcionando y te sientas acabado. No es el fin. Aún queda mucho por luchar así que no te des por vencido

Sé que existen cientos de miles de frases motivadoras, pero que al momento no sirven de mucho y es que nunca va a existir una frase motivadora que te dé más motivación que la que puedes darte a ti mismo. Al final del día solo quedas tú y ya. Si en verdad tienes sueños y metas que quieres lograr, debes ser tú el que las logre.

A veces no habrá nadie que te ayude, es más sentirás que la gente que amas no hace nada más que hacerte sentir mal, y en esos momentos donde los santos no aparecen y la desilusión ronda por la casa, debes ser el guerrero que salga adelante y demuestre que no necesita nada más que a sí mismo para lograrlo.

"Frente a todos los motivos para cerrar los ojos están todos los motivos para abrirlos"
ALFONSO AGUIRRE

Cada que sientas que no puedes más, y tengas mil motivos para rendirte piensa en todos los que tienes para seguir. Si solo es uno aférrate a ese, y si no tienes un motivo, entonces encuentra uno, pero nunca te rindas.

No hay mal que dure cien años y si de muerte se trata con más razón.

"Oh si… el pasado puede doler, pero tal como yo lo veo, puedes huir de él o aprender"

Fue lo que dijo Rafiki en El Rey León. Una frase llena de significado.

Al final del día o huyes de los problemas y te rindes, o los enfrentas cara a cara y les demuestras que tumbarte no va ser fácil. Que si la vida se empeña en derrotarte, que sepa que le va costar trabajo, porque nada ni nadie te detiene.

A lo largo de mi vida debido a mi ansiedad y mis épocas de depresión tuve que pasar por muchos momentos en donde sentía que no valía la pena continuar, ni mucho menos seguir intentando lograr mis sueños.

La vida y la gente que quería se empeñó en lastimarme y demostrarme que en momentos iba a estar solo, y créanme que cuando les digo que teniendo un cuchillo en mano y a punto de tomar una decisión que pudo haber sido desastrosa para todos, necesite un gran nivel de resiliencia para aceptar que todo es parte de un plan más grande.

Que cada error, cicatriz, lagrima, gota de sangre, crisis nerviosa y sentimiento de desilusión iban a ser nada, comparados con el hecho de voltear y ver mis sueños cumplidos, y saber que cada una de las cosas que hice valieron la pena, porque me trajeron a donde estoy y me convirtieron en la persona que soy.

NELSON MANDELA

Nelson Mandela es un claro ejemplo de resiliencia.

Después de todo el tiempo que pasó en la cárcel en el que la gente se encargó de torturarlo, denigrarlo y maltratarlo hasta más no poder, llegando al grado de hacerle cavar su propia tumba y orinarse en él, o enterarse que su hijo había muerto y que nunca se le permitió verlo de nuevo.

Pese a toda la mierda que tuvo que vivir, cuando salió de la cárcel era consciente de algo, por lo cual lo escribió "Cuando salí de ese portón que me llevaría a la libertad supe que si no dejaba mi amargura y odio atrás seguiría encarcelado".

Parecido a lo que Desmond Tutu quiso enseñarnos cuando dijo:

"Sufrir puede amargarnos o ennoblecernos"

Al final Mandela eligió la segunda, perdonó a todos los que le hicieron un mal, incluso invitó a su ceremonia de toma de protesta como nuevo presidente de Sudáfrica a los guardias que se encargaron de hacer que su vida estuviera al borde del suicidio.

Nelson Mandela los perdonó porque sabía en el fondo que si no fuera por esas personas, él no hubiera sido lo que fue.

Robin Sharma en su libro "El club de las 5 de la mañana" comenta "Los mejores hombres y mujeres del mundo tienen algo en común: El sufrimiento extremo y todos evolucionaron a la grandeza porque eligieron aprovechar sus circunstancias para sanarse, purificarse y elevarse a su mejor yo."

Siempre podemos pensar en todas las cosas malas que nos sucedieron a lo largo del día pero te aseguro que si te pones a buscar dentro de eso encontrarás algo bueno. Si sientes que todo ha sido un fracaso piensa en ello antes de dormir y permítete por un momento reflexionar dentro de lo malo, qué hubo de bueno.

No importa si fue una sonrisa, un halago, un descuento, que la fila del banco estaba corta, que encontraste una moneda, cualquier cosa por mínima que sea sirve para que los últimos minutos de tu día sean más relajantes.

Te prometo que si no te rindes, si sigues luchando por lo que vale la pena, aprendes a valorar lo que realmente importa, te pones en los zapatos de los demás, practicas el desapego y te permites disfrutar de las pequeñas cosas, no habrá nada que te detenga.

Si aun haciendo todo eso las cosas no salen como lo pensabas, podrás irte a dormir tranquilo de saber que hiciste lo mejor que pudiste y todo lo que estaba en tus manos. Hay cosas que van más allá de nuestro control y no podemos vivir aferrados a cambiarlas.

Al final lo que importa es estar bien física y mentalmente, estar al lado de la gente que amamos y tener un hogar donde refugiarnos. Si tienes eso ya estás del otro lado del muro, solo te queda seguir construyendo tu porvenir. Te deseo la mejor suerte en ello.

INDEFENSIÓN APRENDIDA

"Tanta gente de oro creyéndose basura, por gente basura que se cree oro"

En ocasiones en el mundo nada tiene sentido. Hacemos cosas buenas y nos pasan cosas malas, o vemos gente que hace cosas malas pasar por buenos momentos. Nada tiene sentido.

Desde pequeños nos enseñan que si hacemos cosas buenas nos pasarán cosas buenas, pero conforme vamos creciendo nos vamos dando cuenta que no siempre es así. Que pese a que somos nosotros quienes trazamos nuestro destino con las acciones que hacemos, es realmente el destino el que decide qué camino nos dará.

Como dice Arjona "A veces el destino pone cara de perro si se le da la gana" Puedes estar haciendo todo lo posible para que las cosas salgan bien y a la hora resultan mal. Eso nos enoja. Nos enoja porque no entendemos qué quiere la vida entonces ¿Por qué si ponemos todo nuestro esfuerzo en algo, al final las cosas resultan mal? ¿Es acaso que la vida quiere que seamos apáticos y que no nos importe nada? Espero que no.

Hay una frase de Bruce Lee, que define por completo la vida.

"Esperar que la vida te trate bien porqué eres buena persona, es como esperar a que un tigre no te ataque por ser vegetariano"

Tan cierto y tan fría como la realidad.

Es normal en ocasiones no tener el control de las cosas y sentirnos frustrados e incluso deprimidos por ello. Generalmente la vida o alguien más se encarga de matarnos toda la energía y esperanzas que tenemos de lograr algo. De hecho hay gente que es especialista en eso.

Sentir que todo lo que nos pasa es al azar y que no tenemos ningún control ante la situación nos hace entrar en un estado que se conoce como indefensión aprendida, la cual es la falta de querer retomar el curso de una vida más productiva y decidir mejor quedarte en un estado de conformismo, porque sientes que no hay otra manera de vivir que convenga que no sea esa. Una vez que te encuentras ahí lo más seguro es que entres en depresión, por la constante falta de energía y motivación para salir adelante.

EN LA VIDA NO SE SOBREVIVE CON PALABRAS BONITAS

Sin embargo no todo está perdido. Aunque tampoco vengo a decirte palabras bonitas como ¡Vamos sé que puedes! Porque claro que a veces no es así. Por más que se intente, no se puede. No importa cuánto lo hagas, simplemente no va a pasar.

La vida no se resuelve escuchando consejos de gente que sólo te dice "Todo va estar bien" "No te preocupes", porque por momentos las cosas van a ir mal y seguirán yendo así. Sentirás que todo se derrumba y que definitivamente la vida no te quiere, pero ¿Qué vas hacer al respecto? ¿Te rendirás? Si tu respuesta es que si porque ya lo diste todo, déjame decirte algunas cosas antes. Recuerda no estoy aquí para decirte palabras bonitas que saben a mentira.

Cuando vemos que algo luce imposible desde el inicio, decidimos no intentarlo.

Esto se comprobó en un experimento que se llevó acabo, en el que a dos grupos de estudiantes se les entregó un examen que contenía las mismas preguntas, sólo que en diferente orden. Al primer grupo se le entregó un examen donde las primeras preguntas no tenían solución y las últimas sí. Al segundo grupo se le entregó uno donde las primeras preguntas sí tenían solución y las últimas no.

Como era de esperarse, el primer grupo se percató que las primeras preguntas no tenían solución y decidieron abandonar el examen antes de haber revisado todas las preguntas y darse cuenta que algunas sí tenían respuesta ¿Qué fue lo que sucedió?

Los humanos tendemos a rendirnos cuando algo luce imposible. No nos damos el tiempo ni la oportunidad de experimentar todo el proceso de lo que estamos haciendo. Llega un punto en el que decimos "Esto no tiene sentido" y simplemente tiramos la toalla antes de revisar si dentro de lo imposible, había algo posible por hacer.

Si los estudiantes del primer grupo hubieran leído todas las preguntas, su calificación no hubiera sido cero, si bien nunca hubieran podido contestar las primeras, si hubieran podido contestar las últimas, obteniendo un mejor resultado que el que te puede dar no contestar nada. También se hubieran sentido mejor de saber que al menos lograron algo y que su esfuerzo no fue en vano.

La vida no se trata de rendirse cuando algo luce imposible. No estoy diciendo que solo por quedarse a intentarlo lo imposible se volverá posible. Lo que estoy diciendo es que si no nos damos la oportunidad de ver en qué cosas si podemos lograr algo y sólo nos rendimos porque parece difícil, nunca nos daremos la oportunidad de lograr algunas cosas en nuestra vida. Quizás no todo lo que esperábamos, pero si lo suficiente para no irnos con la sensación de que nada tuvo sentido y sentir que al menos todo el esfuerzo que pusimos sirvió de algo.

La indefensión aprendida no es el hecho de sentirte mal por no lograr algo, es el hecho de generalizar que porque no pudimos lograr algo, no podemos lograr nada más.

Es importante checar en qué áreas de tu vida aún tienes el control de la situación y en cuáles definitivamente no. Repito, no se trata de decirnos "¡Si se puede!" Más bien se trata de plantearnos ¿Qué se puede hacer?

¿CÓMO VOLVER A SER FUNCIONAL?

En psicología cuando se trata a una persona con problemas de indefensión aprendida, lo que se hace es ponerla en situaciones que pueda controlar y que no pueda fallar, para que vaya recuperando la confianza en sí misma al ver que aún puede lograr algunas cosas y tener el control de ciertos aspectos de su vida, por pequeños que sean. Ayuda a borrar las ideas del cerebro que por tanto tiempo han limitado.

Es importante que cuando des un consejo, no minimices la situación de la persona, porque puede que aunque parezca que la vida no lo ha tratado mal, si haya sido así, llevándola a un punto en que no quiere intentar nada más, con tal de no sentir de nuevo la decepción de fallar. Lo mejor que puedes hacer es mostrarle en qué cosas aún puede hacer algo, para que eso le dé la fuerza para continuar, y superar lo que definitivamente no tiene solución, por más que se intente.

¿LA ESCUELA TE VUELVE INÚTIL?

La indefensión es promovida lamentablemente en muchas situaciones de la vida diaria.

La primera y más común es en las escuelas. Normalmente por algún maestro que desde el primer día se encarga de hacerle la vida imposible a los alumnos, dejándoles ejercicios o tareas de tan alta complejidad que para ellos es imposible resolverlos por falta de conocimientos.

El problema no es que deje esos ejercicios, sino que la mayoría no se preocupa por enseñar y aclarar las dudas de lo que dejaron. Si hay presión desde el inicio el alumno empieza a dudar de sus capacidades y desconfía de sí mismo, lo cual le quita cualquier motivación que tenga por aprender.

No estoy diciendo que no se le debe exigir a los alumnos, claro que se les debe exigir y se les debe incentivar a que se superen y demostrarles que en ocasiones, aunque las cosas sean difíciles, se pueden lograr, porque en la vida nadie te dará instrucciones de cómo tienes que hacer las cosas. Tendrás que aprender por ti mismo.

Lo que critico es la manera en que los maestros llevan a cabo su profesión, el que haya tan poco interés en la psicología educativa y cómo esta se puede aplicar para que el alumno mejore y se desarrolle, no hace más que matar las ganas y motivación que tienen por aprender.

Si una persona no tiene motivación y ganas de hacer algo ¿Cómo esperan que lo haga bien? Aprender es difícil y si a eso le sumamos el carácter arrogante de algunos maestros que no aceptan sugerencias, la escuela se vuelve definitivamente un infierno, tornándose incluso imposible de aprobar.

Hay que aprender a cómo motivar a los alumnos, si en verdad queremos formar profesionistas que sean exitosos en su ámbito.

Otro ejemplo donde se promueve la indefensión aprendida, es cuando existe violencia intrafamiliar y la persona afectada ha optado por decidir que esa es la vida que le toca vivir, aún y cuando existan posibilidades de mejorar o salir de ahí.

Ojo, sé que el problema de la violencia familiar es mucho más complejo que solo eso, ya que en ocasiones amenazas de muerte o cosas por el estilo, hacen que una persona no pueda salir de un lugar, al menos no hasta que la justicia o alguien más se involucre para hacer algo al respecto.

Lo que quiero es invitar a todas las personas que se encuentran en esa situación, y que han perdido la fe de que algo pueda cambiar, a que analicen todas las opciones posibles que tengan para mejorar su situación, y que nunca se rindan, por el bien de ustedes y el de la gente que las ama.

La vida se trata de aceptar que en este mundo hay cosas que no se pueden cambiar y que por ende lo mejor que se puede hacer es aprender a sobrellevarlas. También se trata que cuando haya algo que podemos cambiar, hagamos todo lo posible por lograrlo, hasta que lo imposible se vuelva posible.

Hay que tener inteligencia y tiempo para reflexionar y distinguir cuando nos encontramos en una situación que no podemos cambiar y cuándo si pudimos influir en ella. Como dice Alfonso Aguirre en "Imposible hasta que se hace".

"Recuerda siempre que frente a todos los motivos para cerrar los ojos, están todos los motivos para abrirlos".

AMOR PROPIO

¿Y si un trozo de madera descubre que es un violín?
ARTHUR RIMBAUD

Desde pequeño el concepto de amor propio me parecía importante, sin embargo tenía algunos prejuicios e ignorancias hacia él, a causa de la mala fama que se han encargado de darle algunos libros o artículos sobre autoestima y superación personal, que lo colocan como algo fácil de trabajar y que con ayuda de algunas cuantas frases motivadoras se puede mejorar.

En la escuela secundaria pasé por una etapa en la que sufrí depresión. Fue verdaderamente difícil y me enseñó muchas cosas, entre ellas amor propio, el mismo que es responsable de que hoy en día siga con vida.

Durante esta época observé a muchos adolescentes de mi edad que a simple vista parecían tener una vida muy buena, ya que salían a todos lados, tenían fiestas cada semana, muchos amigos, tomaban y se divertían, pero conforme fui creciendo comprendí el porqué de su estilo de vida.

Una gran mayoría de la población carece de amor propio, lo que los lleva a tener que refugiarse en círculos sociales, para sentirse queridos, generando una adicción al sentido de pertenencia (el cual explico en otro capítulo). O incluso caen en alguna relación tóxica a cambio de un poco de amor del que les hace falta.

Son muchos los motivos que pueden llevar a una persona a carecer de amor propio, uno de los más importantes es la familia y el ambiente en el cual se desarrolle un individuo los primeros años de su vida.

La familia en la niñez, como se ha demostrado en otros temas, es una parte fundamental para el buen desarrollo de un individuo. En un hogar donde el niño no se siente querido, no le reconocen sus logros, no le dan afecto, no le dedican tiempo, solo le señalan sus errores y no lo motivan e inspiran a ser mejor persona es difícil que pueda generar un amor propio estable.

De hecho considero que muchas de las personas que tienen un amor propio digno de admirar ha sido a raíz de que no tuvieron ningún otro apoyo, así que no les quedó de otra que prender a quererse a sí mismos, y a ponerse en primer lugar si querían sobrevivir en este mundo.

Pero esa no debería ser la solución a la carencia de amor propio, todos deberíamos crecer en un hogar donde se nos enseñe a querernos por lo que somos y no a aparentar ser algo que no.

Cuando buscamos ser o aparentar algo que no somos, le restamos fuerza a nuestro amor propio, el vivir con la idea de ser algo diferente a lo que somos, solo hace que entremos en conflicto con nosotros mismos y nos aleja al desapego que se necesita para adquirir un amor propio estable.

¿CÓMO PUEDO DESARROLLAR AMOR PROPIO?

No existe como tal una respuesta única a esta pregunta, ya que pese existir consejos y técnicas, cada individuo es diferente y tiene que trabajar distintas áreas de su vida para lograr un amor propio adecuado.

Sin embargo lo que te daré a continuación más allá de ser soluciones, es información valiosa que te servirá para tener un panorama más amplio sobre qué es y cómo se genera el amor propio, y una vez que tu perspectiva sea más amplia, seas capaz de aplicar estos consejos a tu vida personal según sean tus circunstancias.

PRINCIPIOS Y VALORES

Esto es lo primero que tienes que tener claro si es que quieres desarrollar amor propio.

Todos tenemos ciertos principios y valores que rigen nuestra moral, y que en ocasiones ponemos en juego por querer aparentar o demostrar algo que no somos.

Los principios y valores son como esos juramentos o promesas que nos hemos hecho a nosotros mismos, y que también son parte de la perspectiva que tenemos sobre algún aspecto en común. Son muy importantes en la formación de un criterio.

Un ejemplo muy común sería el de la gente vegetariana/vegana que han decidido por su cuenta no consumir carne (sin importar el motivo por el que lo hagan), para ellas es muy importante no fomentar su consumo, si llegaran a hacerlo se sentirían mal consigo mismas, por haberle fallado a sus valores.

Es importante que analices cuáles son tus principios y valores, es decir qué es realmente lo que apoyas o criticas, qué es realmente lo que te gusta y te disgusta, qué estás dispuesto hacer y cuáles son tus límites.

Cuando no se tiene claro lo anterior, podemos cometer acciones que contradigan lo que consideramos como correcto por la presión social de satisfacer a un público o a un tercero.

Por más que quieras estar en un lugar o con alguien, si esa persona o en ese espacio no te respetan, no tienes que estar ahí, ya que de igual manera si te quedas no te sentirás cómodo con el ambiente o con lo que los demás hacen, dicen y te orillan a hacer.

Es importante aprender a querernos y a no vender por nada nuestros principios y valores, ya que son la base de lo que somos, y si nuestra base no es fuerte y concreta, nosotros tampoco lo seremos.

RELACIONES AFECTIVAS

Uno de los mayores problemas que arrastra la falta de amor propio, es la necesidad de tener que buscar una pareja que te brinde ese amor que tanto te hace falta.

Digo que es uno de los mayores problemas, porque evita por completo que el individuo desarrolle su amor propio, ya que al haber alguien que le proporcione amor, la persona no se encuentra en la necesidad de buscar una solución a su carencia.

En el mejor de los casos te encuentras a una persona que en verdad te ayuda a sanar esa falta de amor propio, al mismo tiempo que te proporciona amor como impulso. Me pasó a mí, pero déjame decirte que las probabilidades de que eso pase son muy bajas.

La mayoría de las relaciones que inician porque uno o ambos carecen de amor propio, terminan en una codependencia tóxica, ya que la relación puede tornarse aburrida, monótona e incluso hostil y peligrosa, pero la persona no se va porque en el fondo tiene una dependencia y la falta de amor propio no le proporciona la energía necesaria para salir de ahí.

Un caso típico es el de un hijo que no se siente querido o aceptado por su familia y recurre a buscar una pareja que le de todo ese amor que no le han sabido dar.

Es difícil alejarse de una persona cuando no se cuenta con un apoyo familiar o externo que te diga que vas estar bien. Al no existir un apoyo las personas tienden a aferrarse a la única persona que les brindó cariño, aunque ahora solo les dé problemas.

En el libro "Sanando Heridas Personales" de Rubén Armendáriz Ramírez, se relata que por las décadas de los 70s "La psicoterapia familiar empezó a estudiar los aspectos relacionales del síntoma".

Es decir por primera vez se descubrió y afirmó la importancia que tiene la familia a la hora de influir en los aspectos físicos, emocionales, espirituales y psicológicos de cada integrante que la conforma.

Por lo que recalca el hecho de que a lo largo de la vida de una persona, si se le ha enseñado que debe aceptar todo lo que le hagan, ser sumiso y no que debe ponerse por enfrente, crecerá aceptando el amor que cree merecer. *Si una persona no es capaz de creer que merece más, aceptará siempre menos de lo que merece.*

Por eso debes replantearte primero qué tanto vales y qué tanto estas dispuesto a ceder antes de empezar con cualquier relación. Si te ofrecen menos de lo que vales, debes tener el coraje y la sabiduría de aprender a decir "No, muchas gracias, estoy mejor solo que mal acompañado" que en otras palabras seria "No, gracias, me quiero lo suficiente como para aceptar que alguien me quiera menos que eso".

TIEMPO A SOLAS

Después de la falta de principios y valores claros, el escaso tiempo que nos dedicamos a nosotros mismos a solas para conocernos, es otro de los grandes problemas que causan la falta de amor propio.

¿Cuándo fue la última vez que te sentaste una hora en un cuarto, solo, sin nada de tecnología, ni nada para entretenerte, únicamente escuchando tus pensamientos?

Te sorprenderías de los poco que la gente lleva acabo esta acción, la mayoría no sabe pasar tiempo a solas si no cuentan con algo para entretenerse.

Una vez oí a alguien decir "Pero que voy a hacer tanto tiempo a solas conmigo mismo, me aburriré."

Fue ahí cuando me di cuenta de un problema que presenta una gran parte de la población, ¿Cómo esperan que la gente los quiera, si ni ellos pueden pasar tiempo consigo mismos sin aburrirse?

Si todos dedicáramos más tiempo a analizar por qué pensamos de la manera que pensamos y por qué hacemos lo que hacemos, nos conoceríamos más. Si nos conocemos más, empezamos a aceptarnos tal y como somos, a no necesitar de nadie ni nada para estar bien.

Al final del día la única persona que estará a nuestro lado todo el tiempo somos nosotros mismos. Si no somos capaces de pasar una hora con nosotros a solas estamos jodidos. Si tú no te quieres nadie más lo hará, si no te das el valor que te mereces nadie vendrá a dártelo.

Mucha de la miseria y rencor que cargamos es causada por la dependencia afectiva que tenemos a la demás gente. Si superamos esa barrera y aprendemos a querernos lo suficiente para no necesitar el amor de nadie más para estar bien, no habrá nada ni nadie que pueda hacernos sentir mal ni mucho menos hacernos sentir que valemos poco.

Querido lector si estas sufriendo de depresión es muy importante que fortalezcas el amor propio que te tienes, que en verdad hagas todo lo necesario por dejar atrás lo que te hace daño y que tengas la fuerza de voluntad para empezar a hacer los cambios que necesitas.

Porque al final, en un día gris, donde nada tiene sentido y donde pareciera que el mundo estuviera mejor sin nosotros, lo único que te detendrá entre matarte o no, será el amor propio que te tengas en ese momento. Lo digo por experiencia.

Cada cosa que hagas la debes hacer por ti, porque tú quieres y porque te sientes a gusto haciéndolo, y si a los demás no les parece, que se jodan. Cada logro que tengas te lo tienes que festejar tú, cada batalla que enfrentes debes lucharla solito, porque si dependes de alguien más para salir adelante estarás poniendo tu vida en sus manos.

Si alguien no estuvo ahí cuando lo necesitaste y tampoco cuando estuviste en crisis y necesitabas una mano que te ayudara, no debes sentirte mal por ser en ocasiones egoísta, porque ese egoísmo será el que te mantendrá con vida cuando los demás lo único que hagan sea cavar tu tumba, y una vez que te encuentres enterrado preguntarán ¿Qué fue lo que paso? Con cinismo como si no supieran la responsabilidad que tuvieron.

SUEÑOS Y ASPIRACIONES

Es de vital importancia que si careces de amor propio y no tienes algún sueño o aspiración te apresures a encontrar una, porque cuando te sientas mal y sientas que nada ni nadie te quiere, lo que te mantendrá motivado y enfocado será eso que tanto anhelas.

No tiene que ser algo grande ni algo muy complicado, solo tiene que motivarte lo suficiente para despertar cada día. Puedes empezar por averiguar qué es lo que te gusta y qué te gustaría hacer. Puede ser algo que llevas tiempo queriendo intentar y aun no te animas.

Cuando tenemos un sueño nos damos cuenta que debemos aprender a querernos si en verdad lo queremos lograr, porque si ese proyecto es lo suficientemente importante para ti, lo será también el buscar la manera de llevarlo a cabo, como es tener una buena estabilidad emocional.

Aparte de que ver progresar tu sueño te demostrará de lo que eres capaz, te ayudará a demostrarte que si te propones algo y te tienes confianza, puedes lograr muchas cosas.

Un día viendo una plática TED sobre la actitud dijeron lo siguiente:

"Los dramas no son problemas, son circunstancias a resolver y cuando hay circunstancias que resolver no tienes derecho a perder la actitud"

Si tienes una circunstancia a resolver, como tu falta de amor propio, debes ser consciente que no tienes derecho a perder la actitud, ya que si pierdes eso, perderás todo lo que se necesita para salir adelante.

Recuerda siempre ir con la cabeza en alto, sabiendo cuánto vales y siendo consciente de que se necesita más que mala energía y malos comentarios para que pierdas la actitud y el amor que te tienes.

EL QUÉ DIRÁN

Mucho se ha escrito sobre cómo superar el qué dirán y es bueno informarse sobre las tácticas necesarias para hacerlo, ya que aunque todos digamos que no nos importa, la realidad es que influye en nuestra vida de diferentes maneras y grados, puede ser poco pero lo hace.

Estudios han demostrado que pasamos más tiempo preocupados pensando en que dirán los demás de nosotros que el tiempo que la gente en verdad usa para criticar nuestro estilo de vida. Se nos olvida que todos tenemos cosas que hacer y cosas que pensar más allá de cómo será la vida de los demás.

Así que el último consejo que quiero darte es que si te encuentras en la situación de que te de pena la forma en la que eres y te da miedo la forma en la que los demás puedan verte, ya sea porque crees que eres raro o algo por el estilo, tengas en cuenta lo siguiente.

"Si te gusta a ti, si no daña a nadie, si sientes felicidad y te trae paz, no hay porque sentir ningún tipo de vergüenza"

Es un consejo corto que me ha ayudado muchísimo y que si se reflexiona lo suficiente, se puede convertir en uno de tus mantras personales más importantes, que te ayudará muchísimo cada que lo necesites.

DESAPEGO

"Si no sanas las heridas que te hicieron daño, sangraras encima de alguien que nunca te corto"

NECESIDAD DE PERTENENCIA

"El sentido de pertenencia es primero con uno mismo"
WALTER RISO

Recuerdo mis primeros días en secundaria, me encontraba muy emocionado por la nueva faceta que estaba por comenzar y me emocionaba la idea de conocer nueva gente, hacer amigos, y estar en un lugar donde encontraría todo tipo de personas, que me ayudarían a entender cómo es vivir en sociedad, aunque sea una educativa.

Desde el principio pude notar muchos cambios, algunos de ellos me llamaron mucho la atención, pero uno de los que más lo hizo, fue la necesidad de pertenencia que pude observar. Claro que en ese momento no entendía a qué se debía. Lo comprendí tiempo después y viendo en retrospectiva. Considero de vital importancia que todos conozcamos qué es y cómo esta influye en nuestra vida.

PUBERTAD Y ADOLESCENCIA

La época entre la pubertad y la adolescencia es una edad complicada, ya que suceden muchos cambios físicos, psicológicos, conductuales, familiares y en nuestro entorno (donde interactuamos y convivimos cada día).

Durante esta época la presión social aumenta demasiado comenzando con el hecho de querer encontrar tu identidad ante la sociedad, es decir, la manera ante la cual serás percibido por los demás jóvenes.

En el transcurso de esta época empezamos a notar un gran aumento en el número de etiquetas que la sociedad nos pone, dependiendo de nuestro aspecto físico, manera de pensar, creencias, look (apariencia), estatus socio-económico, color de piel, peso, etc. Es aquí donde la ansiedad empieza a brotar a flor de piel, puesto que nadie quiere que se le etiquete de manera despectiva.

Hay que admitirlo, los niños son crueles, muchos de ellos no dimensionan lo que dicen o hacen y pueden orillar a un joven a un estado de depresión y ansiedad tan fuerte que se suicide.

No estoy exagerando, todos los días niños se suicidan por el daño psicológico e incluso físico que un grupo de jóvenes ocasiona por no medir sus acciones y la poca importancia que se le da al bulling.

El bulling es algo serio y se tienen que tomar medidas para erradicarlo.

GRUPOS DE ÉLITE

Recuerdo que algo que también me llamó la atención es que pude observar por primera vez cómo dentro de la escuela se formaban grupos elitistas.

En toda escuela hemos observado el típico grupo formado por los chicos populares, por los mejores deportistas, y tal vez otro por las chicas y chicos más guapos de la escuela. Todos estos grupos tienen en común 2 cosas principalmente, la primera es que son reconocidos casi por todos y la segunda es que a la mayoría, aclaro no todos, les gustaría formar parte de estos grupos.

Dentro de estos es común observar un líder (generalmente de buen aspecto físico y con alguna ventaja económica o social ante los demás) que es la cara del grupo y quien mayor influencia tiene en las decisiones que se toman dentro de este; como quién entra o sale.

Después encontramos unos cuantos similares a él, los cuales son la mano derecha del líder, son los que tienen más influencia en la toma de decisiones grupales, en ocasiones también fueron estos los fundadores.

Por ultimo encontramos a los que yo llamo la borregada que son todos aquellos que se encuentran ahí por el simple hecho de querer ser parte de algo. Su presencia es irrelevante para la función del grupo, es decir este sigue con o sin ellos.

La borregada hará de todo para formar parte del grupo, desde ser sumisos y aguantar cualquier maltrato o agresión, hasta cambiar su forma de ser para que esta se acople a las exigencias del grupo.

Generalmente para formar parte tienes como requisito que contar con ciertas aptitudes y características específicas para ser aceptado. Es aquí donde el problema surge y observamos cómo se origina la necesidad de pertenencia

La necesidad de pertenencia hará que el joven haga de todo para ser parte del grupo. En ocasiones tendrá que hacer cosas que no le gustan o que van en contra de sus principios o valores, pero que hará de igual manera para seguir perteneciendo a él.

¿Cuántas veces hemos observado a personas dejar que alguien haga algo nefasto, como burlarse de alguien con una discapacidad o pegarle a un niño solo por ser estudioso y dedicado, y que nadie haga algo al respecto por no confrontar a la persona que cometió la agresión? ¿Por qué no la confrontan?

Por una simple razón. Por el miedo al qué dirán. Al que dirá el grupo al saber que confrontaste a uno de sus integrantes, eso podría costarte la expulsión y aun peor que te coloquen una etiqueta, como maricón, solo por haber defendido a alguien que no podía hacerlo por su cuenta. Ahora toda la escuela te conocerá como el maricón (o al menos los idiotas que sigan el rollo) y durante los siguientes tres años será así.

Ningún joven quiere ser etiquetado de esa manera y de ninguna otra, por eso pese a que sus buenos corazones y valores saben que lo que están viendo y permitiendo está mal, y que deberían hacer algo al respecto, no lo hacen.

¿DE DÓNDE SURGE LA NECESIDAD DE PERTENENCIA?

Son muchos factores que llevan a una persona a desarrollar una necesidad de pertenencia. En muchas ocasiones el problema viene desde el hogar, cuando la situación en casa no está bien y hace que se vuelva un lugar hostil donde el niño no se siente bien siendo quien es, por que no lo aceptan como tal o porque ni siquiera se dan el tiempo de conocerlo. Cuando esto sucede el niño no se siente parte de su familia puesto que no encuentra el respaldo y apoyo de esta.

La falta de amor en el núcleo familiar orilla a las personas a que su amor propio se vuelva inestable. Si bien este depende de uno mismo, hay factores que no ayudan a su buen desarrollo, porque el amor propio es como un músculo que se debe entrenar día con día para verlo crecer, y cuando no se cuenta con habilidades o conocimientos para llevar acabo el desapego familiar, lo más probable es que la persona entre en conflicto con su identidad.

Una vez que una persona entra en conflicto con su identidad deja de formularse las siguientes preguntas ¿Quién soy? ¿Qué es lo que quiero? ¿Qué es lo que me gusta? ¿De qué manera me siento bien? Y las cambia por ¿Quién desearía ser ahora? ¿Dónde podría estar mejor? ¿En verdad están bien mis gustos personales? ¿Y si los cambio?

Toda esta clase de cuestionamientos no están mal a primera instancia. Claro que es bueno preguntarse ¿Quién desearía ser ahora? Pero cuando lo hagas primero tienes que tener bien definido quién eres, ¿Cómo puedes desear ser alguien más si ni siquiera sabes quién eres? ¿Cómo puedes cambiar algo, si ni siquiera sabes qué es lo que cambiará?

Si la respuesta de quién te gustaría ser, es una versión mejorada de ti mismo, está bien, pero si es el nombre de alguien más, no tanto, porque claro que debemos tener ídolos y gente que admiremos, y buscar parecernos a ellos, pero siempre siendo una mejor versión de nosotros mismos, en la cual incluyamos los aspectos de esa gente que se acoplan a nuestra vida.

Se trata de ser único pero identificable para todos.

¿Dónde podría estar mejor? Hay que dejar de pensar todo el tiempo que podríamos estar en un lugar mejor al que nos encontramos, y con esto no digo que no aspires o sueñes a vivir en un lugar mejor, me refiero al hecho de que la gente gasta más energía y tiempo pensando en dónde les gustaría estar, porque el lugar donde se encuentran no es de su agrado, que el tiempo y energía que utilizan para hacer de ese lugar uno mejor.

¿SON MALAS LAS NUEVAS EXPERIENCIAS?

Tampoco es malo experimentar nuevas experiencias, al contrario experimentar nuevas cosas son de los mejores regalos que le puedes dar a tu vida. Bien dice Robin Sharma en su libro "El club de las 5 de la mañana" "Colecciona experiencias milagrosas en vez de cosas materiales". De eso se trata, que nuestra vida tenga algo que nos llene el corazón y no solo los bolsillos.

Siempre que decidimos animarnos a nuevas experiencias debemos estar conscientes de cuáles son nuestros límites, qué tanto permitimos, y qué definitivamente no permitimos. Es súper importante que lo tengas claro, porque cuando te encuentres en un momento bajo presión y te pidan hacer algo que no quieres, tienes que saber lo que estás dispuesto a hacer y lo que definitivamente por amor propio y por cuidar tu integridad no estás dispuesto.

Cuando no se tiene una identidad bien definida es normal buscar un lugar dónde encontrarla, donde podamos ser alguien y sintamos que somos parte de algo, en donde más personas hagan lo mismo que nosotros. Eso puede ser muy peligroso, ya que orilla a las personas a hacer cosas que no quieren con tal de seguir en el lugar donde supuestamente los aceptan como son, pero que tienen que cumplir con ciertos lineamientos para estar dentro. Simplemente absurdo.

No solo eso, muchas de las decisiones que toman pueden traer consecuencias graves a su integridad y núcleo familiar; cuando nuestras creencias, valores y lo que nos han enseñado se ve amenazado por la necesidad de la aprobación de los demás, nos llevan a un estado de rebeldía y de búsqueda de independencia.

Empezamos a cometer errores basados en acciones aprendidas por el grupo al que pertenecemos, y estas en muchas ocasiones crean grandes confrontaciones con nuestra familia en el momento que se percatan que estamos rompiendo con los valores y lineamientos establecidos por la misma.

Un ejemplo claro es el de una familia que no ingiere alcohol y la gente con la que se junta su hijo si y un día llega borracho a la casa o lo descubren tomando en otro lugar, y se genera un gran problema. Independientemente de si está bien o no tomar, la realidad es que en muchas ocasiones estos grupos orillan a las personas a realizar acciones que repercuten en otras áreas de su vida de manera negativa.

El mundo real es muy diferente a lo que pensamos y a cómo debería ser, considero que eso ya está más que claro. La realidad es que a veces la necesidad es lo que nos hace pertenecer a algo, por ejemplo porque tenemos que comer.

A veces tenemos que trabajar en un lugar en el que tal vez no nos sentimos bien haciendo lo que hacemos, pero recordamos que hay bocas que alimentar y se nos pasa o tenemos que sacar nuestra vida adelante, y la única manera de hacerlo es uniéndonos a un grupo por un tiempo, el cual buscará cambiarnos, y orillarnos a ser alguien que no somos.

NADIE ESTÁ OBLIGADO A LO IMPOSIBLE

La diferencia se remonta en el porqué de la acción. Nadie está obligado a lo imposible.

Si estás en una situación en la que tu supervivencia se ve amenazada por el hecho de no pertenecer a algo, adelante, no todo puede ser perfecto, lo repito en muchas ocasiones, no todo puede ser como quisiéramos y no todo el tiempo haremos cosas que son de nuestro agrado, en ocasiones nos tocará hacer cosas que van en contra de lo que conocemos y consideramos como bueno, y lo haremos porque nuestra supervivencia está de por medio. El fin justifica el medio.

El problema radica cuando este sentido de pertenencia se vuelve una necesidad, cuando ya no puedes vivir sin eso a lo que tanto te aferras, cuando vendes tu integridad y dignidad con tal de pertenecer a algo, cuando entras en un estado de dependencia psicológica por miedo al qué dirán o al ahora quién se juntará conmigo, incluso al quién voy a ser sin ellos.

Ya eres alguien, con o sin personas a tu lado, con o sin pertenencias, con o sin apoyo, no te aferres a buscar algo que ya tienes. No debes poner primero a un grupo que a las personas que amas o identificarte más como un integrante que por quien eres en realidad.

Lo que trato de decir es que si es por una necesidad de verdad, está bien y se debe entender el porqué de las acciones, pero si ese no es el caso, creo que deberías plantearte algunas preguntas antes de seguir donde te encuentras. Puedes empezar con estas:

- ¿Lo que estoy haciendo va en contra de lo que considero correcto?

- ¿Me siento bien estando donde estoy y con las personas que están ahí?

- ¿Podría mejorar mi calidad de vida? ¿De qué forma?

- ¿Qué me gusta en realidad? ¿Qué no me gusta?

- ¿Pienso estar donde estoy por mucho tiempo o solo es temporal? ¿Por qué estoy dónde estoy?

- Y la más importante, mírate a los ojos en un espejo y pregúntate ¿Quién soy en realidad?

Cuando lo hagas y encuentres tu respuesta te aseguro que tendrás el valor y la fuerza que se necesitan para romper con esa necesidad de pertenencia que puede estar rondando por tu vida, que no te deja vivir en paz. Si es así te deseo mucha suerte y que no tengas que estar ni un minuto más donde no quieres. Te mereces una mejor vida, hoy, mañana y siempre.

IDEALIZAR

"No estropees el presente llorando por un pasado que no tiene futuro"

Personalmente considero que hoy en día el hecho de idealizar prácticamente todo es uno de los problemas más grandes que tenemos los humanos conforme al desapego.

Idealizamos prácticamente todo lo que queremos en nuestra vida, desde cómo nos gustaría que fuera una persona, ya sea tu pareja, maestra, papás, hermanos, amigos y/o conocidos o una situación ya sea una cita, entrevista, plática, meeting, curso o viaje o un lugar ya sea la escuela, casa, oficina, hasta canciones, proyectos, libros, ropa, celulares, en fin podemos idealizar prácticamente todo lo que pasa en nuestras vidas.

La base de la idealización es hacernos la idea de cómo nos gustaría que fueran las cosas, todos generamos expectativas, esperamos que todo lo que hagamos y conozcamos nos deje un buen sabor de boca y si no es así que al menos se parezca a lo que nos imaginamos que seria.

Visualizar nuestros proyectos o futuras situaciones nos ayuda a tener una idea clara de lo que queremos lograr y cómo lo vamos a hacer. Idealizar a una persona es una herramienta que se usa para lograr empatizar ya que si idealizas a una persona, lo harás de tal manera que sea de tu agrado, por consecuencia si resulta así te será más fácil conectarte con ella.

Como podemos ver la idealización no es del todo mala, el problema es el apego que existe hacia ella, ese apego que no nos deja vivir si las cosas no son como las idealizamos.

Una persona con problemas de desapego a la idealización, no concibe en su cabeza la idea de que las cosas no salgan como lo previsto. El simple hecho de imaginar o suponer que las cosas ya no serán como las imaginó es suficiente mérito para estar estresado o enojado con la vida.

El problema de este tipo de personas es que no tienden a superar sus frustraciones, solo las suprimen y como sabemos el suprimir emociones no las elimina solo las incrementa.

No superar las emociones se vuelve un estimulante para que cada vez idealicemos más, puesto que cuando una persona está frustrada, tiende a idealizar más las cosas, ya que quiere en ese momento dejar de vivir en su realidad y teletransportarse a una mejor.

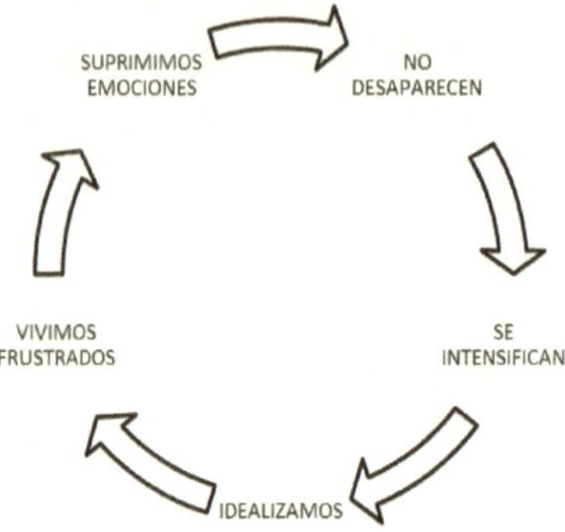

¿QUÉ PASA SI IDEALIZAMOS A ALGUIEN?

Idealizar a una persona la encasilla y etiqueta, por consecuencia, la estamos limitando a no ser algo más que lo que su etiqueta imaginaria dice que es.

Es muy común que los padres idealicen a sus hijos como seres perfectos, que no cometen errores ni hacen cosas que no deberían, la realidad es que no es así, todos los cometemos. Tienden a creer que sus hijos no toman, no fuman, no van de fiesta, no tienen novio/a, no tienen sexo, no se van de pinta etc.

No estoy diciendo que todos los jóvenes lo hagan o que sea correcto hacerlo, porque evidentemente algunas de esas cosas no lo son, la idea aquí es enfatizar que a la mayoría de ellos les causa conflicto saber lo que hacen sus hijos.

Estas son cosas que vemos a diario en la mayoría de jóvenes, y pese a que los papás tienen todo el derecho y justificación de preocuparse y buscar marcar limites, no está bien que idealicen a sus hijos, por el simple hecho que nadie, nunca va a ser como te lo imaginas.

El hecho de creer que tu hijo será como te lo imaginas solo porque le estas dando una formación es absurdo ¿Qué nuestros padres en verdad hacían TODO lo que sus padres les decían? ¿En ningún momento los desobedecían?

No estoy hablando de cosas como salirse de la escuela e irse de pinta a tomar o algo así. Hablo de cosas tan banales como tal vez escaparse de la casa para ir a la tiendita más cercana a comprar una chuchería, o tal vez tirar un poco de comida del plato que no les gustó cuando sus papás no estaban viendo, ese tipo de cosas tan sencillas y tan banales son el reflejo de que no podemos seguir al 100% todo lo que nuestros padres nos dicen.

¿Por qué sugiero dejar de idealizar a los hijos?

Porque he visto a padres sufrir mucho en el momento que descubren que sus hijos no son como lo pensaban. El dolor que les causa saber que la idea que tenían no era correcta, en ocasiones es más grande que el mérito que lo ocasionó. Al sufrir por apego, pierdes fuerza y energía que puede que necesites para salir adelante.

Idealizar te limita a conocer cómo son las personas en verdad. Hay gente que dice que más vale una mentira que te haga feliz que una verdad que te amargue la vida, en ocasiones lo acepto, pero en ocasiones también estoy convencido que no hay nada mejor que saber en verdad quién es la persona que tenemos delante de nosotros.

El precio de saber cómo es alguien en realidad, con sus virtudes y defectos, proezas y fracasos, fortalezas y debilidades, sueños e inquietudes, es algo que no toda la gente está dispuesta a pagar, porque no todos están dispuesto a dejar a un lado la idea que tienen de alguien, para darse la oportunidad de conocerlo en verdad, y esto aplica no solo para padres e hijos, si no para cualquier persona en tu vida.

Dejemos de una vez por todas de idealizar a las personas, démonos la oportunidad de conocerlas por lo que son y no por lo que queremos o creemos qué deberían ser, puede que hasta te lleves una sorpresa y la persona que es en realidad te guste más que la persona que te imaginabas.

Cuando idealizas te limitas, no le permites a tu cerebro el ingreso de nuevas ideas y formas de ver la vida, te limitas a lo tuyo y a lo que tú consideras bueno o correcto y lo que tú consideras bueno o correcto nunca va ser lo mismo, que lo que es bueno o correcto para otra persona.

La gente nunca va ser como pensamos, todos tienen secretos, miedos y demonios, que en ocasiones salen a flor de piel y demuestran un lado que todos tenemos, y que los demás no conocían, incluso ni tú mismo en ocasiones.

Recordemos que no debemos generar prejuicios acerca de comportamientos aislados y sobre todo no definamos a una persona por una acción. Las personas estamos en constantes cambios y mejoras todo el tiempo, démonos la oportunidad de conocer y que conozcan la mejor versión de nosotros mismos.

Idealizar no nos deja nada bueno, solo nos lastima y quita energía. Las cosas nunca van a ser como nos las imaginamos, mucho menos las personas que se cruzan en nuestro camino, dejemos ya de vivir en un imposible, en algo que existe solo en nuestra cabeza y en ningún otro lado.

Nada es y nada será nunca como nos gustaría que fuera, así es la vida ¿Y qué si la persona que amas no es como la pensabas? ¿Eso es suficiente mérito para dejar de amar a alguien? Porque si es así deberías cuestionarte la veracidad de tu amor.

Recordemos que siempre tenemos la opción de buscar el lado positivo a cada circunstancia, solo es cuestión de que nos animemos, podrán haber un millón de motivos para no hacerlo, pero ante todos los motivos para no hacerlo están todos los motivos para hacerlo.

Al final tú eliges la vida que quieres vivir, en verdad espero que sea una donde seas feliz y te des la oportunidad de dejar el sufrimiento a un lado. Solo tenemos una vida ¿De qué manera quieres vivirla?

ARREPENTIMIENTO

"Mientras alguien se preocupe, aún hay esperanza"
MERCURIO RODRÍGUEZ

¿Por qué lo hice?

Es una pregunta que le retumba la mente a muchas personas, y que no los deja dormir por días o que provoca que su vida se vuelva miserable en base a pensamientos que no son congruentes.

Es normal que el humano se arrepienta de las cosas por distintos motivos, ya sea porque hizo algo que no debía o porque no hizo algo que quería hacer. Lo peor del arrepentimiento es la sensación que nunca te deja y que constantemente te está recordando, que lo que hiciste no fue lo mejor, y que pudiste haber optado por otra opción.

Vivir en el arrepentimiento es vivir en el pasado, porque nada de lo que hicimos podemos cambiarlo. Si bien podemos enmendar nuestros errores, o reponerlos. Lo hecho, hecho esta.

Arrepentirnos de las cosas no hará que regresen a como eran, ni hará que nos teletransportemos en el tiempo. Madurar es parte de crecer y de darte cuenta que en la vida van a pasar muchas cosas de las cuales puede que te llegues a arrepentir, y que nunca podrás cambiar.

El arrepentimiento en esencia es un sentimiento bueno, ya que denota compasión, reflexión, sumisión y otras emociones y sentimientos que demuestran que la persona en verdad no quería que las cosas pasaran como pasaron. Está bien sentirnos mal e incluso culpables, en lo que se da un proceso de duelo y superamos el acontecimiento.

Tiene que haber un sufrimiento por detrás para que el humano en verdad visualice qué tan grande o importante era lo que dejo pasar o lo que hizo o no hizo.

Lo que no está bien es que vivamos enganchados a la idea de vivir arrepentidos. Que nunca nos demos el tiempo necesario para sanar esas heridas y continuar con nuestra vida. Porque siempre que carguemos con pesares y arrepentimientos, no podremos avanzar, porque el arrepentimiento funciona como una cadena que no nos deja despegar, y nos mantiene sujetos al suelo y nos hace creer que es ahí donde pertenecemos. Y los sueños de tocar el cielo poco a poco se van marchitando.

NO ESTÁ BIEN VIVIR EN BASE A UN IMPOSIBLE

El primer paso para poder superar el arrepentimiento, es aceptar que las cosas ya fueron y no se pueden cambiar. Entender que vivir tu vida en base a un imposible no tiene sentido.

Entender que aunque no queramos y nos duela lo que pasó, ya pasó, y que lo mejor que podemos hacer una vez que nos sentimos con la energía necesaria para continuar es dar todo nuestro esfuerzo y compromiso en no volver a fallar en lo mismo.

Que nuestros errores nos sirvan como potencializadores que nos hacen ver lo que no queremos y nos obligan a trabajar cada día en nuestra persona, y no como cadenas que solo nos demuestran que no seremos libres hasta que decidamos quitárnoslas. Lo peor que te puede pasar es que te encariñes tanto con esas cadenas que entres en un estado de confort y no quieras quitártelas.

Todos cometemos errores, unos más grandes que otros y algunas personas con más frecuencia, pero todos los cometemos. Está en nuestra naturaleza como ser humano no ser perfectos y buscar la perfección nos hace aún más imperfectos. Como seres imperfectos que somos, habrá cosas en las que nos equivoquemos y cosas en las que fallemos.

Para superar un arrepentimiento debes ser también consciente que todos cometemos errores y que la calidad de un humano no se debe medir en qué tantos errores comete, sino más bien cuántos enmienda. En qué tanto le interesa demostrar que sus errores no lo definen, y que puede ser más que ellos.

¿QUÉ ESTÁS HACIENDO PARA ENMENDAR?

El problema no es cometerlos, el problema es no repararlos. La mayoría de la gente que se siente arrepentida, es porque no están haciendo nada para enmendar, y eso hace que se sigan sintiéndose culpables.

En cambio si decidimos poner manos a la obra nos daremos cuenta que al final del día, esos errores son los que te han hecho la persona que eres, y si esa persona te gusta es porque has sabido superar y enmendar tus errores.

Rubén Armendáriz, especialista en sanación personal afirma que los errores no existen, que son meramente retroalimentación y como la retroalimentación que son, deben ayudarnos a mejorar una vez que observemos qué áreas de nuestra vida tienen mayores carencias

"Tuve mis errores, eso me hace humano, pero afrontarlos me hacen alguien dedicado"

Dice Paulo Londra en una de sus canciones, y concuerdo completamente con él. Afrontar nuestros errores es lo que nos demuestra qué tanto estamos dispuestos a perdonarnos a nosotros mismos y a seguir adelante.

Una de las situaciones donde es más común encontrar arrepentimiento es en las rupturas de relaciones afectivas, ya sean de pareja, padre- hijo, madre-hijo o cualquier otra donde exista un intercambio afectivo.

Cuando la relación se rompe, sea cual sea el motivo, surge la pregunta ¿Qué hice mal? Y entonces uno empieza a hacer el recuento de todas las cosas que hizo, todas las veces en las que actuó de una manera que no debió y en todo lo que dijo y no tenía que decir o lo que no dijo y debió haber dicho.

Uno empieza a sentirse culpable consigo mismo porque siente que si hubiera hecho algo, las cosas hubieras sido diferentes, y posiblemente no hubieran terminado, o lo hubieran hecho de una mejor manera.

Pero repito, vivir bajo la idea de lo que pudo haber sido y no fue, no hace nada más que chuparnos vida, quitarnos energía y volvernos miserables. La gente empieza a vivir en el "debería" o en el "hubiera" y lo que hubiera y no fue, ya no será. No hay momento que se pueda cambiar.

Por eso es muy importante que siempre seamos la mejor versión de nosotros mismos. Que siempre estemos dispuestos a dar lo mejor de nosotros, que cuando tomemos una decisión la analicemos muy bien y busquemos siempre la mejor opción, y mejor si es una donde menos personas se vean afectadas, para que de esta manera las probabilidades de que cometamos algo que nos haga arrepentirnos, sean menores.

Si siempre pensamos en los demás antes de tomar una decisión entonces estaremos involucrando a la gente en ella, estaremos siendo empáticos y demostrándoles que aunque a la mera hora lo que hagamos no resulte siendo lo mejor, en su momento las tomaste en cuenta y buscaste hacerles el menor daño posible.

NOS AFECTA EL SUFRIMIENTO DE LOS DEMÁS

Es aquí donde quiero hablar sobre un punto muy importante, y es el de sentirnos culpable por el sufrimiento de los demás.

De las primeras cosas que aprendí cuando empecé a ir con mi psicóloga, es que no podemos sentirnos culpables por el sufrimiento de los demás. Me encontraba trabajando mi desapego, cuando le comenté que me hacía mucho daño hacerle daño a la persona de la cual me quería desapegar. Aun y cuando lo que estuviera haciendo no fuera nada malo y aun así le afectara, el simple hecho de hacerle daño me provocaba un conflicto.

Ella me preguntaba que por qué si estaba tomando la mejor decisión, y la estaba tomando en cuenta me dolía. Simplemente le contestaba, que cuando una persona que amo está sufriendo me duele mucho, y más aún si soy el motivo de su sufrimiento.

Fue ahí cuando la psicóloga me explicó que en ocasiones tenemos que aprender que no siempre vamos a estar ahí para complacer a la gente, porque hay gente que por más que las apoyes y que intentes ser considerados con ellos, siempre encontrarán un motivo para sentirse mal. Y que el hecho de que me sintiera mal, me hacia una buena persona, porque demostraba mi humildad y empatía.

Sin embargo me dijo que ya no podía seguir atado a eso. No podía seguir atado a la idea de que mi vida no podía avanzar a causa de alguien más, porque nunca iba a ser suficiente. Por más que quisiera las decisiones que tomara le iban afectar. Entonces no tenía caso desgastarme pensando todo el tiempo en tomar la mejor decisión en base a lo que esa persona necesitaba, si realmente cualquier cosa que hiciera la iba a lastimar.

Era mejor que empezara de una vez por todas a practicar esa parte del desapego que te enseña que no podemos vivir arrepintiéndonos de lo que a los demás les haga daño. Porque en ocasiones ni nosotros mismos entenderemos qué es lo que les hace daño, de lo que estamos haciendo.

Puede que parezca que hacemos cosas buenas y aun así les afecten. Eso sucede porque en ocasiones nosotros no somos realmente la causa de ese dolor, si no situaciones personales e internas de la otra persona que no están curadas y que al no estar curadas le provocan dolor y ese dolor se ve manifestado en reclamos hacia lo que hacemos.

En otras palabras una persona siempre podrá tener un pretexto para sentirse mal de algo, aunque no haya motivos y eso es porque cada uno tiene una forma diferente de ver las cosas, y cada uno de nosotros siente las cosas de diferente manera.

Por lo mismo es importante que empecemos de una vez por todas a perdonarnos, a olvidarnos del hubiera y el debería, que solo nos chupan vida y no nos dejan avanzar.

Si hicimos algo malo, ya ni modo, ya no podremos cambiarlo. Lo que podemos hacer es afrontar las consecuencias de la mejor manera posible y siempre intentar ser una mejor versión de nosotros mismos.

Mientras más trabajemos en el desapego, menos nos dolerá las cosa que hemos hecho y mientras más trabajemos en nuestra persona, mejor nos sentiremos con nosotros mismos, porque sentiremos que de cierta manera estamos pagando nuestra deuda.

Si fuimos malas personas, ahora nos toca ser buenas y ayudar a la gente mala a que se convierta en buena. Si en verdad queremos eliminar esa parte de arrepentimiento, debemos empezar por pagar esa deuda que sentimos que tenemos con nosotros o con alguien más.

¿Cómo se paga? Haciendo cosas buenas. Si le hicimos daño a alguien, podemos buscar hacerla sentir bien cada que podamos. Si rompimos algo, podemos buscar repararlo. Si perdimos algo, podemos crear algo nuevo. Siempre hay que dar lo mejor de nosotros, para que nosotros mismos y la gente que comparte nuestros días se sientan bien con la persona que somos.

Porque no hay mejor manera de demostrarle a alguien que estás arrepentido que demostrándole que no lo vas a volver hacer.

Dicen que cuando vas caminando y te tropiezas con una piedra es un accidente, cuando vuelves a caminar por el mismo sitio, y te vuelves a tropezar con la misma piedra ya no lo es.

Hace referencia a la falta de coherencia que muchas veces tiene la gente. Que dice sentirse arrepentida por haber cometido un error, y sin embargo lo vuelven a cometer.

Si en verdad una persona se siente arrepentida de lo que hizo y desearía no haberlo hecho no lo volverá hacer. Si lo vuelve hacer es porque no se siente lo suficientemente arrepentido para mejorar su vida.

Si el arrepentimiento surge aun cuando nos sentimos bien con lo que hicimos, pero nos arrepentimos por haber dejado a alguien más, o por haberle hecho daño a alguien, aun cuando no buscábamos hacérselo, lo mejor que podemos hacer es practicar el desapego.

Basta de arrepentirnos. La mejor forma de honrar tu vida y a la gente que amas, es vivir una vida de la que no te arrepientas, entonces empieza con eso. Hoy mismo, has todo eso que siempre has querido hacer. Ya no te arrepientas un momento más por todo lo que pudiste hacer y no hiciste.

Hay que aprender a perdonarnos. Mirarnos al espejo y tener el valor de decirnos, soy humano, cometo errores y eso es normal, me comprometo conmigo mismo a enmendarlos siempre que pueda y a demostrarme que valgo

 más que ellos, y que dentro de todos esos errores tengo muchas virtudes que demostrarle al mundo, que me harán sentir una persona orgullosa de sí misma.

Vida solo hay una, y en ocasiones no da segundas oportunidades, recuerda que si tienes miedo a intentarlo, es normal. Todos tenemos miedo a intentar nuevas cosas o a dejar atrás algo, por ir en busca de lo mejor. Hay que recordar siempre que las personas más valientes no son las que no tienen miedo, si no las que pese a que tienen miedo aun así deciden hacer las cosas.

Al final del día si las cosas no salen como lo planeabas, te sentirás bien de saber que al menos lo intentaste, que no quedó en ti, porque si no lo haces el pensar constantemente en lo que pudo haber sido y no fue, te carcomerá por dentro y no te dejará tener la vida que mereces, que todos merecemos. Una donde nos sintamos orgullos de nuestras decisiones pase lo que pase.

Así que ve y dile a esa persona que la amas, ve y roba ese beso que llevas tiempo queriendo robar, presenta esa solicitud para esa trabajo de tus sueños, empieza a ahorrar para lo que más quieres, cómprate eso que llevas queriendo comprarte hace tiempo, vete de viaje, ya no lo pienses más. Haz una lista de todas que te gustaría hacer, y empieza a tachar cada una de ellas de inmediato.

Porque siempre, siempre, el sentimiento de culpa y de arrepentimiento de no haber hecho lo que queríamos, va a ser más grande que lo que pueda pasar.

Vive tu vida al máximo, llena de amor y sin arrepentimientos. Al fin del día todos nos vamos a morir y prefiero que mueras con una sonrisa en el rostro y no con una duda en la cabeza.

Suerte.

DESAPEGO HACIA ALGUIEN QUE AMAMOS

"Dicen que el amor lo vence todo y puede que sea cierto, porque tiene el poder de vencernos incluso a nosotros mismos."
MERCURIO RODRIGUEZ

AMOR DE OCCIDENTE, AMOR DE ORIENTE

Existen muchas definiciones sobre el amor. En occidente se acostumbra relacionarlo con el romanticismo. El típico que vemos en las películas y nos hace creer que es algo que mantiene unidas a las personas, y que cuando existe somos capaces de hacer de todo con tal de ver a la persona que amamos, feliz.

En oriente, sobre todo en los países con religión budista, el concepto de amor es muy diferente a lo que conocemos. Para ellos está fundamentado completamente en el desapego. Para los tibetanos el amor es definido, como la capacidad de hacer feliz a alguien más, al mismo tiempo que somos felices, es un sentimiento que se puede comparar con el valor de la generosidad. Esa cosquilla que existe en muchos, que nos hace dar, sin esperar recibir nada a cambio.

Aunque la definición de amor según los tibetanos suena mejor es muy poca la gente que en verdad la lleva a la práctica. La mayoría decide aferrarse a un amor que nos enseña que tenemos que dar todo por una relación, aun y cuando eso implique poner en juego nuestro amor propio.

Cuando amamos a alguien siempre va ser difícil separarnos de ella. La idea de bloquear a alguien de las redes sociales y dejar de hablarle no es suficiente para olvidarla.

Nada más difícil que desapegarse de un amor que pudo ser y no fue. Y cuando hablo de amor quiero recalcar que no me refiero solo a uno de pareja, hablo de cualquier tipo. Amor a nuestros padres, a nuestros amigos, a nuestra pareja, a nuestras mascotas e incluso a alguna idea o cosa tangible. Desapegarse de lo que uno ama siempre será difícil sin importar que sea.

Es difícil, porque hacernos la idea de separarnos de alguien que nos ha hecho reír en muchas ocasiones o que nos ha brindado momentos de amor mutuo, es complicado. Sobre todo por el hecho de que idealizamos todo lo que podríamos hacer con esa persona si las cosas fueran diferentes.

CUANDO HAY AMOR DE POR MEDIO…

Soy de la idea de que si algo está mal, pero hay amor de por medio, vale la pena luchar por eso, vale la pena dar una segunda, tercera, o cuarta oportunidad, las que sean necesarias para que las cosas funcionen. Porque siempre que hay amor, hay la posibilidad de un cambio.

El problema es que de nada sirve que nos imaginemos todas las cosas que podríamos lograr, si no estamos dispuestos a hacer un cambio. Es muy típico que ambas partes discutan sobre lo que no les gusta de la otra persona, y se comprometan a hacer un cambio, a poner más de su parte y comprender a la otra persona, es decir ponerse en sus zapatos.

Sin embargo, la realidad es que muy pocas personas están dispuestas a hacer un cambio, y más aún cuando no se han planteado de qué manera. Porque redireccionar la forma de pensar de alguien no es una tarea fácil. Y es importante que nos borremos de la cabeza que cambiar la mentalidad de otra persona, es posible.

Si bien se puede ir con el psicólogo y aprender formas de combatir nuestros trastornos o buscar soluciones para los problemas que hacen que no llevemos una vida funcional con nosotros mismos, ni con los demás. Mucho del cambio radica en la fuerza de voluntad y ganas que tengamos de hacerlo.

Gente que se rinde a medio camino hay muchas. Gente que dice que hará una cosa y cuando la situación se torna difícil o pierden la motivación, deciden rendirse también.

Una persona que decide rendirse, no es una persona en la que puedas confiar ya que a medida que le sigas creyendo te generará más daño. Porque te hará creer que esta vez las cosas serán diferentes, que si logrará eso que tanto esperas, y cuando menos sientas se encargará de destruir tus expectativas, enterrándolas más profundo de lo que ya estaban.

Es más doloroso aun cuando es una persona a la que en verdad quieres tener en tu vida, y ves que se encarga de alejarte lo más posible. La gente no entiende que hay veces que no es que nos vayamos, nos alejan.

¿ES NECESARIO IRNOS?

Personalmente he tenido que pasar en ciertas ocasiones por circunstancias que me han enseñado el valor de aprender que si una persona quiere estar contigo, pero no está dispuesta hacer lo posible y hasta lo imposible, porque las cosas funcionen, es mejor irse.

Irse duele mucho, pero duele más quedarte en un lugar que en vez de darte paz, te mortifica, en un lugar donde estás buscando soluciones y te dan problemas, en un lugar en el que te encantaría quedarte toda la vida, pero la vida te demuestra que quedarte ahí puede costarte la vida misma.

No diré que es fácil desapegarse de alguien que quieres, porque definitivamente no lo es, pero lo que sí quiero decir, es que todos, absolutamente todos, merecemos una mejor vida, y que en ocasiones lo mejor que podemos hacer es ponernos a nosotros primero antes que nada.

Entender que aunque dejar a una persona, le hará daño y sufrirá, es necesario, si no está dispuesta a poner de su parte para que las cosas funcionen. Incluso si te hace daño verla mal.

No me cansaré de decir que en una relación las cosas nunca van hacer 50/50, siempre serán 80/20, 60/40 o 300/1, si es necesario. Si la persona con la que estás no está dispuesta a dar ese 300%, cuando tu solo puedas dar tu 1%, no es justo que te quedes ahí.

No hay que culpar tampoco, puede que así como tu esa persona solo pueda dar el 1% en ese momento, porque sus problemas no le permitan dar más. Si tu solo puedes dar el 1% y esa persona solo puede dar el 1%, no vale la pena quedarte en un lugar, donde las cosas solo funcionan al 2%. Es bueno aceptar que en ocasiones lo mejor es irnos.

Si las cosas salen bien posiblemente esa persona después pueda dar más de su parte para que las cosas funcionen, o incluso tú puedas hacerlo.

Pero si por el momento no es así, y ya llevas mucho tiempo trabajando al 2% y las cosas simplemente no cambian, no vale la pena quedarte en ese lugar.

¿Sabes…? La vida no se acaba cuando dejas a una persona que amas, al contrario, la vida empieza a tener más sentido cuando somos capaces de desapegarnos de ese tipo de circunstancias, porque nos permite ver las cosas desde otro panorama. A menos que salgas de la tormenta, no podrás ver lo grande que era, y el daño que te hacía permanecer dentro de ella.

Si aún no te sientes listo para un cambio o para dejar a alguien, puedes empezar por platicar con esa persona, exteriorizarle lo que sientes, siempre de manera tranquila y sin buscar conflicto o decir reproches, porque cuando reprochamos es porque seguimos esperando algo de esa persona. Cuando nos hacemos a la idea de que en cualquier momento nos podemos ir, no tiene sentido reprochar más.

Debes dejarle claro a esa persona que esta vez no estás jugando. Que estás dispuesto a irte y que pongan las condiciones que se deben cumplir para que se queden. La efectividad de toda condición, es que si no se cumple, se lleve a cabo su consecuencia. Hacer efectivo lo que nos proponemos es la única manera de hacer un cambio.

Pero antes debes pensarlo mucho, pensar qué es realmente lo que quieres, y si aún quieres intentarlo una vez más. Una de las mejores técnicas que me enseñó mi psicóloga, es que si en verdad estamos convencidos de que esta es la última oportunidad, entonces demos todo lo que tenemos, intentemos poner de nuestra parte lo más que podamos, para que en caso de que las cosas no funcionen, podamos irnos con un buen sabor de boca, de saber que no quedó en nosotros.

Si estás pasando por una situación como esta te deseo la mejor suerte posible y que tengas el coraje que se necesita para vivir mejor. Y si al menos te identificaste con alguna parte, reflexiona de qué manera, puedes aplicarlo a tu vida, tal vez distanciándote no por completo, pero sin un poco de lo que te hace daño, si eres lo suficientemente valiente para hacerlo, te felicito, porque elegir tener una mejor vida, siempre será la mejor elección que puedas tomar.

Quiérete, quiere, analiza y si es necesario aléjate. En eso radica todo.

LA CLAVE PARA UNA VIDA PLENA ES CEDER Y DESENGANCHARSE

"Las dos pruebas más difíciles en el camino espiritual son: la paciencia para esperar el momento indicado y el valor de no decepcionarnos con lo que encontremos"
PAULO COELHO

VIVIR ENGANCHADOS

Un problema muy común en la sociedad es engancharse a situaciones o ideas.

Engancharse significa hacer de todo, hasta lo imposible, para lograr un cometido, cuando puede que exista una opción más viable y que requiera menos esfuerzo o incluso que la mejor opción sea dejar esa idea a un lado.

Existen diferentes formas de engancharse. Una muy común que considero que todos hemos presenciado es cuando dos o tres personas discuten sobre un tema, y una persona tiene una mentalidad muy cerrada, y se aferra a sus ideas, aun y cuando el otro le está ofreciendo argumentos convincentes.

La persona busca defender hasta lo último su idea, llegando un punto en el que incluso reconoce que es absurdo seguir defendiendo lo indefendible, pero aun así lo hace, por no saber desengancharse.

La diferencia entre una persona cerrada común, y una persona enganchada, es que la segunda llega a un punto en el que es consciente y asimila el hecho de que lo que está diciendo o haciendo no tiene sentido, pero aun así decide defenderlo. En cambio hay gente que no se puede decir que estén enganchadas pese que defiendan algo sin sentido, si no han reconocido en el fondo que no tienen razón.

Hay muchos motivos por los que una persona puede llegar a engancharse. Por ejemplo por orgullo. Es decir que esté perdiendo una discusión y no quiera ceder la razón, porque se está tocando una parte de él. Puede que la otra persona le caiga mal, y el hecho de cederle la razón, es peor que el hecho de estar equivocados.

El principal problema del enganchamiento es esa necesidad terca que no nos deja progresar. Que nos mantiene sujetos a las mismas ideas, ya que no da espacio para que surjan nuevas. Bastaría con analizar si lo que estemos haciendo o diciendo está siendo funcional en ese momento y de no ser así, poner manos a la obra para generar un cambio.

Si bien cambiar una mentalidad no es nada fácil, incluso uno mismo intentándolo con la propia, es un proceso complicado. El primer paso que se necesita para aprender a desengancharnos, es reconocer el que posiblemente no estemos en lo correcto. Cuando se llega a ese grado de conciencia, muchas cosas positivas pueden surgir de ahí. Lo más frustrante es que muchas personas llegan a ese grado de consciencia sin embargo no saben cómo cambiar, o simplemente no quieren hacerlo.

APRENDER A CEDER

Al fin de cuentas el desapego se basa en aprender a ceder. Estar dispuesto a dar para recibir. Solo que el proceso de desapego es un proceso largo y duradero, para el cual muchos no están listos o tienen miedo a intentarlo.

Porque desapegarte de ideas, personas, circunstancias o cualquier cosa implica tener en claro que tendrás que ceder muchas más. Tendrás que entregar mucho de ti para lograrlo, y tendrás que tener siempre en mente que el desapego es un proceso en el cual solo podemos conseguir resultados si en verdad estamos dispuestos a darlo todo por intentarlo.

No es un proceso que una vez que se inicia, se continúe de manera automatizada. No, es un proceso en el cual hay que estar batallando día tras día, cediendo cada vez más conforme va pasando el tiempo, entregando todo lo que amamos y necesitamos, para desprendernos y vivir una mejor vida, o al menos una con menos enganchamientos y ataduras. Siempre el beneficio de ceder será mayor que el sufrimiento que pueda surgir en el camino.

La gran cantidad de cosas que podemos llegar a perder por no estar dispuesto a ceder es impresionante. En la cuestión monetaria, hay gente que tiene un apego muy grande al dinero, que creen que evitando gastarlo es la única manera de conseguir más. Sin embargo el dinero no funciona así, para generar dinero tienes que invertir y estar dispuesto a gastar más dinero, aunque por un tiempo te encuentres limitado económicamente, es la única manera en la que tus ingresos aumentarán. El apego no los deja ver que como con cualquier cosa, si no están listos para soltar no están listos para recibir.

APRENDER A SUFRIR

Se mantienen en un estado de conformismo que al mismo tiempo los mantiene frustrados porque desasearían tener más, pero como lo que tienen les sirve para subsistir, prefieren vivir así. Por eso pocas personas están dispuestas a hacer lo necesario para tener una vida como se la merecen y como siempre la han deseado.

Hay una frase que leí en el libro "El club de las 5 am" de Robin Sharma, que desde el primer momento, me abrió por completo los ojos.

"Si quieres vivir como todos desearían, tendrás que vivir un tiempo como nadie quiere."

Es un ejemplo claro y precioso del estira y afloja que es la vida. Si no estamos dispuestos a hacer ciertos sacrificios, por lo que en verdad queremos lograr, entonces nunca lo conseguiremos.

Si no estamos dispuestos a desapegarnos de todo a aquello que solo nos quita paz, energía y vitalidad, por una cantidad de dolor considerable, entonces no estamos listos para tener una calidad de vida superior.

Únicamente la gente que no tiene miedo a perderlo todo, es la que puede conseguirlo, porque el apego es como una cadena que por más que tengas propulsores, no te dejará despegar, por más que tengas todo lo necesario para lograr cosas magnificas, mientras sigas atada a esa ancla, que se llama "miedo a sufrir" no lograrás nada.

No es tan difícil darnos cuenta de que así son las cosas, basta con investigar un poco sobre la vida de las personas que admiramos o que vemos que están cambiando el mundo.

Elon Musk, creador de la empresa Tesla (empresa pionera de autos eléctricos), Space X (empresa que está construyendo cohetes para llevarnos a Marte), Neura link (empresa que logró que un mono pudiera controlar una computadora con el cerebro, a través de tecnología neuronal) y muchas más, recomienda que si en verdad quieres lograr todo lo que te imaginas, tienes que aprender a arriesgarte. Esa es la única manera. El que no arriesga no gana. Y eso solo se logra con desapego hacia todas las anclas que evitan que lo hagamos.

Hay que dejar de perder el tiempo. El tiempo no vuelve, y parece que cada vez entendemos menos que es uno de los mejores regalos que nos da la vida, y lamentablemente es el que peor desperdiciamos.

Pareciera que se nos olvida que el promedio de vida de un ser humano es de 70 años y que a veces la gente muere antes de lo que creía. Nos damos el lujo de desperdiciar el poco tiempo que nos da la vida. Basta de desperdiciarlo en gente que no aporta nada, que promete y no cumple o que no está dispuesta a luchar por algo mejor.

Basta de vivir en el pasado, de creer que porque las cosas fueron de una manera deben seguir siendo así, desapeguémonos de esos prejuicios. La sociedad avanza. El progreso es inevitable, y parece que hay gente que no se da cuenta y sigue viviendo con ideas de antes.

Basta de seguir esperando cosas que no van a pasar, situaciones que no se van a dar, y sueños que no se realizarán. Por más que queramos que todos nuestros sueños se hagan realidad, lo real es que no va a ser así. Porque en la vida nunca las cosas van a ser como queramos.

A veces sentiremos que la gente que más nos ama es la que más nos hiere. Entonces basta de detener nuestra vida y truncar nuestro futuro por todo aquello que en lugar de sumar nos resta.

Desengancharnos de todo al final nos sirve para poder recibir lo que viene con una mejor cara. Una que ya no espera nada de nada, y que vive libremente, sin necesidad de estar a cuestas de otros. Una que sabe qué vida solo hay una, y que si vamos a decidir estar vivos, entonces disfrutemos nuestra vida al máximo, con todos los impedimentos que esta incluye, por qué si no para qué queremos vivir.

Post Malone dice que en este mundo a la gente no le importa una mierda nada, hasta que la mierda vale algo.

CONFORMISMO

Incluso si quieres desapegarte absolutamente de todo lo importante, y quieres caer en el conformismo está bien.

Al final de todo la idea de este libro es que puedas superarte como individuo, que disfrutes tu vida al máximo mientras le sacas el mayor provecho y que cuando pases a una mejor vida, sea con un buen sabor de boca, de todo lo que hiciste.

Pero si el ser conformes nos da lo que necesitamos para estar estables, entonces está bien. Si vivir con ilusiones te hace más daño que no tenerlas, está bien que te desapegues de ellas. Si buscar obtener una mejor calidad de vida, te quita más paz de la que te da, está bien si te desapegas de eso.

Si al final del día ante ojos de cualquiera vives una vida miserable. Pero con un desapego tan grande, que hace que nada te importe. Entonces tu vida será una vida digna de vivir.

MI DESAPEGO
"VER PARA CREER"

Hubo un tiempo en mi vida en el que tuve que desarrollar todas mis habilidades de desapego, y ese momento fue cuando empecé a escribir este libro. Recuerdo que leí uno llamado "Desapegarse sin anestesia" de Walter Riso. En el que aprendí prácticamente la mayoría de mi conocimiento sobre este tema.

Este libro era un proyecto que llevaba desde pequeño queriendo realizar, y nunca me había dado el tiempo de llevarlo a cabo, hasta que un día hubo algo en mi cerebro que hizo click y dijo.

"Ya no hay que esperar ni un momento más, es ahora o nunca, la vida pasa y el tiempo no vuelve"

Entonces decidí poner manos a la obra, compré un curso de Alfonso Aguirre, que me guió en el proceso de la creación, y poco a poco empecé a poner los primeros ladrillos de este porvenir que se encontraba más próximo de lo que creía. Pero sabía que no iba a ser algo fácil, tendría que tener una estabilidad emocional adecuada para poder enfocarme en algo tan importante.

Conforme fui creciendo comprendí que existen dos estados emocionales cuando decimos sentirnos bien. El primero es cuando en verdad estamos bien, es el más anhelado y el que se confunde siempre con la felicidad, donde todos los aspectos importantes de tu vida están siendo autosustentables, es decir, en general te encuentras bien con todo y todos o al menos con lo que te importa.

El segundo estado emocional es cuando estamos estables. Es ese típico momento cuando alguien nos pregunta si estamos bien y contestamos que sí, porque sabemos que tenemos estabilidad económica, salud o cosas por el estilo, pero realmente en el fondo sabemos que existen problemas que nos están quitando paz y tranquilidad.

Estos problemas no nos permiten estar bien, no nos permiten poder tener los momentos de paz y serenidad que tanto nos gustaría. Vivimos simplemente porque tenemos un trabajo, o porque tenemos que seguir en este mundo para la gente que nos ama.

Pero sientes que tu vida pese a que le estés dando un sentido o significado, tarde o temprano termina demostrándote que no vales nada o al menos lo que tú creías. No importa qué tan pequeños o insignificantes puedan parecer tus problemas ante los ojos de los demás, al final solo tú sabes lo que sientes y eso es lo que importa.

Sabía que si quería escribir mi libro, no podía encontrarme únicamente estable. Porque el principal problema de estar estable es que en cualquier momento te puedes ir de picada. Es como cuando una máquina está causando problemas y de repente se estabiliza. Estar estabilizado no significa estar bien. Simplemente significa que por un momento estás controlado y que en cualquier momento puedes caer en crisis.

Si caía en crisis temía no tener la fuerza necesaria para no abandonar el proyecto, porque de eso estaba seguro, que si empezaba a escribir este libro, seria porque lo terminaría, y no lo dejaría botado.

Fue ahí cuando comprendí que no podía depender de nada ni nadie. Que si en vedad quería hacer todo lo que soñaba, incluyendo este libro tenía que aprender a despegarme de todo lo que no sumara y restara.

Comprendí que al final el desapego se basa principalmente en dos cosas.

- En tu habilidad de desengancharte de todo lo que no te hace bien, y

- En qué tanto estas dispuesto a ceder para recibir.

SOBRE EL AUTOR

INSTAGRAM

TIK TOK

Mercurio Rodríguez

TWITTER: Mercurio_RC

FACEBOOK: Mercurio Rodriguez

Correo a disponibilidad:
mercuriorodriguezinfo@gmail.com

AGRADECIMIENTOS AL LECTOR

Gracias. En verdad gracias. El sueño de todo escritor es que alguien lea su libro. Eres parte de mi sueño ahora. Por ende siempre serás parte de mi historia.

MI FAMILIA, MI OHANA

Gracias, porque sin ustedes esto no hubiera sido posible. Los amo. Me hacen muy feliz

Mamá

Gracias por ser mi madre. No sé qué sería de mi vida si no estuvieras en ella. Te debo todo. *"Más allá de ser mi madre eres mi relación simbiótica más bella"*

Papá

Gracias por todo papá, no hay momento de mi vida que no piense lo afortunado que soy de tenerte. Eres una bendición. *"Más allá de ser mi papá eres la persona que mejor me ha tratado"*

Alejandro

Gracias por ser mi hermano. Lo eres en toda la expresión de la palabra, sin ti mi vida estaría incompleta *"Más allá de ser mi hermano has sido mi mejor amigo"*

Luisa y Alejandra

Gracias por tratarme como un hijo siempre que lo necesito. Ustedes siempre serán parte de mi historia. *"Más allá de ser mis hermanas han sido mi apoyo"*

Caro

Gracias Caro. Por qué desde el primer momento que llegaste a mi vida la cambiaste. Eres lo más noble que existe en este mundo. Mi más grande orgullo. *"Más allá de ser mi hermanita, eres mi ángel"*

Cinthia

Gracias, porque sin ti yo no estaría aquí. Llevas años siendo parte de mi familia. En gran parte esto se logró gracias a ti. Te debo más que solo las gracias. *"Más allá de ser mi incondicional, eres mi luz en la oscuridad"*

Mario, Pili, CaTi

Gracias por ser los mejores sobrinos. Siempre podrán contar conmigo. Como yo sé que cuento con ustedes. Nos esperan muchas cosas juntos *amo que sean mi familia.*

Lalo

Gracias, porque no hay vez que te haya necesitado y no hayas estado. Siempre has creído en mí. Como yo creo en ti *"Más allá de ser mi mejor amigo eres mi hermano"*

PERSONAS IMPORTANTES

También sin ustedes esto no hubiera sido posible.

Mi editor

Gracias de nuevo papá. Por todas las horas y por todo el esfuerzo que pusiste en esto. Es un proyecto de ambos.

Mi primera lectora

Gracias Mamá lograste leer un libro de más de 100,000 palabras en 3 días.

Sandra

¡Gracias por todo! Al igual que al libro me has visto crecer a mí. Mucho de lo que escribí lo aprendí en tus terapias. *"Más allá de ser mi psicóloga eres mi amiga"*

sandra_psicologacomitan@hotmail.com

Alfonso

Gracias por siempre ayudar a la gente y por todo el compromiso que le pusiste a mi libro. *"más allá de ser mi coach, eres un ejemplo a seguir"*

Instagram: aguirrealfonso

Ojeda

Gracias por la portada tan cool que hiciste. Pero sobre todo por la pasión que le pusiste, eso no tiene precio.

Instagram: vaina_guy